POLÍTICAS DE TRANSPORTE NO BRASIL

A CONSTRUÇÃO
DA MOBILIDADE
EXCLUDENTE

POLÍTICAS DE TRANSPORTE NO BRASIL

A CONSTRUÇÃO DA MOBILIDADE EXCLUDENTE

Eduardo Alcântara de Vasconcellos

Engenheiro civil e sociólogo,
Instituto Movimento.

Manole

Copyright © 2014, Editora Manole Ltda, por meio de contrato com o autor.

Editor gestor: Walter Luiz Coutinho
Editora responsável: Ana Maria da Silva Hosaka
Produção editorial: Pamela Juliana de Oliveira; Marília Courbassier Paris; Rodrigo de Oliveira Silva
Editora de arte: Deborah Sayuri Takaishi
Projeto gráfico e diagramação: Acqua Estúdio Gráfico
Capa: Aurélio Camilo
Apoio institucional: Instituto Movimento

Dados Internacionais de Catalogação na Publicação (CIP)
(Câmara Brasileira do Livro, SP, Brasil)

Vasconcellos, Eduardo Alcântara de
    Políticas de Transporte no Brasil: a construção da mobilidade excludente/
Eduardo Alcântara de Vasconcellos. – Barueri, SP: Manole, 2013.

    Bibliografia.
    ISBN 978-85-204-3748-3

    1. Mobilidade urbana 2. Política de transportes urbanos 3. Transportes urbanos –
Brasil 4. Transportes urbanos – Países em desenvolvimento I. Título.

| 13-10155 | CDD-388.4091724 |

Índices para catálogo sistemático:
1. Políticas de transporte urbano: Países em desenvolvimento 388.4091724
2. Problemas de transporte urbano: Países em desenvolvimento 388.4091424
3. Transportes urbanos: Países em desenvolvimento 388.4091724

Todos os direitos reservados.
Nenhuma parte deste livro poderá ser reproduzida, por qualquer processo, sem a permissão
expressa dos editores. É proibida a reprodução por xerox.

A Editora Manole é filiada à ABDR – Associação Brasileira de Direitos Reprográficos.

1ª edição – 2014

Editora Manole Ltda.
Av. Ceci, 672 – Tamboré
06460-120 – Barueri – SP – Brasil
Tel.: (11) 4196-6000 – Fax: (11) 4196-6021
www.manole.com.br
info@manole.com.br

Impresso no Brasil
Printed in Brazil

SUMÁRIO

Agradecimentos IX

Sobre o autor XI

Apresentação XIII

1. Condições atuais do transporte urbano no Brasil 1

   Informações selecionadas 1

   Condições da mobilidade nas cidades com mais
   de 60 mil habitantes 2

   A oferta de meios públicos de transporte no Brasil 5

   Impactos sociais: a insegurança no trânsito 8

   Os sinais enviados pela política de mobilidade:
   comparação entre os três modos mais acessíveis 9

   A iniquidade final resultante 11

2. Condicionantes históricos 13

   Crescimento urbano e de motorização 13

   A política de desenvolvimento urbano 15

   Impactos na mobilidade 17

   O descontrole sobre os grandes empreendimentos 19

   Crescimento da motorização 20

   A transformação da demanda de transporte
   urbano no Brasil 22

3. As políticas de mobilidade 27

1930: A opção pela rodovia e o abandono da ferrovia e dos bondes 27

1950: O transporte por ônibus vence os bondes 31

1960: A indústria automobilística redefine o padrão
de mobilidade 38

O apoio ao automóvel alugado – o caso dos táxis 49

1970: Urbanização acelerada e dependência do ônibus –

o nascimento de um grande sistema 51

A constituição de uma grande indústria de ônibus....................................62

A construção de um novo empresariado..67

A organização política do setor 75

1995: A chegada irresponsável da motocicleta e o desastre social 80

2010: O transporte individual triunfa sobre o coletivo 87

4. A operação da mobilidade...97

O transporte não motorizado: a mobilidade desprezada 97

O transporte público urbano: a mobilidade admitida e ilusória 104

As condições de uso dos ônibus 111

O sistema sobre trilhos 117

O transporte rural: a mobilidade negada 123

A segurança no transporte 128

O automóvel: a mobilidade incentivada, protegida e adulada 129

A motocicleta: a mobilidade apoiada e forjada 134

5. O (des)controle dos impactos..145

Expansão urbana e exclusão..145

A exclusão dos mais fracos..149

O consumo excessivo do tempo e a iniquidade..153

A iniquidade no consumo de energia e na emissão de poluentes 161

SUMÁRIO vii

A produção de dejetos 164

Insegurança no trânsito: pagando o custo
da irresponsabilidade e da leniência 165

Meio ambiente: uso de energia e contaminação do ar 189

Política de energia veicular 197

Conclusões 205

6. A participação da sociedade.. 211

Formas de ação 211

Caminhar e pedalar pelas vias 213

Usar o transporte público.. 215

Usar a motocicleta 219

Usar o automóvel 220

Segurança no trânsito 223

Acessibilidade 227

Qualidade ambiental 228

Instituições não governamentais com atuação ampla 229

Conclusões 230

7. O fim do ciclo de motorização privada da sociedade –
eficácia seletiva e iniquidade... 233

Características gerais 233

A política de transporte urbano 235

A criação do transporte individual motorizado 237

A estratégia dos operadores de transporte público 240

Como ocorreram os consumos principais 246

Como ocorreram e foram gerenciados os impactos negativos 250

Como as políticas trataram os distintos grupos sociais
e os papéis no trânsito 252

As questões nas políticas do transporte urbano 256

Houve medidas a favor da equidade? 258

Os corredores de ônibus em sua fase inicial (1976) 258

O vale-transporte (1985/1987)...259

Transporte público como serviço essencial
(Constituição de 1988)...260

O bilhete único em São Paulo (2004)..261

As medidas para as pessoas com deficiências físicas (2004)................261

O transporte escolar rural (2004) 262

Conclusão geral 262

8. Perspectivas de mudança nas políticas 269

Referências 275

Índice remissivo...287

AGRADECIMENTOS

Agradeço inicialmente à Volvo Educational and Research Foundations (VERF) pelo apoio na fase inicial do projeto entre 2008 e 2009, quando foi realizado o primeiro estudo sobre as políticas aqui discutidas.

Agradeço aos colegas que participaram do estudo inicial apoiado pela Volvo: Adolfo Mendonça (transporte público), Ailton Brasiliense Pires (trânsito), Helcio Raymundo (transporte público), Luis Carlos M. Néspoli (trânsito), Mauro Zilbovicius (indústria automotiva) e Olimpio M. Álvares (transporte e meio ambiente).

Agradeço a Adolfo Mendonça e Helcio Raymundo pela leitura cuidadosa e pelos comentários feitos ao texto final, que é de minha inteira e exclusiva responsabilidade.

Agradeço à Associação Nacional de Transportes Públicos (ANTP) pelo apoio na identificação de dados e de documentos sobre a história das políticas de mobilidade, especialmente pela análise da coleção da *Revista dos Transportes Públicos*, um verdadeiro patrimônio da nossa área.

Agradeço também às pessoas que se dedicaram ao estudo desse tema e cujos trabalhos foram muito úteis para mim. Considero que o processo de produção de conhecimento é coletivo, em que se somam a determinação, o talento e a vontade individual às contribuições dadas por outros estudiosos do assunto. No caso deste livro, tive a felicidade de contar com estudos de alta qualidade feitos anteriormente e que foram essenciais para organizar o raciocínio e propor a minha interpretação dos fatos. Correndo o risco de cometer injustiças, menciono em ordem alfabética os autores que mais escreveram sobre a história das políticas de mobilidade no Brasil e que contribuíram muito para esclarecê-las: Adriano Murgel Branco, Anísio Brasileiro de Freitas Dourado, Cloraldino Severo, Eduardo Fagnani, Enilson Medeiros dos Santos, Etienne

Henry, Iêda Maria de Oliveira Lima, Joaquim José Guilherme de Aragão, Josef Barat, Mauricio Cadaval, Oswaldo Lima Neto, Rogério Belda, Rômulo Dante Orrico Filho e Waldemar Stiel.

SOBRE O AUTOR

Eduardo Alcântara de Vasconcellos é engenheiro civil e sociólogo. Fez mestrado e doutorado em Ciência Política na Universidade de São Paulo e pós-doutorado em Planejamento de Transporte nos Países em Desenvolvimento na Cornell University, Estados Unidos. É assessor técnico da Associação Nacional de Transportes Públicos (ANTP) e do Banco de Desarrollo de América Latina (CAF). É diretor do Instituto Movimento, de São Paulo, dedicado a estudos de mobilidade.

APRESENTAÇÃO

Uma das discussões mais importantes sobre a vida nas cidades dos países em desenvolvimento é aquela relativa ao transporte cotidiano das pessoas. No Brasil, pelo elevado número de cidades de todas as dimensões, há muitas formas de deslocamento disponíveis, principalmente a mais natural de todas – a caminhada –, e, com menos intensidade, o uso da bicicleta. No tocante ao transporte motorizado rotineiro nas cidades, o país tem grandes sistemas de transporte coletivo por ônibus. Em razão de suas dimensões continentais, o ônibus também exerceu papel essencial nas ligações entre regiões desde a década de 1940. A partir da década de 1960, aumentou muito a frota de automóveis e, após os anos 1990, a de motocicletas.

No caso específico do transporte coletivo, ao contrário dos vizinhos latino-americanos – bem como da maioria dos países em desenvolvimento da Ásia e da África – o Brasil adotou, primeiro de forma limitada na década de 1920 em São Paulo e a partir da década de 1960 em muitas cidades, um modelo regulamentado mais abrangente de prestação de serviços, por meio do qual o Estado define as condições desejadas – tipo de veículo, rotas, frequência, tarifa – e o setor privado faz a operação (com algumas exceções), sendo então controlado pelo setor público. Com a crescente urbanização do país após a II Guerra Mundial e com a implantação da indústria automobilística a partir de 1956, o sistema de transporte no país tornou-se cada vez mais motorizado, seja com o uso dos ônibus, seja com o uso dos automóveis (e, mais recentemente, de motocicletas). A demanda por transporte público no Brasil aumentou muito, situando-se entre as maiores do mundo – alcançando, em 2011, cerca de 62 bilhões de deslocamentos por ano apenas nas cidades com mais de 60 mil habitantes (ANTP, 2012). Dessa demanda, 18,9 bilhões de viagens foram feitas em automóveis e motocicletas, e 17,7 bilhões foram atendidas por uma frota de 98 mil ônibus, mostrando as enormes dimensões do sistema.

No período de crescimento urbano mais intenso – décadas de 1960 a 1970 – houve aumento da discussão sobre os problemas do transporte urbano, focada em dois eixos principais: o congestionamento crescente do trânsito e a precariedade dos serviços de transporte público. Nesse período, intensificaram-se os planos e as ações para melhorar o transporte público, tendo-se iniciado os primeiros projetos de integração de redes de ônibus e de construção de corredores de ônibus. A primeira experiência com corredores ocorreu em Curitiba, a partir de 1974, tendo-se seguido ações em outras cidades, principalmente Porto Alegre e São Paulo. O sucesso do projeto de Curitiba transformou-o em caso mundial, mencionado em toda a literatura internacional e inspirando projetos semelhantes em outros países. Com relação ao transporte individual, o Estado fez investimentos de grande monta na expansão do sistema viário, apoiando e incentivando o uso do automóvel. Especialmente a partir da década de 1990, o modelo entrou em crise. Do lado do transporte público, a qualidade piorou e o custo para os usuários aumentou muito acima da inflação. Habitantes das periferias urbanas passaram a gastar enormes quantidades de tempo em seus deslocamentos diários, em péssimas condições de conforto. Do lado do transporte individual, o crescimento dos congestionamentos começou a afetar a velocidade da circulação, o que ocasionou também prejuízos para o transporte público. A baixa qualidade dos veículos e dos combustíveis no Brasil gerou uma grande contaminação do ar nas maiores cidades, com situações críticas verificadas na região metropolitana de São Paulo. A insegurança no trânsito atingiu um ponto máximo de mortos e feridos, colocando o Brasil entre os piores casos nos países em desenvolvimento. O modelo de mobilidade implantado revelou-se altamente prejudicial à maioria da população.

O objetivo deste livro é analisar e resumir a história desse processo, buscando tanto suas virtudes quanto suas limitações. O período de referência principal do estudo compreende de 1960 a 2010, e as informações anteriores, desde a década de 1930, são incorporadas para apoiar as análises.

A análise é feita seguindo o roteiro de estudos de política pública e utiliza a metodologia da análise social e ambiental da mobilidade (Vasconcellos, 1996). Não se trata, portanto, de uma descrição meramente quantitativa dos processos analisados, embora os dados numéricos sejam essenciais. Trata-se de uma análise social e política que requer a identificação dos agentes que mais interferiram nos processos e de seus interesses e suas estratégias. Trata-se também da identificação de quais agentes foram beneficiados e quais foram prejudicados, e em que grau. Além disso, trata-se da identificação dos fatores que condicionaram e induziram as ações tomadas. Finalmente, trata-se da indagação de quais são as possibilidades de mudança do sistema de mobilidade que resultou desses processos.

A análise da política pública adotada será feita considerando as seguintes dimensões:

- Institucional: como o poder de decisão sobre a mobilidade esteve distribuído durante o período estudado e quais eram os recursos técnicos, administrativos e humanos disponíveis.
- Legal: quais leis e instrumentos legais associados deram apoio jurídico às decisões tomadas.
- Política: quais os agentes que interferiram ou moldaram os processos, quais eram seus interesses, qual era seu poder de ação ou de influência e quais eram os recursos de que dispunham para agir.
- Econômico-financeira: natureza e aplicação dos recursos econômicos, forma de transporte ou grupos de usuários beneficiados ou prejudicados.
- Técnica: qual era a natureza técnica (ou tecnológica) das decisões tomadas sobre a organização e a gestão da mobilidade.
- Social: quais foram os impactos sociais, econômicos e ambientais do modelo de mobilidade gerado a partir das decisões tomadas e das ações implantadas, e como eles foram distribuídos entre os participantes e os grupos que sofreram os impactos.

CONDIÇÕES ATUAIS DO TRANSPORTE URBANO NO BRASIL

INFORMAÇÕES SELECIONADAS

A análise de uma política pública envolve uma grande quantidade de informações, que começa com as características e condicionantes iniciais do processo de formação da política, passa por todas as suas fases intermediárias e chega aos dados finais dos impactos produzidos.

Nos demais capítulos deste livro, o encadeamento de ações está detalhado, mas, neste item, estão apenas as informações mais importantes sobre as condições atuais da mobilidade de pessoas no Brasil. Elas estão dispostas de forma a refletir os impactos finais das decisões tomadas ao longo do tempo. Essas informações são, ao mesmo tempo, testemunhas do que foi feito e indicadores do grau de sucesso ou fracasso das ações empreendidas. Elas são uma imagem viva dos sinais que a política emite para a sociedade, na forma de quem foram os atores privilegiados e quem foram os prejudicados.

Essa forma de exposição dos dados vem naturalmente acompanhada de duas perguntas: por que foram esses os resultados e por que a política seguiu esses rumos? Estas perguntas são essencialmente neutras, no sentido de permitir avaliações positivas ou negativas de uma política pública. No presente caso, o objetivo é mostrar que as políticas de mobilidade de pessoas foram altamente seletivas e excludentes, tendo havido pouquíssimas medidas a favor da equidade.

POLÍTICAS DE TRANSPORTE NO BRASIL

O resumo das condições atuais procurou identificar informações claras sobre os resultados da política, cujos condicionantes e características estão discutidos em detalhes nos demais capítulos. Foram selecionadas informações relativas a:

- Condições atuais de mobilidade.
- Oferta atual de meios públicos de transporte.
- Consumos principais relacionados à mobilidade.
- Impactos negativos da mobilidade.

CONDIÇÕES DA MOBILIDADE NAS CIDADES COM MAIS DE 60 MIL HABITANTES

Estão resumidos, a seguir, os principais dados referentes à mobilidade urbana no Brasil, nos municípios com mais de 60 mil habitantes.

A Tabela 1.1 mostra que no conjunto das cidades com mais de 60 mil habitantes ocorriam, em 2011, 61,3 bilhões de deslocamentos de pessoas por ano (cerca de 200 milhões por dia útil). A maior parte dos deslocamentos era feita a pé ou de bicicleta (40,3%), enquanto o transporte coletivo atendia 28,9% e o transporte individual atendia 30,8% (Figura 1.1). As viagens no transporte coletivo percorriam a maior parte das distâncias (56,9%) e consumiam a maior parte do tempo (48,9%).

Tabela 1.1: Mobilidade nas cidades com mais de 60 mil habitantes em 2011.

Modo	Viagens (bilhões/ano)		Distância (bilhões km/ano)		Tempo (bilhões horas/ano)	
	Valor	%	Valor	%	Valor	%
T. coletivo	17,7	28,9	240	56,9	10,7	48,9
T. individual	18,9	30,8	149	35,3	4,8	21,9
T. não motorizado	24,7	40,3	32	7,6	6,4	29,2
Total	61,3	100,0	422	100,0	21,9	100,0

Fonte: ANTP (2012).

A Figura 1.2 mostra que as viagens no transporte coletivo são as mais longas e tomam o maior tempo médio entre todos os deslocamentos. A distância nas viagens em transporte individual é 62% inferior e o tempo é 58% inferior aos valores do transporte coletivo.

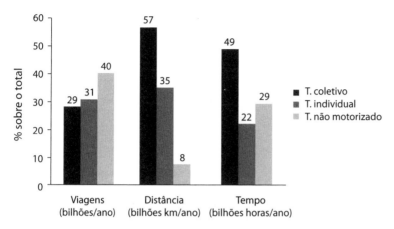

Figura 1.1: Principais consumos da mobilidade por tipo de transporte no Brasil em cidades com mais de 60 mil habitantes em 2011.
Fonte: ANTP (2012).

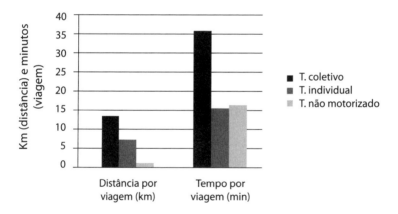

Figura 1.2: Distância e tempo de percurso por viagem no Brasil em cidades com mais de 60 mil habitantes em 2011.
Fonte: ANTP (2012).

A Figura 1.3 mostra que as viagens no transporte coletivo consomem menos energia e emitem menos poluentes que as viagens no transporte individual. O custo médio por habitante das viagens no transporte coletivo é muito inferior ao custo da viagem no transporte individual. Quando as externalidades negativas de acidentes de trânsito e de emissão de poluentes são analisadas, o transporte coletivo mostra-se muito menos prejudicial que o transporte individual.

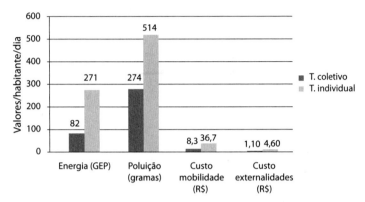

Figura 1.3: Consumo e impactos da mobilidade por habitante no Brasil em cidades com mais de 60 mil habitantes em 2011.
Fonte: ANTP (2012).

Prioridade para o transporte coletivo no sistema viário

Observa-se, pela Tabela 1.2 a seguir, que 22 municípios informaram ter algum tipo de prioridade física para o transporte coletivo. Pistas exclusivas e vias segregadas aparecem em apenas sete municípios. A tabela mostra que o comprimento total das vias com prioridade é 410 km, sendo praticamente iguais as participações de faixas exclusivas e pistas exclusivas/vias segregadas. Esse comprimento de vias com prioridade é de apenas 0,12% em relação ao comprimento das vias existentes nas cidades e 0,6% das vias usadas pelo transporte coletivo, ou seja, é inexistente na prática.

Tabela 1.2: Extensão de prioridade para o transporte coletivo em cidades com mais de 60 mil habitantes em 2011.

Tipo de tratamento	Extensão (km)	Municípios
Faixa exclusiva	217,2	15
Pista exclusiva	191,3	6
Via segregada	2,0	1
Total	410,5	
% do comprimento das vias	0,12	
% do comprimento das vias usadas pelo transporte público	0,60	

Fonte: ANTP (2010).

A OFERTA DE MEIOS PÚBLICOS DE TRANSPORTE NO BRASIL

A pesquisa mais abrangente sobre a oferta de meios públicos de transporte no Brasil foi feita pelo IBGE em 2005, tendo sido atualizada em parte em 2008 (IBGE, 2005 e 2008). A pesquisa avaliou a oferta de meios de uso coletivo (barco, metrô, trem, vans e ônibus) e individual (táxis e moto-táxis). Identificou também quais serviços eram gerenciados pelo município quando outras entidades o gerenciavam (estado, governo federal), e qual era o tipo de regulamentação relacionada aos serviços prestados.

A Figura 1.4 resume a oferta em todos os municípios. Observa-se que o serviço mais ofertado (com um mínimo de 70% dos municípios) é o táxi, e o menos ofertado (existente em poucas cidades) é o metrô. Nos maiores municípios, a oferta de táxi é superior a 100% dos municípios, uma vez que alguns têm serviços formais e informais. As vans e o moto-táxi também têm presença significativa nas cidades até 1 milhão de habitantes (maior que a dos ônibus).

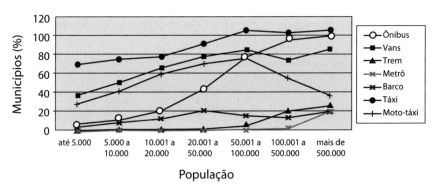

Figura 1.4: Oferta de meios públicos de transporte por classe de população no Brasil em 2005.
Fonte: IBGE (2005).

A Tabela 1.3 resume a oferta de modos por ordem decrescente. Pode-se ver que o táxi é a forma mais universal de transporte disponível ao público, embora seu preço seja muito mais elevado do que o dos demais sistemas. Vans e moto--táxis estão presentes, respectivamente, em 60 e 50% dos municípios brasileiros. Os ônibus – a principal forma de transporte público – estão presentes em 1.407 municípios (25% do total), ao passo que os barcos atendem pessoas em 11% dos municípios. Os modos sobre trilhos são naturalmente mais restritos, embora no conjunto transportem uma quantidade elevada de passageiros.

Tabela 1.3: Oferta de meios públicos de transporte no Brasil em 2005.

Modo	Municípios	% total
Táxi	4.476	80,4
Vans	3.288	59,1
Moto-táxi	2.770	49,8
Ônibus	1.407	25,3
Barco	616	11,1
Trem	105	1,9
Metrô	11	0,2

Fonte: IBGE (2005).

Separando os modos coletivos vans e ônibus – que transportam a maior parte das pessoas – pode-se fazer uma análise mais acurada (Figura 1.5). É possível verificar que as vans estão presentes em um número maior de municípios até a população de 100 mil pessoas, ponto em que o ônibus passa a ser dominante.

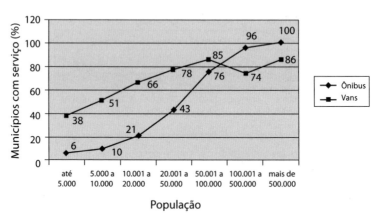

Figura 1.5: Oferta de serviços de vans e ônibus no Brasil em 2005.
Fonte: IBGE (2005).

A Figura 1.6 mostra a posição dos modos táxi e moto-táxi. Pode-se observar que a oferta de táxi cresce continuamente com o aumento da população, ao passo que a oferta do moto-táxi cresce e depois decresce nos municípios com mais de 100 mil habitantes. É importante observar o grande crescimento do moto-táxi, que chega a ser ofertado em 76% dos municípios entre 50 e 100 mil habitantes.

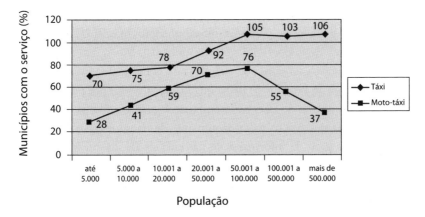

Nota: A porcentagem de municípios com serviço de táxi supera 100% em alguns casos, pois há serviços formais e informais.

Figura 1.6: Oferta de táxi e moto-táxi em 2005.
Fonte: IBGE (2005).

Informalidade no transporte público

A Figura 1.7 mostra a porcentagem de municípios que têm algum serviço de transporte coletivo informal, ou seja, sem regulamentação. Observa-se que a informalidade existe em todas as faixas de população, mas é maior na faixa entre 10 e 20 mil habitantes. Os serviços com maiores graus médios de informalidade são o moto-táxi e o táxi.

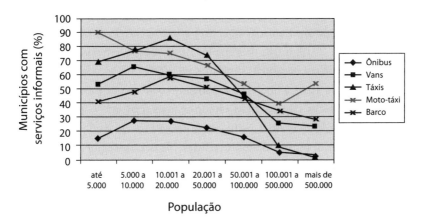

Figura 1.7: Municípios com serviços informais de transporte público em 2005.
Fonte: IBGE (2005).

A sequência de dados apresentados permite verificar que há uma grande oferta de meios públicos de transporte nos municípios brasileiros, mas que uma parte significativa deles opera de maneira informal. Isso significa que muitas pessoas estão sujeitas a serviços que estão fora do controle do governo, podendo indicar a presença de veículos de baixa qualidade, operados por pessoas desqualificadas, sem condições de fazer um transporte seguro e com níveis elevados de emissão de poluentes. Até na forma dominante de transporte – o ônibus – observa-se elevado grau de informalidade nas cidades até 20 mil habitantes. No meio em que o passageiro fica mais vulnerável – o moto-táxi – o grau de informalidade chega a 90% nos municípios menores e, no conjunto dos municípios, nunca é menor do que 40%.

IMPACTOS SOCIAIS: A INSEGURANÇA NO TRÂNSITO

No caso do impacto da mobilidade na segurança da circulação das pessoas, os processos de motorização e urbanização da sociedade brasileira tiveram consequências trágicas, de forma semelhante ao ocorrido nos demais países em desenvolvimento.

O aumento acelerado do número de automóveis da organização da indústria automobilística, em 1956, causou um enorme número de feridos e mortos. Dados mais recentes do sistema de informação do Ministério da Saúde, entre 1979 e 2010 (Datasus apud Instituto Sangari e Waiselfisz, 2012), apontam a morte no trânsito de 939 mil pessoas. Considerando dados históricos das rodovias federais (Dnit, 2012) e o conhecido sub-registro das mortes no trânsito na história do Brasil, é possível afirmar que, no período central considerado neste livro, entre 1960 e 2010, o uso de veículos motorizados, especialmente o automóvel e a motocicleta, causou 1,5 milhões de mortes no país.

Na década de 1990, a liberação e o incentivo ao uso da motocicleta provocaram outro impacto trágico, mais rápido e mais letal que o provocado pelo automóvel. Entre 1996 e 2010, os registros do Ministério da Saúde (MS-Datasus) mostram 73 mil mortes de motociclistas. Na década seguinte, entre 2000 e 2011, foram indenizadas as famílias de 153 mil motociclistas por morte, e por invalidez, 534 mil (Líder Seguradora, 2013b).

A Tabela 1.4 mostra que, em 2011 e 2012, foram indenizadas por morte no trânsito 58 e 60 mil pessoas, respectivamente. Nos mesmos anos, foram indenizadas por invalidez permanente, respectivamente, 239 e 353 mil pessoas.

Tabela 1.4: Indenizações por morte e invalidez no trânsito em 2010 e 2011.

Natureza	Ano	
	2011	2012
Morte	58.134	60.752
Invalidez permanente	239.738	352.495

Fonte: Líder Seguradora – DPVAT (2013a).

OS SINAIS ENVIADOS PELA POLÍTICA DE MOBILIDADE: COMPARAÇÃO ENTRE OS TRÊS MODOS MAIS ACESSÍVEIS

Uma das características mais importantes das políticas públicas se refere aos sinais tangíveis e simbólicos que elas emitem para a sociedade. No caso da escolha dos modos de transporte a utilizar, a indicação dos custos da utilização é essencial para apoiar a definição das pessoas. É importante ressaltar que, embora os modos privados de transporte motorizado incorram em custos diretos (combustível e estacionamento) e indiretos (seguros, manutenção, impostos, depreciação), são os primeiros que impactam mais a escolha modal por parte das pessoas (muitas pessoas ignoram, na prática, os custos indiretos). Assim, as pessoas de uma sociedade escolherão o modo a usar, principalmente em função dos custos diretos que elas percebem facilmente – combustível e estacionamento – mais a avaliação do tempo de viagem.

A Tabela 1.5 e a Figura 1.8 mostram, para grandes cidades do Brasil, dados comparados de uma viagem média de 9 km. A tabela mostra que o tempo total da viagem em ônibus é de 43 minutos, ao passo que o tempo para automóveis é de 18 minutos e para motocicleta é de 14 minutos. Quanto ao custo de desembolso, o do ônibus é de R$ 2,20, enquanto o custo para usar o automóvel é de R$ 2,50 e para usar a moto é de R$ 0,65.

Os dados mostram que o custo de desembolso do usuário dos ônibus (a tarifa paga) é similar ao custo de usar um automóvel (gasolina e estacionamento) e é três vezes superior ao custo de usar a motocicleta; mostram igualmente que os modos individuais são muito mais rápidos do que o ônibus. As políticas que construíram essas condições foram baseadas em benefícios e isenções dadas aos automóveis e às motocicletas e em políticas inadequadas de oferta e de circulação do transporte coletivo, que aumentaram seu custo e diminuíram sua confiabilidade. Os dados da figura representam uma sinalização clara para a sociedade de que o transporte público não é conveniente e de que o ideal é usar a motocicleta ou o automóvel. Essas ações constituíram uma "pedagogia negativa" do transporte coletivo, que foi aplicada por décadas, tendo sido vivenciada cotidianamente pela maior parte da população, influenciando sua visão sobre os modos desejáveis de circulação nas cidades.

Tabela 1.5: Tempo de viagem e custo de desembolso de uma viagem de 9 km em ônibus, automóvel e motocicleta em grandes cidades do Brasil em 2012.

Informação de uso do modo	Ônibus	Auto	Moto
Tempo de viagem (minutos)			
Acesso a pé	12	2	2
Espera	6	0	0
No veículo	25	18	14
Total	43	20	16
Fator tempo (ônibus = 1)	1	0,47	0,37
Custo (R$)	2,2	2,5	0,65
Fator custo (ônibus = 1)	1	1,1	0,3

Fonte: ANTP (2012).

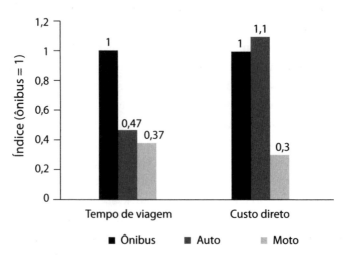

Figura 1.8: Tempo de viagem e custo de desembolso de uma viagem de 9 km em ônibus, automóvel e motocicleta nas grandes cidades do Brasil em 2012.
Fonte: ANTP (2012).

A INIQUIDADE FINAL RESULTANTE

O sistema de mobilidade implantado no Brasil, associado a características sociais e políticas, gerou muitas iniquidades. O caso de São Paulo, apesar de suas grandes dimensões, é representativo do que ocorreu em todo o país em escalas menores.

As Figuras 1.9 e 1.10 mostram como são os consumos e a geração de impactos da mobilidade das pessoas na maior metrópole brasileira.

A Figura 1.9 mostra que a maior parte dos deslocamentos diários em 1997 era feita a pé, todavia levando a um consumo de tempo e de espaço (distância) pequenos em relação aos modos públicos e privados de transporte. No caso do transporte público, ele era responsável pelo maior consumo de tempo e de espaço, mas representava pouco em relação aos impactos de energia, poluentes e acidentes de trânsito. Por sua vez, o transporte privado estava relacionado ao maior consumo de energia e de espaço, e aos maiores impactos negativos de poluição e acidentes.

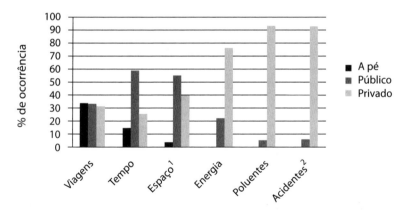

1: Espaço dinâmico, considerando a distância percorrida e o espaço (m²) usado ao circular em cada modo de transporte.

2: Os acidentes foram atribuídos aos veículos, considerando que caminhar é a forma mais humana de transporte e que ela está protegida pelo Código de Trânsito Brasileiro, que responsabiliza os condutores pela "incolumidade" dos pedestres (art. 29, XII).

Figura 1.9: Consumos e impactos da mobilidade na RMSP por modo principal de transporte em 1997.
Fonte: adaptada de CMSP (1998).

A Figura 1.10, que relaciona o metabolismo da mobilidade à renda das pessoas, mostra claramente a enorme iniquidade de nosso sistema de mobilidade. Pode-se observar que as famílias de renda mais alta apresentam consumos de espaço e de energia e impactos de poluição e acidentes muito mais elevados do que os relativos às famílias de renda mais baixa. Comparando os dois extremos da escala de rendas, as famílias de renda mais alta têm consumos e impactos entre 8 e 15 vezes superiores aos das famílias de renda mais baixa.

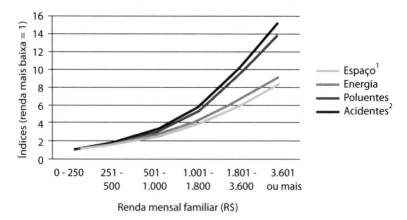

1: Espaço dinâmico, considerando a distância percorrida e o espaço (m²) usado ao circular em cada modo de transporte.

2: Os acidentes foram atribuídos aos veículos, considerando que caminhar é a forma mais humana de transporte e que ela está protegida pelo Código de Trânsito Brasileiro, que responsabiliza os condutores pela "incolumidade" dos pedestres (art. 29, XII).

Figura 1.10: Consumos e impactos da mobilidade na RMSP por nível de renda familiar em 1997.
Fonte: adaptada de CMSP (1998).

As políticas e ações relativas à mobilidade que foram adotadas e implantadas no país entre 1930 e 2010 são analisadas mais adiante, procurando responder a uma pergunta central: por que e como construímos essa mobilidade iníqua e excludente?

CONDICIONANTES HISTÓRICOS

2

CRESCIMENTO URBANO E DE MOTORIZAÇÃO

A análise das políticas de mobilidade no Brasil requer um bom entendimento de dois processos quase simultâneos: a urbanização acelerada e a constituição da indústria automotiva no país.

O processo de urbanização deve ser analisado, pois recolocou pessoas em ambientes urbanos nos quais elas passam a necessitar de transporte público regular. Ademais, o processo aumentou as dimensões das cidades, fazendo crescer as distâncias e a necessidade de transporte público para as pessoas. O processo de constituição da indústria automobilística é importante por representar o início da oferta regular e mais acessível de veículos de transporte individual, que passaram a disputar o mercado com o transporte público. Sendo adquiridos por grupos sociais de renda média e alta, tornaram-se um tema politicamente importante devido ao poder de pressão desses grupos sobre as decisões das políticas públicas. Além disso, sendo fonte importante e crescente de receitas de impostos, a indústria automobilística tornou-se muito importante para o governo federal.

O crescimento da população urbana do Brasil pode ser visto na Tabela 2.1 e na Figura 2.1. No período entre 1960 e 1991, a população urbana foi multiplicada por 3,5, tendo sido acrescentados 80 milhões de habitantes. Nas nove metrópoles pesquisadas, essa população aumentou 2,8 vezes, incorporando 28 milhões de pessoas. Considerando-se que a taxa média de viagens por transporte público, por dia, é de 0,5 por habitante (Vasconcellos, 2002), esse contingente adicional representou, nas áreas metropolitanas, um aumento diário de 14 milhões de viagens que precisaram ser atendidas pelo transporte público, em ônibus, trens e metrôs.

Tabela 2.1: Crescimento da população urbana, Brasil e metrópoles.

Ano	População urbana			
	Brasil[1]	Índice	Metrópoles[2]	Índice
1960	31.303.034	100	15.014.571	100
1970	52.084.984	166	23.574.038	157
1980	80.436.409	257	34.392.315	229
1991	110.990.990	355	42.677.730	284

1: Fonte: adaptada de IBGE.
2: Belém, Belo Horizonte, Curitiba, Fortaleza, Porto Alegre, Recife, Rio de Janeiro, Salvador, São Paulo.
Fonte: Ibam (2000).

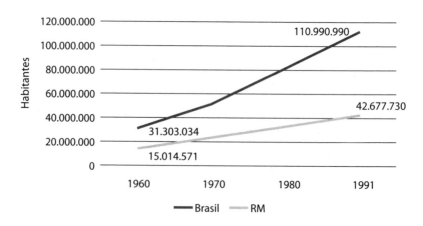

Figura 2.1: Evolução da população urbana no Brasil; total e áreas metropolitanas de 1960 a 1991.
Fonte: adaptada de IBGE.

A POLÍTICA DE DESENVOLVIMENTO URBANO

Ao longo do período analisado, não houve política consistente e permanente de desenvolvimento urbano no Brasil. Na falta de uma legislação abrangente e consensual, e diante da ausência ou da ineficácia do Estado na regulação dos conflitos de ocupação e uso do solo, tanto os grupos sociais de baixa renda quanto os de renda média e alta usaram estratégias para gerar o novo espaço urbano que lhes interessava. Na maior parte dos casos, o Estado acompanhou o processo sem intervir. Além disso, deve-se enfatizar que o processo de urbanização e de intenso crescimento populacional esteve ligado a situações de grande disparidade de oportunidades de vida para a população do país, ligada a processos muito antigos de geração de desigualdades e assimetrias entre suas regiões. A análise que se segue reconhece esse processo, mas não o aborda com profundidade, por não se tratar do tema central desta obra.

As cidades cresceram segundo as forças de mercado das ações de distintos grupos sociais, tanto para a população de renda mais baixa quanto para as classes médias e a elite. O espaço urbano foi construído para atender aos interesses imediatos de cada grupo social e aos interesses de acumulação de capital por parte do setor da construção civil e dos proprietários de terra. A população de renda mais baixa localizou-se em áreas periféricas, frequentemente por meio de invasão, e em áreas indesejadas por seus riscos ambientais, como nos morros e à beira de rios e córregos. As classes médias – cerca de 20% da população – localizaram-se, predominantemente, em áreas mais centrais já dotadas de equipamentos urbanos de boa qualidade, ou então em novos empreendimentos imobiliários que garantiam sua reprodução social e econômica nos moldes desejados. As elites – cerca de 5% da população – localizaram-se em bairros muito bem definidos espacialmente ou em empreendimentos novos construídos de forma totalmente isolada do restante da cidade. Os setores de renda média e alta conduziram, nas maiores cidades do Brasil, o processo de produção do espaço urbano que lhes interessava (Villaça, 1998). Do ponto de vista sociológico, esse processo de reorganização urbana pode ser denominado "formação das cidades da classe média" (Vasconcellos, 1981 e 1991), feitas para acomodar as necessidades de reprodução da nova classe média formada no período autoritário e que era filha do processo de concentração de renda: os novos espaços surgem como expressão física e simbólica da distribuição de poder inédita que surge com o nascimento dessa nova classe média.

Como parte desse processo, surgiram de um lado renovações urbanas em áreas mais centrais e, de outro lado, empreendimentos distantes da área central, como Alphaville, na área oeste da região metropolitana de São Paulo, e a Barra da Tijuca, no Rio de Janeiro. No caso dos empreendimentos distantes para a classe média ou a elite, houve enorme impacto na mobilidade, na medida em que os novos moradores tornaram-se cativos do automóvel para a realização da maioria de seus deslocamentos.

No caso das ocupações periféricas, cristalizou-se um padrão de longas distâncias e longos tempos de percurso para os que dependiam do transporte público. O caso mais radical no Brasil foi o de Brasília. Conforme mostram Silva e Bowns (2008), a utopia inicial foi superada pela realidade, e as populações pobres foram sendo progressivamente alocadas em cidades-satélite muito distantes da área central. O processo, feito por indução, por doação de terrenos e também à força (para eliminação das favelas e invasões que ocorreram no Plano Piloto), criou um complexo urbano de enorme extensão e grandes vazios, com impactos muito fortes no sistema de transporte coletivo. O Plano Piloto de Brasília concentra 45% dos postos de trabalho, enquanto a segunda cidade em oferta (Taguatinga) tem apenas 11%, o que ocasiona um grande número de viagens diárias para o plano. A estrutura de linhas de ônibus comprova esse padrão, uma vez que 73% das rotas ligam o Plano Piloto às cidades-satélites. Além disso, a produtividade do sistema de ônibus, medida em passageiros embarcados por quilômetro rodado é muito baixa – a menor entre as grandes cidades do Brasil –, em razão das grandes distâncias percorridas para ligar as cidades-satélite ao Plano Piloto (Souza e Ribeiro, 2010).

Em que pese esse histórico de expansão de baixa densidade das grandes cidades, o processo de realocação física das pessoas, com aumento de distâncias, também sempre foi forte. No conjunto das metrópoles brasileiras, entre 1991 e 2000, a população de suas áreas centrais cresceu 1,3% por ano, ao passo que a população das áreas periféricas cresceu 2,9% (Silva e Rodrigues, 2009). No caso específico de Belo Horizonte, já que a população da cidade central cresceu anualmente 4,6% na década de 1970, 2,5% na década de 1980 e 2,4% na década de 1990, os valores correspondentes para as áreas periféricas de renda baixa de Ribeirão das Neves, Santa Luzia e Vespasiano foram 7,5%, 7,9% e 7,4% (Andrade e Gomes, 2010).

Paralelamente, a localização das atividades geradoras de emprego, como a indústria, ocorreu de forma descoordenada, atendendo mais seus interesses de abastecimento e logística que os interesses de proximidade de seus trabalhadores. As atividades comerciais, apesar de procurarem seguir a localização dos consumidores nos novos locais de moradia, mantiveram suas atividades principais nas áreas centrais, beneficiando-se de uma economia de escala propiciada pela convergência física dos meios públicos de transporte.

IMPACTOS NA MOBILIDADE

Uma das características mais importantes para o estudo do sistema de mobilidade no Brasil é que essa forma de expansão ampliou a área urbana de baixa densidade e aumentou as distâncias a serem percorridas pelas pessoas, mas especialmente pelas mais pobres, que dependiam do transporte público. Como a maioria dos empregos esteve sempre concentrada nas áreas mais centrais, as distâncias entre a residência e o trabalho aumentaram, reduzindo a produtividade do sistema de ônibus, que passou a rodar mais quilômetros para atender à mesma demanda. Isso levou a um aumento médio nos custos, ajudando a elevar as tarifas. Da mesma forma, aumentou muito o tempo de percurso dos moradores das áreas periféricas.

Tomando como base a expansão da população das maiores cidades do país no período de 1950 a 2000, que foi de 42 milhões de pessoas, pode-se avaliar o grau do crescimento físico dessas áreas. Adotando uma densidade populacional de 10 mil habitantes por km² (100 habitantes por hectare), a área urbanizada dessas regiões metropolitanas aumentou de 789 km² para 4.945 km², fazendo com que o raio das áreas (se fossem circulares) fosse multiplicado por 2,6, com grande impacto nas distâncias percorridas pelas pessoas (Figura 2.2 e Tabela 2.2).

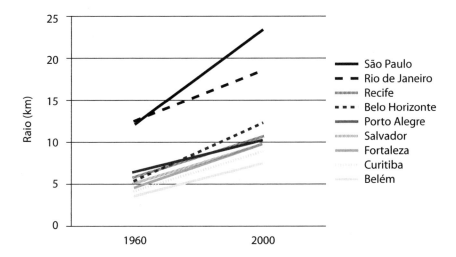

Figura 2.2: Aumento do raio das metrópoles de 1960 a 2000. Representa a distância estimada entre o centro e a periferia, que aumentou muito.

POLÍTICAS DE TRANSPORTE NO BRASIL

Tabela 2.2: Variação na população e na área urbana, metrópoles do Brasil de 1950 a 2000.

Região metropolitana	População (mil)						Variação 1950-2000		Raio (km)[2]	
	1950	1960	1970	1980	1990	2000	Mil hab.	Área (km²)[1]	1950	2000
São Paulo	2.367	4.791	8.139	12.183	15.199	17.119	14.752	1.475	6,0	23,3
Rio de Janeiro	3.022	5.024	7.080	9.019	9.601	10.814	7.792	779	9,8	18,5
Recife	680	1.240	1.791	2.348	2.859	3.235	2.555	256	4,0	10,1
Belo Horizonte	222	888	1.605	2.542	3.462	4.670	4.448	445	2,7	12,2
Porto Alegre	488	1.029	1.532	2.232	3.016	3.509	3.021	302	3,9	10,6
Salvador	413	734	1.147	1.772	2.472	2.974	2.561	256	3,6	9,7
Fortaleza	301	654	1.037	1.582	2.295	2.881	2.580	258	3,2	9,6
Curitiba	156	512	821	1.442	1.976	2.500	2.344	234	2,2	8,9
Belém	242	414	655	1.000	1.334	1.755	1.513	151	2,9	7,5
Total	7.891	15.286	23.807	34.120	42.214	49.457	41.566	4.157		

1: Considerando densidade média de 10.000 pessoas/km²
2: Como se a área urbanizada fosse um círculo
Fonte: dados da população – IBGE.

O DESCONTROLE SOBRE OS GRANDES EMPREENDIMENTOS

Outro aspecto importante do problema é a falta de controle da implantação de grandes projetos localizados nas cidades, como conjuntos habitacionais, centros de compra, grandes instalações para atividades culturais e desportivas. Chamados polos geradores de viagens, esses grandes equipamentos urbanos alteram radicalmente a solicitação do sistema viário de seu entorno em razão de um nível muito mais elevado de deslocamentos de pessoas e de veículos. Consequentemente, sua inauguração é seguida pela elevação do grau de congestionamento nas vias atingidas, dos acidentes de trânsito e da emissão de poluentes pelos veículos. Em São Paulo, a primeira legislação que permitiu algum grau de controle sobre os novos empreendimentos surgiu apenas em 1987 (Martins, 2000). A Lei n.10.334/87 criou o conceito de áreas especiais de tráfego e da certidão de diretrizes para sua avaliação. Em seguida, a Lei n.10.506/88 estabeleceu o ônus do empreendedor, transferindo para este os custos das adaptações necessárias no sistema viário de entorno. Finalmente, a Lei n.11.228/92 e o Decreto n. 32.329/92, ao fixarem o novo Código de Obras e Edificações do município, definiram novos parâmetros para o projeto de áreas internas de circulação, estacionamento e manobras. Com esses instrumentos, o órgão de trânsito passou a ter o poder de avaliar o empreendimento e definir as condições de sua aprovação na certidão de diretrizes como pré-requisito para a obtenção ao alvará de funcionamento. No entanto, o órgão de trânsito não obteve o poder de veto em relação aos novos empreendimentos que pudessem causar problemas graves[1]. Legislações semelhantes foram definidas em outras grandes cidades, como Recife e Belo Horizonte (Maia et al., 2012).

As tentativas do Estado de alterar essa situação foram feitas por meio da obrigatoriedade de organização do uso e da ocupação do solo, ditada por regulamentos gerais e um instrumento mais poderoso – o plano diretor municipal. No geral, as tentativas fracassaram, porque, na prática, o uso do solo e a expansão urbana ocorreram com elevado grau de informalidade e ilegalidade. Nunca houve, da parte do poder público local, uma atitude de controle real dos processos indesejáveis de expansão e ocupação. A regra foi o descaso, a leniência e a prática sistemática da anistia formal ou por simples abandono do tema para a maioria dos usos e ocupações ilegais, seja dos grupos de baixa renda, seja da classe média e da elite. A visita a qualquer cidade brasileira mostra isso com clareza instantânea.

---

[1] Um exemplo da gravidade do problema foi mostrado por Pereira (2011). Analisando o caso de um empreendimento de lojas, do tipo shopping center, de 50 mil m^2 de construção, 1.760 vagas de estacionamento e com entrada e saída na mesma rua, a autora mostra que haveria um fluxo adicional na hora de pico da tarde (17 às 18h) de cerca de 800 veículos por hora entre quinta e sexta-feira (requerendo uma faixa adicional de tráfego na via) e de 1.345 veículos no sábado (requerendo duas faixas adicionais na via).

Mais recentemente, em 2001, foi aprovado o Estatuto das Cidades, que rompeu a inércia legislativa federal e propôs alterações significativas no processo de organização do espaço urbano. Todavia, ele chegou quando um enorme passivo urbano negativo já havia sido construído fisicamente, o que colocava limites claros a qualquer tentativa de mudança estrutural. Na realidade, a maior parte das cidades brasileiras grandes e médias chegou ao século XXI com sua estrutura física definida e consolidada, em grande parte gerando condições insustentáveis, ineficientes e ambientalmente danosas. Qualquer tentativa de mudança real levará décadas para se materializar, e só ocorrerá se conseguir vencer os obstáculos políticos e econômicos que lhe farão oposição.

CRESCIMENTO DA MOTORIZAÇÃO

O crescimento da indústria automobilística pode ser apreciado pelos dados da Tabela 2.3 e das Figuras 2.3 e 2.4. Pode-se ver que, na década de 1980, a indústria já produzia quase 1 milhão de automóveis e comerciais leves por ano, valor que subiu a 3 milhões em 2009. A produção foi multiplicada por 24 no período de 1960 a 2009 (a produção de automóveis foi multiplicada por 60). Por outro lado, a produção de ônibus experimentou crescimento bem mais modesto: a produção foi multiplicada por oito no mesmo período.

Tabela 2.3: Produção de veículos no Brasil de 1960 a 2009.

Ano	Produção (veículos)			
	Autos	Comerciais leves	Caminhões	Ônibus
1957	1.166	10.871	16.259	2.246
1960	42.619	48.735	37.810	3.877
1970	306.915	66.728	38.388	4.058
1980	933.152	115.540	102.017	14.465
1990	663.084	184.754	51.597	15.031
2000	1.361.271	235.161	71.686	22.672
2005	2.011.817	365.636	118.000	35.387
2009	2.575.418	449.337	123.633	34.535

Fonte: Anfavea (2010).

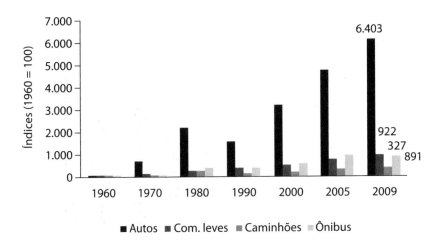

Figura 2.3: Produção de veículos no Brasil de 1960 a 2009.
Fonte: Anfavea (2009).

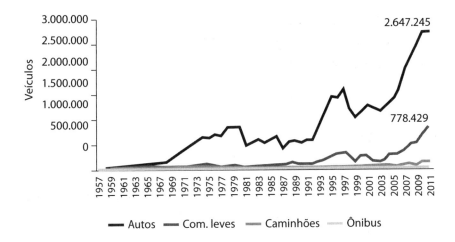

Figura 2.4: Licenciamento de veículos no Brasil de 1957 a 2011.
Fonte: Anfavea (2012).

A combinação desses dois processos resultou em um aumento do índice de motorização privada no país: o número de automóveis por 100 habitantes aumentou de 0,4, em 1950, para 18 em 2009 (Figura 2.5).

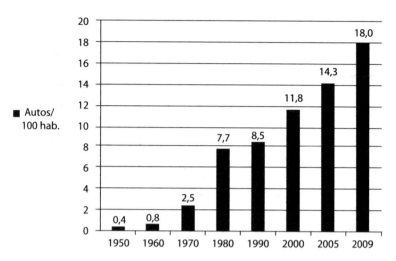

Figura 2.5: Evolução do índice de motorização por automóveis no Brasil.
Fonte: Denatran (frotas); IBGE (população).

A TRANSFORMAÇÃO DA DEMANDA DE TRANSPORTE URBANO NO BRASIL

Em decorrência dos fatores citados anteriormente e das transformações urbanas, econômicas e sociais do Brasil após a II Guerra Mundial, a demanda de transporte urbano no Brasil alterou-se profundamente.

No campo do transporte público, foram desaparecendo os sistemas de bondes e surgindo os sistemas em ônibus (Figura 2.6). Em 1944, várias cidades tinham bondes em operação; já em 1976, todos haviam desaparecido. Os ônibus, que constituíam parte diminuta da demanda em 1944, passaram a transportar quase 100% dos passageiros em 1976.

Para analisar a demanda geral de mobilidade nas cidades, não há dados confiáveis para a maioria delas. Um caso importante e interessante é o do Rio de Janeiro, capital da República até 1960 e que, por essa razão, contava com dados de maior qualidade. Em 1940, os habitantes do Rio usavam três formas de transporte público – trens, bondes e ônibus – e uma forma de transporte privado ainda incipiente – o automóvel. Os bondes atendiam 600 milhões de viagens por ano, ao passo que os trens e os ônibus atendiam juntos cerca de 230 milhões.

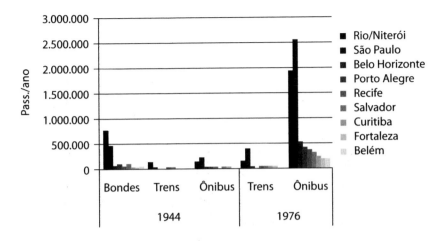

Figura 2.6: Mudança no tipo de transporte coletivo de grandes cidades de 1944 a 1976.
Fonte: Barat (1986).

O automóvel tinha uma participação ínfima[2] (2,4 milhões de viagens, para uma frota de apenas 4 mil veículos) (Figura 2.7).

Na década de 1970, ocorreu a primeira grande transformação: desapareceram os bondes, colocando o ônibus na posição do veículo mais importante para o transporte coletivo. Nessa década, a predominância do transporte público sobre o individual permaneceu inalterada.

Já em 2005, aconteceu claramente a segunda transformação estrutural, quando o uso do transporte individual praticamente se igualou ao uso do transporte público. Em consequência disso, entre 1940 e 2005, o uso do transporte público caiu de 451 para 149 viagens por habitante por ano, ao passo que o uso do automóvel aumentou de 32 para 137 viagens por habitante por ano. Essas transformações podem ser consideradas representativas da maioria das grandes cidades brasileiras.

---

[2] Meu pai, Haroldo Araujo Vasconcellos, morava no Rio de Janeiro e ia a pé e de bonde com minha avó para a pré-escola, em 1931, do Jardim Botânico para Botafogo. Em 1936, passou a usar ônibus para ir sozinho do Jardim Botânico para a Praça Mauá, no centro da cidade (onde está o Colégio São Bento). Na volta, a partir do final da década de 1930, muitas vezes pegava carona com meu avô no centro da cidade e voltava no final do dia de carro para o Jardim Botânico (cuja frota não passava de 4 mil veículos, conforme comentado).

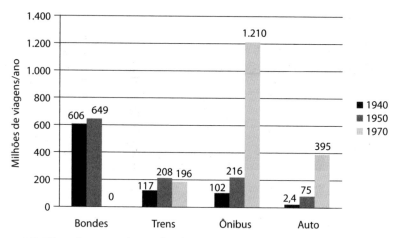

Figura 2.7: Alteração no uso dos modos de transporte na cidade do Rio de Janeiro de 1940 a 1970.
Fonte: 1940 a 1950: Barat (1986); 1970: Orrico (1999).

A grande transformação no uso do transporte coletivo pode ser vista nas Figuras 2.8 e 2.9. A Figura 2.8 mostra que os bondes, dominantes em 1940, perderam sua liderança para os ônibus a partir de 1960, quando estes se consolidaram como o modo mais importante de transporte coletivo. Em 1990, eles já atendiam a 90% da demanda (Figura 2.9).

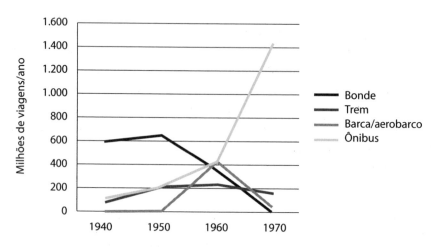

Figura 2.8: Alteração no uso dos modos de transporte coletivo na cidade do Rio de Janeiro de 1940 a 1970.
Fonte: Barat (1986).

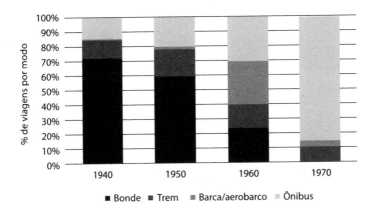

Figura 2.9: Alteração no uso dos modos de transporte coletivo na cidade do Rio de Janeiro de 1940 a 1970.

Fonte: Barat (1986).

AS POLÍTICAS
DE MOBILIDADE

3

1930: A OPÇÃO PELA RODOVIA E O ABANDONO DA FERROVIA E DOS BONDES

As condições atuais da mobilidade de pessoas e mercadorias nas grandes cidades do Brasil foram diretamente influenciadas por várias decisões de políticas públicas ocorridas a partir da década de 1930. Essa época do país pode ser representada em termos gerais pela passagem da economia de base agrária para a de base industrial e para a aceleração do processo de urbanização da população. Igualmente importantes eram as discussões sobre a ocupação mais abrangente e efetiva do território nacional, frente às grandes distâncias e aos obstáculos geográficos e naturais.

A discussão sobre as políticas públicas será feita considerando-se duas dimensões. A dimensão mais ampla é a da política de mobilidade geral, que incide sobre as condições de circulação de pessoas e mercadorias. É comumente denominada política de trânsito. Ela é a mais ampla, pois abrange todos os modos de transporte. A outra dimensão é mais restrita, e se refere à infraestrutura para a circulação das pessoas e mercadorias e, dentro dela, àquela referente mais especificamente ao transporte coletivo.

No tocante à organização da circulação de pessoas e mercadorias, ou seja, ao que comumente se chama de organização do trânsito, as ações na fase inicial do século XX eram estritamente locais, em função de problemas específicos de algumas cidades. Ao longo do tempo, a diversidade dessas posturas locais levou à criação de leis estaduais, como no caso do Estado de São Paulo, onde foi aprovado, em 1934, o Regulamento Geral de Trânsito para o Estado de São Paulo. O regulamento criava a Diretoria do Serviço de Trânsito do Estado (DST), na capital, e atribuía poderes em relação ao trânsito às delegacias de polícia das demais cidades, além de permitir às cidades que definissem sua sinalização.

Com relação à infraestrutura de circulação no início da década de 1930, o Brasil tinha 32.478 km de ferrovias e apenas 830 km de rodovias pavimentadas interestaduais (Barat, 1986). A ligação inter-regional era muito limitada, e cresciam as pressões relacionadas à industrialização do país e aos anseios da criação de um mercado interno. Essas características fizeram com que a Constituição de 1934 já apontasse uma preocupação explícita com um "plano nacional de viação", bem como com a atuação do governo federal para que isso fosse concretizado (Barat, 1986). Em decorrência disso, em 1937 foi criado o Departamento Nacional de Estradas de Rodagem (DNER), a primeira estrutura administrativa e técnica do setor, e que viria a ser muito atuante nas décadas seguintes. Para dar suporte financeiro aos investimentos necessários, foi criado em 1941 o Imposto Único sobre Lubrificantes e Combustíveis Líquidos e Gasosos (IUCLG) e, em 1945, o Fundo Rodoviário Nacional (FRN), que viria a consumir quase todos os recursos do IUCLG. Em 1945, o DNER foi transformado em autarquia, sendo responsável pela coordenação e supervisão da construção e da conservação de estradas e pela integração dos planos rodoviários federais, estaduais e municipais. Paralelamente, foram criados nos estados vários Departamentos de Estradas de Rodagem (DER).

Conforme lembra Galvão (1996, p. 197), embora a opção definitiva pelo modelo rodoviário já houvesse sido tomada em 1946, por meio de um relatório de uma comissão do DNER, "o reconhecimento oficial das rodovias como modalidade prioritária de transporte no Brasil teve de esperar ainda até o início dos anos 1950, quando da aprovação de um novo plano nacional de viação, em 1951". O texto do plano "claramente especificava que as rodovias, a partir de então, passariam a assumir a 'função pioneira, outrora exclusiva das estradas de ferro', e que o desenvolvimento da rede ferroviária [...] seria [...], em grande parte, substituído por estradas de rodagem".

Em consequência dos investimentos, a rede rodoviária brasileira experimentou um crescimento exponencial: entre 1950 e 1975, a extensão das redes federais e estaduais passou de 3 mil km para 65 mil km, e o volume de mercadorias transportadas em rodovias foi multiplicado por 20 – atingindo 75% de toda a carga deslocada no país –, atestando o crescimento do uso de caminhões (Barat, 1986). Entre 1950 e 1980, a frota de automóveis e veículos comerciais leves passou de 200 mil a 9,2 milhões, ao passo que a frota de caminhões passou de 140 mil a 968 mil. Em 1969, ainda foi criada a Taxa Rodoviária Única (TRU) e os impostos sobre Transporte de Passageiros (1969), bem como sobre passageiros e cargas (1974), que acrescentaram recursos ao setor.

A consolidação do modelo rodoviário pode ser creditada à criação do Plano Rodoviário Nacional, em 1944, e do Fundo Rodoviário Nacional (FRN), que passou a destinar 40% de seus recursos ao DNER. A criação do Ministério dos Transportes, em 1967, e a constituição do Grupo Executivo de Integração da Política de Transportes (Geipot) contou com cem especialistas brasileiros e fez seu primeiro trabalho de grande amplitude com o apoio de quatro empresas de consultoria apontadas pelo Banco Mundial, representando o momento inicial da introdução no Brasil das técnicas de planejamento de transportes que vinham sendo aplicadas nos países desenvolvidos (Lima et al., 2001). Essas técnicas, oriundas principalmente dos EUA, acabaram se firmando no Brasil como obrigatórias, e foram utilizadas por décadas por várias gerações de planejadores, imunes às críticas sobre seus pressupostos e métodos discutíveis (Vasconcellos, 2002).

Conforme relata Barat (1986), o grande investimento rodoviário foi acompanhado da modernização do setor, de forma descentralizada, com o DNER operando como coordenador técnico e operacional de todos os trabalhos feitos no país. É importante ressaltar que a constituição desse enorme "sistema nacional de rodovias" não se repetiria na área do transporte público, como se verá adiante. Na realidade, esse sistema esteve inserido em um movimento histórico de grandes transformações sociais e econômicas, em que os interesses ligados ao setor rodoviário foram amplamente dominantes, enfrentando seu primeiro embate apenas com a crise do petróleo da década de 1970.

A forma descentralizada de implantação das rodovias e os grandes investimentos feitos levaram à reconfiguração do espaço nacional, agora acessível por uma rede de rodovias. Esse impacto foi possível por causa do financiamento cruzado das ações, à medida que parte da grande arrecadação propiciada pelo número crescente de automóveis e pelo aumento do consumo de combustíveis foi usada em investimentos em áreas isoladas ou pobres, que não ocorreriam se isso dependesse de recursos locais. Esse efeito distributivo afetou positivamente tanto o transporte de cargas quanto o de passageiros de longa distância (Barat, 1986). No âmbito regional, o sistema paulista de ferrovias, que chegou a transportar 57 milhões de passageiros, em 1946, para uma população de pouco mais de 7 milhões de pessoas vivendo no estado (Stefani, 2007), começou a ser desmantelado, tendo desaparecido na década de 1990.

Apesar desses impactos terem ocorrido e alterado a realidade econômica do país, não há nenhum estudo abrangente e detalhado que compare os resultados que teriam sido obtidos com a manutenção ou a expansão de parte do sistema ferroviário para prestar serviços de transporte de cargas e passageiros. Da mesma forma, na avaliação desses impactos não aparece nenhuma consideração de ordem ambiental, principalmente sobre os efeitos diretos e indiretos sobre fauna, flora, recursos aquíferos e solo em várias regiões do país.

As mudanças radicais no sistema rodoviário foram acompanhadas pela atrofia e pela decadência do sistema ferroviário. Em 1956, o governo federal encampou todas as empresas privadas que operavam serviços ferroviários (menos as que operavam no Estado de São Paulo), agrupando-as na Rede Ferroviária Federal S/A (Refesa). Nas palavras de Barat (1986, p. 15):

> Essas empresas, incapacitadas de fazer frente os seus crescentes déficits operacionais – muitas delas próximas ao término de suas concessões – praticamente se desinteressam da modernização dos seus sistemas e foram tendo seus acervos gradualmente transferidos para o Governo Federal. A criação da Rede Ferroviária Federal fez com que praticamente toda a operação do setor ferroviário ficasse em mãos de uma empresa pública criada pelo Governo Federal para este fim. Com exceção das empresas que operavam no Estado de São Paulo, todo o sistema ferroviário brasileiro passou a ser operado pela Refesa.

O trabalho mais intenso feito pela Refesa foi tentar alcançar algum equilíbrio diante do enorme volume de dívidas das empresas privadas e das condições precárias de operação de muitas linhas. Essas condições, conforme lembra Lima et al. (2001), estavam ligadas ao desinteresse das empresas estrangeiras que operavam os serviços, frente à dificuldade de obter reajustes tarifários e de competir com o aumento no uso dos ônibus, relacionado ao crescimento acelerado das cidades. Nas áreas metropolitanas, os investimentos sempre foram tímidos e defasados em relação às necessidades, o que veio a se tornar a causa principal dos futuros graves problemas no transporte de passageiros em trilhos. Ao contrário do setor rodoviário, o setor ferroviário não contou com uma fonte segura e permanente de recursos e foi lentamente se tornando dependente de recursos do governo federal, que tinha reduzidas possibilidades de investimento.

1950: O TRANSPORTE POR ÔNIBUS VENCE OS BONDES

No campo do transporte público urbano, entre 1930 e 1940, a tecnologia dos bondes começa a ser substituída pela dos veículos sobre rodas (Brasileiro, 1994). A partir de 1955, quando foram feitas eleições municipais, o tema do transporte coletivo foi essencial nas plataformas dos candidatos, prenunciando a saída do governo federal do tema. Nessa época, a transição do sistema de bondes para o de ônibus foi feita por grandes cidades na forma da criação de empresas públicas de ônibus, em São Paulo (1947), Belo Horizonte (1949), Porto Alegre (1952), Salvador (1955), Recife (1957) e Rio de Janeiro (1963). A maioria delas teve vida curta – à exceção da CMTC de São Paulo, que existiu até 1994 – tendo apenas a empresa de Porto Alegre sobrevivido após essa data.

Dada a existência de muitos sistemas operados por bondes em grandes cidades, suas condições – e sua tarifa – eram controladas pelo governo, que criava muitas dificuldades para a alteração do preço cobrado por passageiro. Em 1932, os sistemas de bondes de 26 cidades somavam 1.693 linhas e transportaram 1 bilhão de passageiros. Na capital da República – Rio de Janeiro – os bondes transportavam, em 1932, 429 milhões de passageiros, valor 3,3 vezes superior ao transportado por ônibus (Gusmão, 1933). A expansão urbana acelerada e a incapacidade do sistema de bondes de acompanhar seu ritmo em razão dos elevados investimentos necessários foram aumentando a importância do uso de veículos menores no transporte de pessoas. Assim, cresceu exponencialmente uma oferta atomizada, feita por milhares de operadores individuais, usando veículos de pequeno e médio porte (à exceção de alguns serviços nas cidades muito grandes). Em 1953, havia na região metropolitana do Recife 128 proprietários operando 501 veículos, dos quais 50% possuíam apenas um veículo (Brasileiro e Santos, 1999). Nas palavras de Brasileiro (1994, p. 44):

> Passou-se de uma oferta baseada em bondes, explorada em regime de monopólio por empresas estrangeiras, a uma oferta baseada em veículos de baixa capacidade (chamadas "Kombis", camionetas, furgonetas), aliada à dos ônibus. A operação dos modos rodoviários passou a ser feita em regime de concorrência entre uma grande quantidade de pequenos empresários.

Na década de 1950, a demanda dos bondes já apresentava queda importante, tendo começado seu declínio final: no Rio de Janeiro, em 1960, a demanda dos bondes já era equivalente à metade do que havia sido em 1950, e já era superada pela demanda dos ônibus (Barat, 1986). No final da década de 1960, todos os sistemas de bondes do país já haviam sido desativados e o transporte de passageiros passou a ser feito por ônibus (e por trens e metrô em poucas cidades). Paralelamente, a precariedade dos serviços ferroviários também deslocou parte da demanda para o novo sistema de ônibus e levou às primeiras revoltas de usuários dos trens, com graves consequências de segurança pública.

O aumento acelerado do sistema de ônibus pode ser visto pelos dados de Belo Horizonte (Figura 3.1). Entre 1950 e 1980, a demanda de passageiros aumentou 17 vezes (de 35 milhões para 607 milhões por ano) e a oferta de ônibus aumentou 12 vezes (de 155 para 1.977 veículos), um fenômeno que ocorreu em todas as grandes cidades do Brasil.

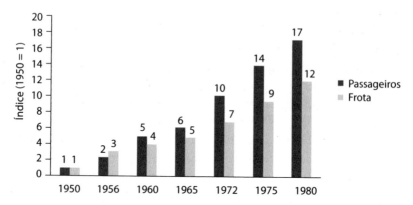

Figura 3.1: Aumento do uso de ônibus em Belo Horizonte de 1950 a 1980.
Fonte: Fundação João Pinheiro (1995).

Uma forma útil de compreender o que se passou é analisar os dados dos investimentos feitos nos vários modos de transporte. A seguir, são mostrados os valores de tributos federais relacionados ao setor, que foram aplicados no período de 1965 a 1984 (Barat, 1986).

A Figura 3.2 mostra que os investimentos no setor rodoviário foram muito maiores do que nos demais setores. Os investimentos no transporte coletivo urbano só ocorreram de forma significativa a partir da crise do petróleo em 1973, mas duraram apenas dez anos. No final do período, nota-se um crescimento exponencial dos investimentos nas hidrovias. O setor rodoviário foi contemplado com 75 a 80% dos recursos, entre 1965 e 1975, e com cerca de 50% dali em diante. Ele só perdeu o primeiro posto em 1984, superado pelas hidrovias. No cômputo final do período, o setor rodoviário recebeu 63,5% do total dos recursos; o ferroviário, 6,5%; o transporte coletivo urbano, 9,7%; e o transporte hidroviário, 19,9%.

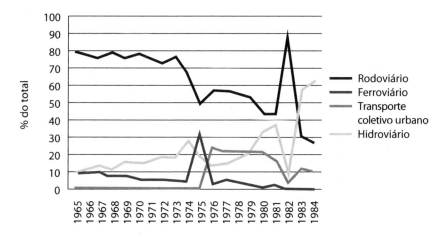

Figura 3.2: Tributos federais investidos no transporte de 1965 a 1984 (% por modo).
Fonte: Barat (1986).

As principais consequências dessas decisões foram: crescimento exponencial da rede de rodovias e do transporte de cargas por caminhões; redução progressiva da rede ferroviária, com grande queda de qualidade e confiabilidade; agravamento crescente dos problemas de mobilidade nas cidades grandes; substituição dos bondes por veículos de pequeno porte; e crescentes custos sociais e ambientais.

Na área urbana, o tema do congestionamento geral começou a aparecer ao lado de discussões intensas sobre os modelos mais adequados de mobilidade. Um caso exemplar no Brasil foi o debate ocorrido em São Paulo, centrado no Instituto de Engenharia. Em 1924, Prestes Maia e Ulhôa Cintra discutiram, em um documento do Instituto de Engenharia, a constituição de um perímetro de irradiação, composto por uma sequência de vias circundando o centro da cidade, cortado por várias radiais. Em 1930, Prestes Maia, em seu famoso plano de avenidas, detalhou a configuração do perímetro de irradiação, ao lado de um ambicioso plano viário e de transportes. Este plano, produzido dentro da órbita da Comissão de Melhoramentos do Rio Tietê, criada em 1923, constituiu um trabalho impressionante pela abrangência, riqueza de dados e nível de detalhamento. O trabalho propôs o redesenho geral da cidade, de forma que seu sistema viário pudesse acomodar o grande crescimento que se esperava da capital. Paralelamente, propôs o rearranjo de vias radiais (cerca de 35), que deveriam dar acesso ao centro, partindo de todas as direções (há radiais principais e secundárias), além das vias perimetrais, que formariam três grandes circuitos a vários quilômetros do anel central. Apesar do gigantismo das propostas, muitas das obras incluídas acabaram sendo realizadas não só por Prestes Maia enquanto prefeito, mas também por outros prefeitos paulistanos.

O dado importante a respeito desse estudo é que sua lógica era claramente a de abrir a cidade, criar novos caminhos de circulação de grande porte que absorvessem, com folga, o crescimento esperado de acordo com os moldes das grandes cidades europeias, e também de Buenos Aires. Essa utopia viária, que só se realizou em parte e ainda assim vagarosamente, se tivesse sido completada integralmente, teria mudado a estrutura urbana paulistana e, consequentemente, as condições gerais de circulação. Dadas as dimensões da cidade à época, bem como a frota de veículos em circulação (cerca de 20 mil), o plano, além da grandiosidade inerente, estava visivelmente adiantado em dezenas de anos com relação às necessidades imediatas da cidade, em uma tentativa de intervenção a longo prazo que só se repetiria 40 anos depois, com o Plano Urbanístico Básico e o Plano de Vias Expressas, igualmente não realizados. No restante do tempo, as alterações do sistema viário, mesmo as de grande porte, tiveram um caráter mais emergencial, de alívio de situações de saturação, apresentando vida útil reduzida. Na área dos transportes públicos, o plano de Prestes Maia propôs a construção de quatro linhas.

Quanto às discussões sobre os problemas de trânsito, principalmente os relativos aos congestionamentos, acidentes e estacionamento, a primeira fase significativa é aquela do final da década de 1940, em que o país passa por uma mudança radical em sua estrutura política e entra em um novo ciclo de desenvolvimento econômico. Nessa época, São Paulo já tinha cerca de 2 milhões de habitantes aproximadamente, e 50 mil veículos, e, dada a concentração de empregos na zona central, a maioria deles já se dirigia para lá todos os dias. Essa concentração levava a problemas graves de congestionamento e estacionamento para os parâmetros da época, de tal modo que, no final da década, puderam ser vistos os primeiros movimentos de tentativa de solução dos problemas por meio de sua análise mais aprofundada. Nessa fase, o Instituto de Engenharia promoveu o I Congresso de Trânsito da Cidade de São Paulo, realizado em junho de 1949, no qual foram apresentados os primeiros trabalhos abrangentes sobre trânsito, alguns de alta qualidade considerando-se o nível de conhecimento da época. Esses trabalhos, mesclando dados práticos daquele período com reflexões sobre as causas dos problemas, demonstraram o nível de preocupação que caracterizava os engenheiros ligados à área. De todas as conclusões, merecem destaque aquelas mais genéricas, sobre as grandes áreas de atuação possíveis no trânsito. Como conceituação geral, o congresso defendeu inicialmente a municipalização do trânsito, e pode ser considerado o primeiro manifesto coordenado e de ampla divulgação a respeito dessa tese, que só viria a vingar com o Código de Trânsito Brasileiro de 1997. Essa tese está intimamente ligada a outra, também cara aos engenheiros e arquitetos, que diz respeito ao chamado tratamento técnico do trânsito, em oposição à sua visão dita policial. No congresso, essa foi uma proposta importante e que, pela primeira vez, conseguiu ter visibilidade significativa, apesar de já ter sido defendida em 1933 pelo engenheiro Plínio A. Branco.

O impacto do crescimento dos Estados Unidos e de sua projeção ideológica e imaginária nas elites brasileiras levou a cidade de São Paulo a solicitar, em 1950, um estudo sobre as condições do transporte e do trânsito na cidade, que foi feito por Robert Moses, responsável pela construção de uma grande rede de vias expressas em Nova York. No relatório, foram feitas propostas na mesma linha do Plano de Avenidas de Prestes Maia. Foram propostas medidas incentivadoras do transporte público por ônibus, restrições de zoneamento e edificações, um sistema de vias arteriais radiais, um anel que aproveitasse as margens dos rios Tietê e Pinheiros e a construção de garagens para estacionamento no centro da cidade.

Na área dos transportes públicos, a discussão do metrô voltou à cena, com a criação, em 1955, de uma Comissão do Metropolitano, que produziu em 1956 o documento "Anteprojeto para o sistema de Transporte Rápido para a Cidade de São Paulo" (Fagnani, 1985). É nessa época que aconteceu uma das polêmicas mais importantes para a compreensão das políticas adotadas posteriormente, ligada à questão do planejamento urbano: trata-se da discussão pública entre Prestes Maia e Anhaia Mello, este último professor da Escola Politécnica e da Faculdade de Arquitetura e Urbanismo da USP e presidente da Comissão Orientadora do Plano da Cidade de São Paulo (Levy, 1984). Nesses debates, chocava-se a visão pragmática e obreira de Prestes Maia, com ênfase na ampliação do sistema viário e na grandiosidade da metrópole, com a visão descentralizada de Anhaia Mello, favorável ao planejamento urbano e ao controle do uso do solo. Não é exagero afirmar que esse momento foi crucial para a política de mobilidade no Brasil. Apesar de centrada em uma cidade, ela determinou o futuro de São Paulo e teve impacto decisivo na conformação da política de mobilidade nacional e de outras grandes cidades, pois São Paulo passou a exercer um papel ideológico e simbólico crescente em todo o país. Antes, o projeto modernizador de Prestes Maia precisou enfrentar apenas um último adversário. Em 1958, foi feito aquele que é provavelmente o estudo que inaugura a visão globalizante dos problemas urbanos, com a incorporação de estudos de natureza sociológica àqueles já tradicionais, relacionados aos transportes e ao urbanismo. Esse estudo, denominado "Estrutura Urbana de Aglomeração Paulista", veio a chamar-se Sagmacs, nome do organismo que o realizou, dirigido pelo Padre Louis Joseph Lebret. Nele foi enfatizado especialmente o processo de crescimento desordenado da cidade, a discussão dos loteamentos e da especulação imobiliária, propondo-se leis urbanísticas urgentes.

Na visão de Levy, o grupo do Padre Lebret "espelhava as preocupações da Igreja com o alarmante nível de miséria e de desigualdades sociais [...] e suas propostas metodológicas visaram [...] elevar o patamar das condições de vida dos mesmos" (1984, p. 35). Apesar de combatido, o plano Sagmacs foi defendido pelos seguidores da linha de pensamento de Anhaia Mello, mas foi abandonado, permanecendo limitado às áreas internas da prefeitura.

Essas decisões armaram as condições para que um novo sistema de transporte se implantasse – mais caro, mais poluente, de maior consumo de energia e mais iníquo. Estava traçado o caminho da insustentabilidade da mobilidade da maior cidade do Brasil.

Política de trânsito

A organização legal da circulação de pessoas e mercadorias constitui a política mais abrangente que afeta a mobilidade. Ela tem impactos diretos sobre a distribuição do espaço viário e sobre os consumos e impactos relacionados à mobilidade. No caso do Brasil, os processos intensos e abrangentes de ocupação do território, urbanização, produção de veículos e aumento do transporte rodoviário alteraram completamente a circulação de pessoas e cargas no país. Os novos veículos de uso particular (automóveis) passaram a ser usados principalmente nas cidades, ao passo que os ônibus e caminhões passaram a ser usados tanto nas cidades quanto nas ligações entre elas. Uma das consequências foi o grande aumento do número de acidentes de trânsito e de emissão de poluentes tanto nas cidades quanto nas rodovias.

No campo institucional, essas alterações não foram acompanhadas de mudanças adequadas no que diz respeito à gestão do trânsito e, particularmente, da segurança de trânsito. A partir do século XX, os cuidados com o trânsito foram paulatinamente sendo assumidos pelo poder central. Em 1941, seguindo a centralização do Estado Novo do Governo Getúlio Vargas, surgiu o I Código Nacional de Trânsito, que criava a figura do Conselho Nacional de Trânsito (Contran), excluindo os municípios e a área técnica das decisões centrais. Foram criados também os Conselhos Regionais de Trânsito (CRT), com sede nas capitais dos estados. Nesse código, os municípios estavam totalmente excluídos do poder sobre o trânsito em suas vias. Em 1966, foi promulgado o novo Código Nacional de Trânsito, que continuou a manter o trânsito sob a autoridade das Secretarias Estaduais de Segurança Pública e seus Departamentos Estaduais de Trânsito, reforçando a concentração do poder. Foi criado o Departamento Nacional de Trânsito (Denatran), que passou a ter uma função mais técnica, de apoio ao Conselho Nacional de Trânsito (Contran).

Essa exclusão era compatível com o período autoritário, à medida que era necessário evitar a cessão de poder para o âmbito local, que tenderia a chocar--se com o poder federal e estadual. Note-se que, a essa época, já era muito elevada a participação da população urbana no total da população do país e que eram registrados índices elevados de seu crescimento, assim como da frota de veículos em circulação. Além disso, esse movimento estava ligado ao entendimento de que o trânsito era uma questão de polícia – originado do controle sobre a propriedade dos veículos no início do século XX – devendo, portanto, a operação e a fiscalização ficar totalmente subordinadas aos órgãos estaduais de segurança pública.

Consequência natural do processo político autoritário, essa ação retardou por 30 anos a municipalização que havia sido proposta pelos arquitetos e engenheiros na década de 1930. Outra característica limitante dessa época, na área da segurança de trânsito, era o entendimento implícito de que o acidente de trânsito é uma fatalidade e que, portanto, há limitações insuperáveis nas possibilidades de ação do governo. No setor rodoviário, o corpo técnico especializado em construção de rodovias no Departamento Nacional de Estradas de Rodagem (DNER), no Ministério dos Transportes, formado em 1937, colocava pouca ênfase no problema da segurança de trânsito. A fundação, em 1957, do Instituto de Pesquisas Rodoviárias (IPR) criou um ambiente no qual seria possível pesquisar os temas relacionados ao transporte, mas a maioria dos trabalhos concentrou-se nos temas de construção e manutenção de vias. Apenas no final da década de 1990, o IPR realizou um estudo sobre custos de acidentes nas rodovias federais (IPR, 2004). Nas cidades, nenhuma estrutura adequada se formou e nenhuma técnica ou tecnologia foi desenvolvida para tratar mais adequadamente os problemas oriundos de um crescimento desordenado das cidades e do aumento no uso dos veículos motorizados.

Paralelamente, desenvolveu-se o conceito de que a fiscalização intensa é apenas uma forma de arrecadação para o governo e que o usuário é objeto de uma perseguição injusta por parte das autoridades de trânsito, visão que permanece até hoje e que está por trás da maioria das iniciativas do legislativo visando à redução das penalidades contra os infratores.

1960: A INDÚSTRIA AUTOMOBILÍSTICA REDEFINE O PADRÃO DE MOBILIDADE

A viabilização da compra e do uso do automóvel

O uso do automóvel foi incentivado por várias medidas, diretas e indiretas. As medidas diretas são aquelas relacionadas ao apoio à indústria automobilística, à facilitação da compra do automóvel e à criação da infraestrutura viária adaptada a seu uso. As medidas indiretas se referem à liberdade irrestrita de circulação, à gratuidade no estacionamento nas vias públicas, à cobrança de custos irrisórios de licenciamento anual e à deficiência estrutural na fiscalização do comportamento dos condutores e das condições dos veículos. Finalmente, deve ser mencionado o apoio generalizado ao táxi, como automóvel alugado.

Infraestrutura

A expansão urbana descontrolada foi acompanhada de um projeto igualmente prejudicial à economia da sociedade e à equidade no uso dos recursos públicos: a construção de um sistema viário caro e de baixa produtividade.

A forma primordial de apoio ao uso do automóvel ocorre pela construção de um sistema viário extenso, conectando o espaço interno das cidades. A provisão dessa rede viária possibilita amplo uso do território, na medida em que os usuários de automóvel podem atingir qualquer ponto no espaço geográfico por elas coberto, a qualquer hora. Essa macroacessibilidade elevada constitui, assim, um bônus extraordinário para essas pessoas, que têm uma circulação garantida a priori e ilimitada. Por outro lado, as pessoas que dependem do transporte público ficam limitadas à distribuição geográfica das linhas de ônibus e de sua frequência de passagem pelos pontos de parada. Em uma cidade típica do Brasil, os ônibus usam apenas 17% das vias disponíveis e, em muitas regiões, operam com frequências baixas, como, por exemplo, de dois veículos por hora.

A sociedade motorizada por meio de ônibus, automóveis e caminhões precisa de faixas de rolamento nas vias de 2,5 a 3 metros de largura. Assim, uma rua local com sentido duplo de circulação precisa ter uma largura de seu leito carroçável de 5 a 6 metros. No Brasil, por influência de códigos de obras e de infraestrutura oriundos principalmente dos Estados Unidos, as vias locais passaram a ter entre 8 a 10 metros de largura, causando um aumento de 100% em seu custo de construção e de manutenção. A postura está ligada ao princípio de que o trânsito aumentará e precisará ocupar o espaço adicional, mas na realidade isso ocorre em pequena quantidade de ruas – apenas naquelas em que mudanças de uso do solo sem planejamento elevam muito a demanda de trânsito. Na maioria dos casos, as vias poderiam operar adequadamente com 5 ou 6 metros de largura por décadas. Considerando as cidades de mais de 60 mil habitantes, elas tinham em 2011 um sistema viário de 338 mil km de comprimento (ANTP, 2012). A construção desse sistema viário custou para a sociedade R\$ 741 bilhões (a preços de 2011). Retirando do raciocínio as vias arteriais ou expressas, que precisam ser mais largas, o custo das demais vias é de R\$ 521 bilhões, o que significa que R\$ 260 bilhões de gastos (50%) decorrem exclusivamente da construção de vias mais largas do que o necessário, representando um enorme desperdício de recursos. Ademais, a manutenção da área excessiva dessas vias custa anualmente R\$ 5,2 bilhões para as cidades.

Um problema correlato é que, dada a baixíssima demanda de trânsito na maioria das vias, estas passaram a servir de estacionamento para veículos, principalmente dos moradores que não tinham espaço em suas residências, ou em áreas de empregos e serviços para as pessoas que lá trabalhavam. Mesmo em grandes áreas metropolitanas, como a de São Paulo, 42% das viagens feitas em automóvel terminam com os veículos sendo estacionados gratuitamente nas vias públicas (CMSP, 2008). Apenas 10% das viagens terminam pagando estacionamento – 1% na "zona azul" e 9% em estacionamentos privados (ver Capítulo 4). Esse espaço de estacionamento constitui um subsídio de grandes proporções, que é pago com recursos públicos, beneficiando uma parcela diminuta da população. Isso significa que o projeto de vias urbanas no Brasil já contempla, desde o início, um subsídio ao estacionamento dos automóveis como algo natural, demonstrando a profundidade da penetração da ideologia do automóvel como progresso.

Redução do custo médio e criação do carro 1.0

A Figura 3.3 permite ver que o preço médio do veículo caiu à metade entre 1961 e 1987, em uma tentativa de popularização do produto. No final da década de 1970, as vendas de automóveis atingiram 800 mil unidades, contra 60 mil em 1961. Isso representou o primeiro grande salto no patamar de vendas, que viria a se repetir nos anos 1990, com a criação do carro 1.0.

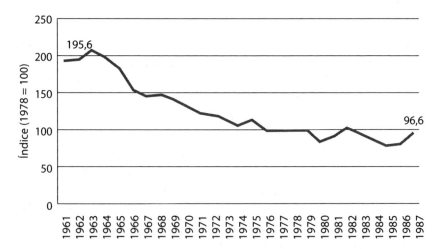

Figura 3.3: Variação do preço médio dos automóveis no Brasil de 1961 a 1987.
Fonte: Guimarães (1989).

No período a partir de 1993, foi implantada a ação mais determinante para a consolidação do automóvel no Brasil: o IPI do carro de mil cilindradas (criado em 1990) foi reduzido de 20 para 0,1%. Sua produção aumentou continuadamente, a ponto de transformá-lo em líder de vendas a partir de 1997 (Figura 3.4), atingindo um pico de participação de 71,7% em 2001. A liderança permanecia até 2011. Note-se que, no período, o IPI variou de zero (0,1%), em 1993 e 1994, até 12%, em 1997, cerca de metade do valor cobrado de outros veículos. A partir de 2004, o IPI passou a 7%. Durante a crise financeira internacional de 2008, ele foi reduzido a zero até 2010, quando retornou ao nível de 7%. A partir de meados de 2012, o governo federal novamente eliminou o IPI.

O barateamento do veículo 1.0 elevou as vendas da indústria de 600 mil unidades em 1992 para 1,5 milhão em 1997. Essa mudança no patamar de vendas representou a decisão mais importante de apoio à motorização privada no Brasil, que coincidiu com o início do declínio acentuado no uso do transporte público. O barateamento do veículo, associado à melhora significativa em seu desempenho e em sua qualidade geral, eliminaram a imagem negativa ligada aos primeiros modelos postos à venda e fizeram com que ele passasse a ser o veículo mais desejado da maioria das pessoas.

A Figura 3.5 mostra a evolução do licenciamento de automóveis no Brasil no período entre 1986 e 2009. Dois momentos cruciais podem ser enfatizados:

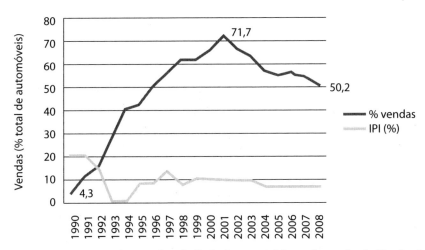

Figura 3.4: Participação do carro de mil cilindradas no total de vendas e valor do IPI cobrado.
Fonte: Anfavea (2008).

em 1993, a criação do veículo 1.0 gerou um grande aumento nas vendas e, em 2004, a retomada de um pico baixo para o IPI (7%) dos automóveis garantiu que as vendas permanecessem altas (reforçada pela eliminação do IPI no período posterior à crise internacional de 2008). A Figura 3.6 mostra a enorme penetração do carro 1.0 no mercado dos automóveis no período de 2003 a 2007.

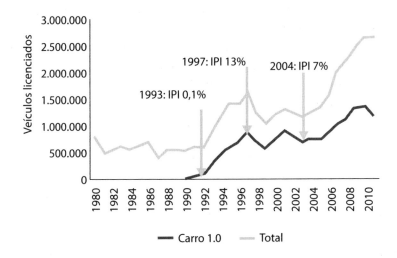

Figura 3.5: Licenciamento de automóveis no Brasil de 1980 a 2010.
Fonte: Anfavea (2012).

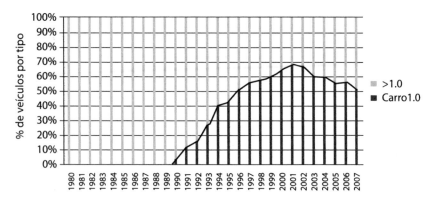

Figura 3.6: Licenciamento de automóveis por tipo de 1980 a 2007.
Fonte: Anfavea (2012).

Influência da indústria automobilística nas políticas públicas

A indústria automobilística implantada no Brasil sempre teve um enorme poder de influência nas decisões governamentais sobre a construção, a aquisição e o uso dos automóveis. Isso decorreu de sua imagem de motor do desenvolvimento – que traz junto a imagem de indispensável – e de sua importância política e econômica tanto na economia em geral quanto no pagamento de impostos para o governo: em 2009, a indústria gerou R$ 35,7 bilhões em tributos (Anfavea, 2010). Na prática, isso significa que o governo é sócio (e refém) da indústria e, portanto, tem interesse direto no aumento de seu faturamento. Ele é sócio, porque recolhe uma grande quantidade de impostos. É refém, porque é colocado contra a parede nos momentos de dificuldade da indústria, que ameaça com a demissão de empregados – e o governo sempre cedeu. O mantra de que a indústria automobilística é parte essencial do PIB brasileiro é repetido *ad nauseam*, sem que a rentabilidade e a lucratividade da indústria sejam avaliadas adequadamente. Nenhuma força política relevante que ocupou o governo federal abdicou dessa sociedade conveniente e todas tomaram as atitudes necessárias para mantê-la e fortalecê-la, inclusive nos mandatos do Partido dos Trabalhadores a partir de 2003.

A Figura 3.7 mostra que a indústria, no período de 1966 a 2010, teve sua participação no PIB industrial variando entre um mínimo de 8,7% em 1990, e um máximo de 18,5% em 2010. Seu faturamento, a preços de 2011, passou de US$ 10 bilhões em 1966 a US$ 95 bilhões em 2010. O faturamento total da indústria no período de 1966 a 2011 foi de US$ 1,9 trilhões (Anfavea, 2012).

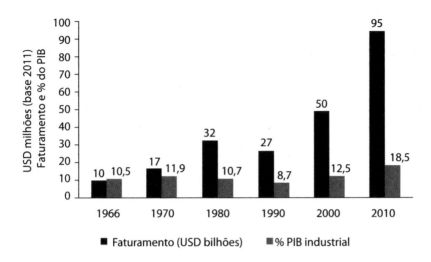

Nota: Preços reais de 2011 atualizados pelo IGP-DI médio e convertido em dólar pela taxa média de 2011.

Figura 3.7: Indústria automobilística – faturamento e participação no PIB industrial em vários anos.
Fonte: Anfavea (2012).

No cotidiano, a influência da indústria se expressou principalmente por meio de seu órgão de representação, a Associação Nacional dos Fabricantes de Veículos Automotores (Anfavea). Fundada em 1956, esta instituição sempre participou de discussões sobre as políticas públicas diretamente junto aos Ministérios ligados à área (economia, energia, ciência e tecnologia), e na forma de representação junto aos grupos de trabalho e comissões formadas dentro dos órgãos federais, especialmente do Denatran e do Ministério de Ciência e Tecnologia.

Por meio de sua participação e influência, a Anfavea pode discutir permanentemente as condições essenciais para o sucesso da indústria, especialmente os equipamentos de segurança que os veículos deveriam ter (cinto de segurança, sistema ABS de frenagem), o financiamento da compra de automóveis (quantidade de prestações, juros) e a definição do nível de impostos cobrados na aquisição dos automóveis – como as isenções do IPI em momentos de queda nas vendas. O poder de influência é grande o suficiente para retardar a inclusão de equipamentos de segurança nos veículos, segundo o argumento de que isto aumentaria muito o custo de venda. Com a ampliação dos testes de segurança nos veículos ficou novamente claro que os veículos feitos no Brasil ou importados a partir da década de 1990 têm em média condições muito inferiores aos veículos europeus ou japoneses: a análise de oito veículos de pequeno porte vendidos no Brasil com e sem *airbag* resultou em uma nota média de 3,8 em um máximo possível de 16 (24%) (Latincap, 2013). O número médio de estrelas foi 1, em uma escala de 1 a 5 (a maior nota foi de duas estrelas). Especificamente no caso do financiamento e da isenção de impostos, elas foram com frequência precedidas de alertas sutis sobre a demissão de trabalhadores que ocorreria se o governo não tomasse as providências necessárias do ponto de vista da Anfavea. Dado o grande peso econômico da indústria no PIB nacional e seu grande poder ideológico de símbolo do progresso, o governo federal foi, na maior parte das situações, um refém do poder da indústria.

Financiamento e consórcios

O crédito para comprar automóvel foi formalizado em 1959 pelo governo, que passou a definir o prazo do financiamento, os juros a serem cobrados e a parcela do valor de compra que podia ser financiado. A partir de 1965, o crédito para a compra de automóveis passou a representar 6,4% da massa total de crédito no Brasil, chegando a 15,7% em 1973.

Os consórcios para compra de automóveis surgiram fora do controle do governo em 1965, mas, devido a conflitos entre vendedores e compradores, passou a ser regulamentado em 1973. Rapidamente se tornaram uma das formas mais utilizadas para aquisição de veículos.

Entre 2004 e 2011, 46% dos carros foram comprados por financiamento ou consórcios. O *leasing* atendeu em média 19% dos compradores (Anef, 2011).

Em um livro comemorativo dos 50 anos da indústria brasileira, a Anfavea enfatiza a relevância do apoio do governo à indústria:

> Nos primórdios, para estimular a produção nacional, o governo concedeu alguns benefícios, como taxas de câmbio mais favoráveis apenas para a importação de peças não fabricadas localmente e crédito para financiamento de máquinas e equipamentos destinados à instalação e ampliação do parque fabril brasileiro. Passada a fase de implantação, o setor automotivo cresceu a taxas médias de 20% ao ano, no período de 1967 a 1974. Tal incremento só foi possível porque o governo, nessa ocasião, criou mecanismos de crédito para o consumidor adquirir veículos. (Anfavea, 2006, p. 23)

Licenciamento e taxas

O custo para licenciar um automóvel novo no Brasil era, em 2012, de R$ 65 (média entre os Estados da Bahia, Ceará, Minas Gerais, Paraná, Pernambuco e São Paulo). Além do licenciamento, o único custo obrigatório é o seguro obrigatório DPVAT, no valor de R$ 105 para automóveis. As duas despesas somam R$ 170 por ano, o que corresponde a apenas 0,7% do valor de um veículo novo com motor 1.0 (adotado como de R$ 25 mil) e 1% do valor de um veículo usado médio (equivalente a R$ 16.400), ou seja, elas são insignificantes para o proprietário, considerando que ter e operar um automóvel 1.0 com 8 anos de idade custa R$ 510 por mês (Tabela 3.1). O IPVA, pago anualmente, varia de acordo com o estado da federação e com a potência e o tipo de combustível do veículo. Em 2012, o IPVA sobre automóveis variava de 2%, na Bahia e no Espírito Santo, a 4%, em Minas Gerais e São Paulo. Assumindo a alíquota média de 3% e o valor médio do veículo usado como igual ao da Tabela 3.1, o IPVA médio pago em 2012 foi de R$ 492, ou seja, os proprietários de automóvel no Brasil pagaram apenas R$ 1,35 por dia para usar o sistema viário de sua cidade e as estradas locais e regionais. Esses dados mostram como é barato utilizar um automóvel no Brasil, considerando-se todos os custos que seu uso causa ao governo e à sociedade.

Tabela 3.1: Custo mensal para o uso de um automóvel.

Item	R$/ano
Seguros e taxas[1]	1.053
Operação[2]	3.591
Manutenção[3]	821
Depreciação[4]	657
Total	6.121
R$/mês	510

Valor do veículo: R$ 16.400 (média dos 20 veículos mais usados na cidade de São Paulo em 2011, com 8 anos de idade).

1: Licenciamento, IPVA, DPVAT e seguro especial (este último para 30% dos veículos).

2: Combustível para 1.200 km por mês e estacionamento eventual.

3: 5% do valor do veículo.

4: 4% do valor do veículo.

Fonte: Fipe/USP (2012).

Liberalidades no controle da qualidade e do uso

A manutenção adequada de um equipamento depende de decisões de seu proprietário. Quando o uso de um equipamento é controlado pelo governo, a atitude do proprietário também estará condicionada pelo rigor da fiscalização e pelo valor das penalidades pelo descumprimento das regras. O caso do automóvel no Brasil é claro no sentido do baixíssimo rigor no controle público sobre sua manutenção adequada. Embora os vários códigos de trânsito sempre tenham incluído regras e obrigações pontuais com relação à manutenção dos veículos, nunca houve no país um programa permanente e consistente de inspeção periódica de suas condições físicas e mecânicas. Na maioria dos casos, as inspeções são deficientes e inócuas, uma vez que grande parte dos veículos em circulação apresenta defeitos graves (IST, 1996). Essa postura desleixada socializou a noção entre os proprietários de automóvel de que não era preciso ser rigoroso a esse respeito. É uma espécie de anistia por antecipação. Sua consequência final, na prática, foi a redução do custo de operar um veículo, que acabou sendo incorporado a nossa cultura: ninguém inclui em seu raciocínio o custo de manutenção permanente do veículo quando toma a decisão de comprá-lo, porque sabe que não será fiscalizado pelo governo e que poderá usá-lo em más condições por quanto tempo quiser, barateando seu uso. O problema é mais grave ainda quando se trata dos caminhões, cujas dimensões e peso aumentam muito as consequências dos acidentes. A falta de controle sobre o peso dos caminhões nas rodovias é conhecida há décadas no Brasil, e tem causado deterioração gravíssima da infraestrutura em todo o país.

A Tabela 3.2 e o Quadro 3.1 sintetizam os resultados das avaliações em veículos leves e pesados.

Outro aspecto a ser ressaltado diz respeito à relação entre a idade dos veículos e a ocorrência de falhas. Surpreendentemente, foram verificadas porcentagens elevadas de falhas em veículos considerados seminovos, com menos de 3 anos, conforme ilustrado na Tabela 3.3.

Tabela 3.2: Veículos leves e pesados – incidência de defeitos (% dos veículos).

Item	Leves	Pesados
Freios		
Fluido	66,0	
Pastilhas	31,7	
Discos	36,3	
Água no reservatório		63,3
Suspensão		
Amortecedores	49,0	47,0
Molas	18,3	
Juntas homocinéticas	16,0	
Direção		
Folgas	13,7	52,0
Vazamentos		36,5
Faróis		
Desregulados	82,3	79,5
Danificados	18,7	26,0
Lâmpada queimada	7,3	17,0
Lanternas		
Danificadas	41,3	25,5
Lâmpada queimada	22,3	54,5
Pneus		
Desgaste	18,7	50,0
Calibragem	75,0	75,3

Fonte: IST (1996).

> **Quadro 3.1 Condições de segurança nos veículos em uso no Brasil**
>
> Uma avaliação voluntária e gratuita de segurança dos veículos em uso em três cidades do Brasil – São Paulo, Campinas e Porto Alegre – foi realizada entre 1993 e 1996 (Instituto Nacional de Segurança no Trânsito, 1996). Os itens avaliados relacionaram-se aos principais sistemas e componentes de segurança do veículo, destacando-se: sistema de freios; sistema de suspensão; sistema de direção; sistema de iluminação e sinalização; pneus e rodas. Os resultados das avaliações levadas a efeito demonstraram um quadro extremamente preocupante. Em porcentagens significativas da amostra, foram detectados defeitos graves que comprometiam a segurança dos veículos. As análises realizadas não contemplaram a avaliação total de cada sistema, e sim de apenas alguns itens. Assim, os resultados poderiam ser ainda piores se submetidos a uma inspeção completa.

Tabela 3.3: Veículos com problemas segundo a idade em 1993 em São Paulo.

Itens inspecionados	Participação (%)			
	< 3 anos	< 5 anos	≥ 5 anos	Média geral
Quatro pneus em mau estado	15,6	14,7	25,4	22,2
Faróis em mau estado	10,3	13,4	48,9	37,9
Lanternas em mau estado	13,8	23,7	58,8	47,9
Suspensão com uma deficiência no mínimo	50,4	69,5	93,1	85,7
Direção com uma deficiência no mínimo	15,3	19,9	48	39,1
Faróis com uma deficiência no mínimo	72,7	70,2	73,6	72,4
No mínimo uma roda deficiente	7,9	10	29	23,1

Fonte: IST (1996).

Outro aspecto essencial do apoio ao automóvel foi a falta de controle sobre a velocidade de circulação. Antes do novo código de trânsito de 1997, nunca houve um esforço consistente a respeito desse tema. Como o sistema viário plano e asfaltado facilita a velocidade, os motoristas de todos os veículos se acostumaram a definir a velocidade baseando-se em sua percepção individual de riscos. Vários estudos já mostraram que esse comportamento leva os motoristas a circularem muito mais rápido do que o recomendado pela segurança, porque existem muitos outros usuários das vias que circulam em condição de grande vulnerabilidade. Nas áreas residenciais, é comum ver condutores circulando a 60 km/h, quando o máximo recomendável é a metade – 30 km/h. A ausência de fiscalização socializou a ideia de que não era preciso respeitar a velocidade definida pela sinalização de trânsito, e as pessoas que obtiveram sua carteira de habilitação entre as décadas de 1960 e 1990 entraram no trânsito sem nenhum respeito aos limites de velocidade. Historicamente, o ambiente de trânsito foi organizado para permitir a circulação rápida dos automóveis, como um requisito ideológico implícito no projeto das vias, ligado a uma visão distorcida de modernidade. A velocidade de circulação dos automóveis nas cidades do Brasil é, em todos os lugares, muito superior à recomendada para garantir a segurança das pessoas mais vulneráveis, que caminham ou usam bicicleta, vistos como cidadãos de segunda classe.

Fato semelhante se deu com o hábito de dirigir depois de ingerir bebidas alcoólicas. Além da fiscalização sempre ter sido muito limitada, a ação de processar juridicamente os infratores sempre enfrentou enormes dificuldades. A visão jurídica predominante no Brasil é cinicamente complacente com os infratores, exigindo das autoridades de fiscalização do trânsito provas de embriaguês dos suspeitos que, na prática, são impossíveis de obter. Esse rigor jurídico tem embutido uma estratégia de classe social, uma vez que a maioria dos condutores de automóveis no Brasil era composta pelos segmentos econômicos superiores da sociedade até a década de 2000. A rigidez jurídica, além de não encontrar paralelo em outras situações da vida, é na verdade um salvo-conduto dado pelas elites para poder dirigir impunemente sob o efeito do álcool. A quantidade de condutores que praticaram crimes dirigindo embriagados é enorme, mas a quantidade daqueles que foram condenados a penas compatíveis com seus atos sempre foi escandalosamente pequena.

Por esses e outros motivos, o acesso ao automóvel sempre teve muitos atrativos que vão além das eventuais facilidades para sua aquisição.

O APOIO AO AUTOMÓVEL ALUGADO – O CASO DOS TÁXIS

O apoio ao automóvel expandiu-se para sua versão alternativa, o táxi. Este, por sua natureza, é um automóvel alugado com motorista, para uma viagem específica. Sendo veículos particulares conduzidos por uma pessoa, apresentam custos elevados de operação, que precisam ser cobrados dos usuários. Esses são, portanto, em grande parte pessoas de renda média ou alta, pois a maioria da população brasileira não tem poder aquisitivo para pagar pelo serviço. Basta lembrar que, em 2012, a tarifa média de um ônibus urbano nas maiores cidades do Brasil era R$ 2,50 (ANTP, 2012) enquanto uma viagem média em um táxi em São Paulo custava R$ 15,00.

Apesar dessa característica de transporte especial para setores de renda média e alta, o táxi obteve vários subsídios por parte das autoridades públicas. Em 1995, foi promulgada a Lei federal n. 8.989, que isentou de IPI a compra de táxis pelos profissionais habilitados. Na maioria dos estados do país, esse tipo de veículo também goza de isenção de ICMS e de IPVA.

Uma das consequências dessas isenções é que elas permitem a redução do custo para o usuário de táxi, favorecendo quem não necessita de favorecimento. Na região metropolitana de São Paulo, dados da pesquisa origem-destino do metrô de 1997 (CMSP, 1998) mostraram que a renda familiar do usuário de táxi era a maior dentre os usuários de todos os modos de transporte e ligeiramente superior à renda do condutor de automóvel, o que comprova sua natureza de carro alugado com motorista: a renda familiar do usuário de táxi era 2,5 vezes superior à dos usuários de trem, o dobro da renda dos usuários de ônibus e 50% superior à renda dos usuários de metrô. Um estudo realizado para o caso da cidade de São Paulo (Instituto Movimento, 2013) mostrou que os descontos para aquisição de veículos novos (IPI) do governo federal e ICMS do governo estadual – acrescentados à isenção do IPVA pelo governo estadual para todos os veículos representam cerca de R$ 134 milhões por ano. Isso representa um subsídio médio anual de R$ 4.771,00 para cada táxi que tem direito aos descontos (táxi cujo proprietário é uma pessoa física). Caso os táxis não tivessem esse subsídio, sua tarifa precisaria ser 25% mais alta. Além disso, o subsídio representado pelo estacionamento grátis permanente nas vias (em pontos localizados) pode ser estimado em R$ 86 milhões, o que leva a um subsídio anual total de R$ 220 milhões (Tabela 3.4). O subsídio operacional (impostos) servia em 2007 a 200 mil passageiros por dia (R$ 501 por usuário, por ano) ao passo que o subsídio para os ônibus da cidade (R$ 800 milhões) servia a 6,2 milhões de passageiros (R$ 147 por usuário, por ano) (SPTrans, 2011), ou seja, o subsídio ao passageiro do táxi é mais de três vezes superior ao subsídio para o passageiro do ônibus. Caso seja considerado também o subsídio para o estacionamento dos táxis, o fator se torna quase seis vezes superior. Adicionalmente, se considerarmos que a renda média dos usuários de táxi é o dobro da renda dos usuários de ônibus (CMSP, 2008), os fatores ajustados pela renda média dobrarão, mostrando a enorme iniquidade.

Tabela 3.4: Subsídios concedidos aos táxis na cidade de São Paulo em 2012.

Subsídio	R$/ano	R$/táxi/ano
Impostos[1]	100.292.233	3.580
Estacionamento[2]	68.897.400	2.459
Total	169.189.633	6.039

1: IPI, ICMS e IPVA.

2: Assumindo que 80% dos taxistas têm vaga em pontos e que os pontos têm vagas físicas para 70% dos carros a ele atribuídos; considerando que o custo do estacionamento privado seria de R$ 15,00 por dia para cada táxi.

Fonte: Instituto Movimento (2013).

No caso do Brasil, em 2011 havia 188 mil táxis em operação nas cidades com mais de 60 mil habitantes (ANTP, 2012). Assumindo que o IPVA de vários estados do país é menor do que o de São Paulo, e que na maioria das cidades a renovação dos táxis ocorre em prazo maior do que o da cidade de São Paulo, foi adotada uma redução de 50% no subsídio médio por táxi verificado nessa cidade, chegando a uma estimativa do subsídio anual total no Brasil (cidades com mais de 60 mil habitantes) de R$ 450 milhões.

1970: URBANIZAÇÃO ACELERADA E DEPENDÊNCIA DO ÔNIBUS – O NASCIMENTO DE UM GRANDE SISTEMA

Criação da EBTU

A participação federal no setor de mobilidade urbana até a primeira metade da década de 1970 era praticamente nula, sendo as atribuições e ações no setor de transporte público e trânsito de competência exclusiva da esfera municipal ou estadual. O governo federal tinha participação direta apenas no caso dos trens urbanos, que formavam a rede ferroviária federal e cujos subsistemas do Rio de Janeiro e de São Paulo tinham participação importante na demanda do transporte coletivo.

No entanto, a década de 1970 agregou novos elementos que induziram a entrada do governo federal no tema, tanto na área do planejamento quanto do projeto de sistemas de transporte coletivo. O processo de urbanização brasileiro apresentava crescimento acelerado e com dispersão na ocupação, trazendo repercussões negativas para os transportes urbanos. Ademais, "a crise internacional de petróleo e o desenvolvimento desordenado dos centros urbanos do país são os dois argumentos principais" para a adoção de uma política nacional de desenvolvimento urbano, por meio da criação da Empresa Brasileira de Transportes Urbanos (EBTU, 1980). De fato, em 1978, 85% do petróleo era importado e o custo já correspondia a 30,7% das importações brasileiras, denotando altíssima dependência (Darbera e Prod'Homme, 1983). O documento da EBTU aponta ainda o agravamento das dificuldades financeiras dos governos locais, decorrentes do crescimento demográfico, que tinham capacidade limitada de investimento e viviam crescente dependência dos governos locais ao governo federal.

Na feliz formulação de Brasileiro (1996, p. 270):

> Observa-se então uma convergência de interesses dos vários atores dos transportes urbanos: o Estado federal intervém no setor, pois precisa reequilibrar a matriz energética do país e fazer face aos movimentos reivindicatórios; as grandes empresas fabricantes de chassis e de carrocerias precisam de um mercado para seus produtos; as pequenas empresas de ônibus necessitam de subsídios e de segurança para poderem investir; os poderes públicos municipais, sem condições financeiras, outorgam ao Estado a gestão dos transportes públicos urbanos.

O movimento que se seguiu reformulou a oferta dos serviços, por meio da reorganização de itinerários e incentivos à capacitação técnica e reorganização empresarial. Uma das consequências foi uma grande concentração das empresas de ônibus (Tabela 3.5). Em várias grandes cidades do Brasil, duas a quatro empresas passaram a atender entre 50 e 70% da demanda.

Tabela 3.5: Concentração de empresas de transporte coletivo em grandes cidades do Brasil.

Áreas urbanas/ metropolitanas	Demanda (passageiros/dia)	Total de operadores	Maiores empresas	Percentual da demanda das 4 maiores (%)	Percentual da frota das 4 maiores (%)
Recife	1.527.000	19	4 - Maiores	46,9	43,3
Fortaleza	985.000	23	4 - Maiores	n.d.	40,5
Curitiba	950.000	10	4 - Maiores	n.d.	56,9
Distrito Federal	770.000	9	3 - Maiores	72,9	75,9
Campinas	450.000	7	2 - Maiores	48,3	49,1
Natal	430.000	6	2 - Maiores	59,4	63
Maceió	380.000	11	3 - Maiores	56,2	51,6
João Pessoa	335.000	7	2 - Maiores	54,0	52,4

Fonte: Santos e Brasileiro (1996); dados referentes ao início da década de 1990.

AS POLÍTICAS DE MOBILIDADE

Outro elemento importante presente na década de 1970 foram os movimentos populares surgidos nos grandes centros urbanos. De maneira geral, voltados a combater a elevação do custo de vida, os movimentos populares se organizaram em diversas áreas específicas, como em saúde, educação, habitação e transporte urbano. Especificamente no caso do transporte urbano, os movimentos populares eclodiram de forma até violenta, com diversos episódios de destruição de trens e estações dos sistemas de trilhos, e também de ônibus urbanos. Com as reivindicações baseadas em melhoria da qualidade e redução do custo (tarifa), o componente de redução de custo era preponderante em função do movimento geral de contenção da elevação do custo de vida.

O marco institucional do início da participação federal no setor de transporte urbano foi a edição da Lei n. 6.261 de 14/11/75, que criou a Empresa Brasileira de Transportes Urbanos (EBTU) e instituiu o Sistema Nacional de Transportes Urbanos (SNTU). O governo federal passou a assumir a corresponsabilidade pelos transportes urbanos, em particular na formulação de políticas e diretrizes, além de apoio técnico e financeiro. Na mesma lei, foi criado o Fundo de Desenvolvimento dos Transportes Urbanos (FNTU) formado com recursos federais, estaduais e municipais e que seria gerido pela EBTU.

Em relação ao processo de crescimento acelerado e desordenado das grandes cidades, a ação federal concentrou-se na criação de mecanismos para planejamento conjunto do crescimento urbano e sua infraestrutura. Havia uma preocupação com o agravamento do alastramento urbano e com as tendências de maiores pressões pela melhora das condições de mobilidade, que "reforçaria as tendências de alteração na repartição modal em favor do automóvel, o que poderia comprometer os esforços no sentido da redução do consumo de combustíveis derivados de petróleo" (EBTU, 1980). Por outro lado, era enfatizado que o transporte coletivo não se apresentava como alternativa ao transporte individual, em função da baixa qualidade de prestação do serviço, prevendo-se "medidas em favor do transporte coletivo e restritivas ao uso indiscriminado do automóvel" (EBTU, 1980). Era destacada explicitamente a necessidade de garantir a prioridade ao transporte coletivo, visando à economia de combustível e de dispêndio de divisas e à redução de poluição ambiental.

O SNTU foi constituído de forma ampla, abarcando a infraestrutura viária expressa e as de articulação com os sistemas viários federal, estadual e municipal; os sistemas de transportes públicos sobre trilhos, sobre pneus, hidroviários e de pedestres, operados nas áreas urbanas; as conexões intermodais de transportes; a estrutura operacional, na forma do conjunto de atividades e meios estatais de administração, regulamentação, controle e fiscalização que atuam diretamente em cada modo de transporte, nas conexões intermodais e nas infraestruturas viárias. No campo institucional, o SNTU era composto em âmbito nacional pela EBTU, e nos âmbitos estadual, metropolitano e municipal pelas Empresas Metropolitanas de Transportes Urbanos (EMTU). À EBTU era atribuída uma função central de promoção da política nacional dos transportes urbanos, com poderes de decisão sobre propostas e investimentos. Ela passou a administrar o Fundo de Desenvolvimento dos Transportes Urbanos, cujos recursos provinham principalmente da TRU e do Imposto Único sobre Lubrificantes e Combustíveis Líquidos e Gasosos (IULCLG).

Assim, com a criação da EBTU e do SNTU, o governo federal articulou sua ação para lidar com os elementos associados à crise internacional do petróleo, à dificuldade de realizações dos governos locais nos transportes urbanos e às principais reivindicações dos movimentos populares de transporte, principalmente quanto à qualidade e à tarifa. Os projetos foram desenvolvidos adotando os princípios de eficiência (definição de modalidades e sistemas operacionais mais adequados às necessidades de transporte, condicionada aos recursos disponíveis) e de equidade (igualdade de atendimento aos diversos extratos da população e de justiça social). A criação da EBTU veio juntar-se a uma maior atuação do Geipot, do Ministério dos Transportes, na questão do transporte urbano, uma vez que este historicamente concentrara sua atuação no estudo dos problemas estratégicos do transporte de cargas no país.

Atuação da EBTU

Do ponto de vista espacial, foi definido como objeto de atuação os Corredores Urbanos de Transporte, definidos como "um conjunto de vias e facilidades com aspectos físicos e operacionais próprios ao atendimento de uma determinada estrutura de demanda". Foram identificados 63 corredores nas nove regiões metropolitanas, que respondiam em 1976 por 31 milhões de viagens/dia de um total de 37 milhões. Esses corredores apresentavam uma divisão modal de viagens motorizadas que era amplamente favorável ao transporte coletivo, que tinha 68% das viagens (62% nos ônibus e 6% nos demais modos coletivos), contra 32% das viagens feitas em automóvel e táxi.

Foram definidos quatro níveis de comunidades urbanas a serem atendidas, com a seguinte prioridade: regiões metropolitanas, demais capitais, aglomerados urbanos e cidades de porte médio. Considerando esse público-alvo, foram selecionadas como potencial de atuação nove regiões metropolitanas; 17 capitais; 14

aglomerados urbanos; 86 cidades de porte médio. A ação da EBTU foi estruturada pela elaboração de estudos de curto, médio e longo prazos (Fonseca,1986), resumidos na Tabela 3.6. Ao todo, foram 17 planos de curto prazo, nove planos de médio prazo e 12 planos de longo prazo.

A ação da EBTU foi pautada por um conjunto de programas específicos, incluindo a melhoria nos trens de Porto Alegre, São Paulo, Rio de Janeiro, Belo Horizonte, Salvador, Recife e Fortaleza; a expansão dos metrôs de São Paulo e do Rio de Janeiro; a expansão dos sistemas de trólebus existentes em São Paulo, Santos, Araraquara e Recife, e a implantação de novos sistemas em Ribeirão Preto e Campina Grande; a ampliação da infraestrutura viária associada ao transporte público, como corredores estruturais (ver Capítulo 2), acessos e anéis viários e vias alimentadoras; e a racionalização do transporte público: projetos de capacidade e segurança do tráfego para reduzir acidentes e congestionamentos; e a construção de terminais de passageiros e cargas.

Além desses programas específicos da EBTU, o Ministério dos Transportes preparou o Programa de Transportes Alternativos para Economia de Combustíveis, visando alterar a estrutura dos transportes de passageiros e cargas no país. Ele tinha como foco a expansão de modalidades de transporte de maior eficiência energética, em especial com estratégias que priorizassem o transporte ferroviário e hidroviário de carga e o transporte urbano de passageiros.

A Tabela 3.7, extraída do documento da EBTU de maio de 1980, mostra a divisão modal das viagens nas regiões metropolitanas, observada em 1977. Essa tabela mostra que o transporte coletivo era responsável por 66% dos deslocamentos, situação que mudaria nas décadas seguintes.

Os resultados esperados com a realização do Programa de Investimentos eram a redução do consumo de gasolina por automóveis e de diesel pelos ônibus, e o aumento da produtividade e da velocidade média dos ônibus em virtude da introdução de faixas e pistas seletivas.

Em relação às demandas dos movimentos populares de transporte por melhor qualidade e menor tarifa, o governo federal articulou sua ação de diversas formas. As ações citadas anteriormente tinham como objetivo central o aumento da oferta de transporte coletivo, gerando, portanto, melhoria na prestação dos serviços. Quanto aos custos para os usuários, o governo federal adotou estratégias distintas em função do grau de capacidade de atuação nos diferentes modos de transporte urbano.

Nos sistemas ferroviários, em que exercia diretamente a gestão e a operação, o governo federal tratou de iniciar programas de investimento na qualificação do serviço, além de adotar uma política de elevado subsídio à tarifa, cobrando valores inferiores ao custo operacional e, em muitos casos, inferiores aos valores cobrados pelas tarifas dos sistemas de ônibus das localidades.

Tabela 3.6 – Municípios atendidos com ações da EBTU.

Município	Recomendações para implantação imediata (curto prazo)	Planos de reorganização do transporte coletivo (médio prazo)	Planos diretores de transportes urbanos (longo prazo)
Aracaju/SE	1980	-	1982
Barra Mansa/RJ	1981	-	-
Bauru/SP	-	-	1979
Belém/PA	1978	1980	-
Campina Grande/PB	1980	1981	1982
Caxias do Sul/RS	1978	-	1979
Cuiabá/MT	1979	-	-
Distrito Federal/DF	-	1979	1979
Florianópolis/SC	1977	1978	1978
Fortaleza/CE	1978	1981	-
Ipatinga/MG	1978	-	-
João Pessoa/PB	1983	-	-
Juiz de Fora/MG	-	-	1977
Lages/SC	1980	-	-
Maceió/AL	1977	1980	1982
Manaus/AM	1983	-	-
Natal/RN	1981	1982	1982
Pelotas/RS	1978	-	1979
Recife/PE	-	1977	1982
Salvador/BA	-	1978	1982
São Luís/MA	1977	-	-
Volta Redonda/RJ	1981	-	-
Total	17	9	12

Fonte: Fonseca (1986).

AS POLÍTICAS DE MOBILIDADE

Tabela 3.7: Regiões metropolitanas – demanda diária de viagens motorizadas e sua repartição modal.

Modo	1977[1]	
	Viagens/dia (milhões)	%
Automóvel	10.448	29,1
Táxi	1.214	3,4
Ônibus	21.807	60,8
Trólebus	290	0,8
Ferrovias urbanas	1.483	4,1
Barcas	174	0,5
Outros	470	1,3
Total	35.886	100,0

1: Valores observados.
Fonte: Geipot (1985).

Nos demais sistemas de transporte urbano, em que não exercia diretamente a gestão e a operação, o governo federal estruturou a ação no sentido de elaborar estudos e investir, ou ajudar a financiar, em intervenções de melhorias dos sistemas de transporte. Em relação à tarifa, foi definida uma metodologia de cálculo tarifário e o valor cobrado passou a ser controlado por um órgão do governo federal (Conselho Interministerial de Preços – CIP[1]).

A perda de poder aquisitivo da população com a inflação era muito grande e se refletia diretamente em sua capacidade de pagar as tarifas de ônibus. A Figura 3.8 mostra que, ao longo do ano de 1987, o peso de 50 tarifas de ônibus (uso mensal) no salário mínimo aumentou muito nas regiões metropolitanas do Brasil. Enquanto as tarifas foram multiplicadas por fatores entre três e dez, o salário mínimo subiu apenas 20%, fazendo com que na média o valor de 50 tarifas sobre o salário mínimo tivesse aumentado de 2,5 para 13,8%.

---

[1] O CIP foi criado em 29/08/1968 pelo Decreto federal n. 63.196, tendo sido extinto em 1991.

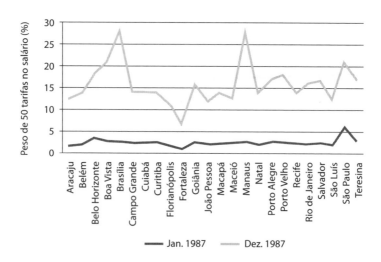

Figura 3.8: Peso de 50 tarifas de ônibus no salário mínimo de janeiro a dezembro de 1987.
Fonte: Geipot (1995a).

Embora a análise de apenas 12 meses mostre saltos abruptos, o período inflacionário na época provocou enorme perda de poder aquisitivo dos usuários de ônibus. A Figura 3.9 mostra que, enquanto as tarifas subiram de 17 a 35% entre janeiro de 1979 e novembro de 1984, o salário mínimo subiu 18%.

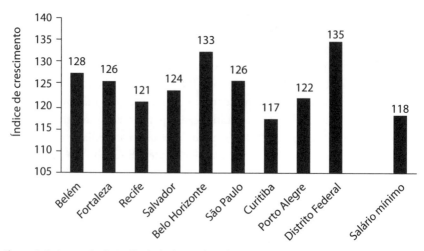

Figura 3.9: Aumento da tarifa de ônibus e do salário mínimo de janeiro de 1979 a dezembro de 1984.
Fonte: Mello (1986).

A Figura 3.10 mostra o agravamento do problema na época dos planos Cruzado e Verão. A partir de um gasto de 5,9% do salário em 1959/1960, os usuários de ônibus viram essa porcentagem aumentar para o patamar de 10% e depois para o patamar de 20%.

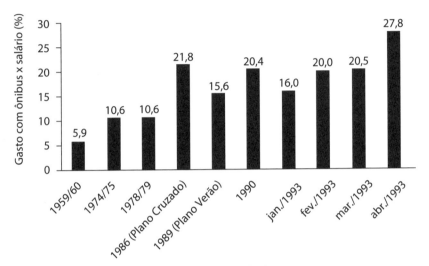

Figura 3.10: Gasto com ônibus na cidade de São Paulo de 1959 a 1993.
Fonte: ANTP (1980).

Ainda em relação ao tema do custo da tarifa e seu impacto nas populações de baixa renda, no final desse período foi criado o vale-transporte (VT), de forma opcional em 1985, e obrigatória em 1987 (Orrico e Simões, 1990). A legislação do VT obriga todo empregador a adquirir certa quantidade de passes de transporte coletivo e repassar aos empregados, descontando um valor equivalente a, no máximo, 6% do salário. Dessa forma, parte do custo do transporte coletivo foi repassada do orçamento individual dos trabalhadores para os empregadores e o próprio governo federal, na medida em que parte do valor gasto com o VT poderia ser deduzida dos impostos pagos pelo empregador. A criação do VT teve um grande impacto após um começo tímido: implantado em 18 capitais, foram comercializados apenas 25 milhões de vales, dentro de uma demanda potencial de 450 milhões (Fagnani e Cadaval, 1988). Após a definição de sua obrigatoriedade, a demanda subiu muito. A Tabela 3.8 mostra que o uso do VT cresceu bastante entre 1989 e 1992, e de forma mais comedida entre 1992 e 2005. Há cidades nas quais o uso diminuiu.

Tabela 3.8: Uso do vale-transporte em 12 capitais brasileiras.

Capitais	Uso do vale-transporte (% dos passageiros)		
	1989	1992	2005
Aracaju	29	32	51
Belo Horizonte	38	50	50
Brasília	40	62	65
Curitiba	35	50	37
Florianópolis	24	28	26
Fortaleza	41	27	41
Goiânia	37	55	43
Porto Alegre	39	42	55
Recife	38	37	49
Salvador	37	41	37
São Paulo	12	28	32
Vitória	28	49	41
Média simples	33,2	41,8	43,9

Fonte: Cadaval (1993) e NTU (2007).

Ao mensurar o impacto entre os usuários, deve ser considerado que uma parte dos que não usam o VT são estudantes – que têm desconto de 50% na maioria dos sistemas – idosos, que desde 1998 têm direito ao uso gratuito do transporte coletivo urbano, e outras pessoas em condições especiais, como as pessoas com deficiência física, que têm descontos em algumas cidades. Assim, pode-se afirmar que cerca de 50% dos usuários ou não pagam ou têm descontos, o que mostra que 50% deles continua pagando o preço total da tarifa. O problema está ligado ao alto percentual de trabalhadores no mercado informal: em 2000, eles correspondiam a 51% no mercado de trabalho metropolitano no país (Gomide, 2003). Considerando o aumento das tarifas acima da inflação, isso representa um grande peso no orçamento da maioria deles.

AS POLÍTICAS DE MOBILIDADE

Resultados da ação federal

Para Fagnani e Cadaval (1988, p. 44), a atuação do governo federal no âmbito do transporte urbano na primeira metade da década de 1980 foi mais relevante em relação aos objetivos da política econômica. Essa atuação ocorreu como "instrumento de transformação da matriz energética, dado o segundo choque do petróleo, e da política monetária e cambial do governo, no contexto de recrudescimento da crise econômica". No aspecto institucional, os autores salientam que:

Evidencia-se, desde o início, a debilidade da EBTU, incapaz de viabilizar seus objetivos precípuos. Dada sua fragilidade, preconizou ações de baixo custo e de reduzido impacto que não atritassem com outros órgãos de governo que, paradoxalmente, deveriam subordinar-se às duas diretrizes.

De fato, conforme apontado por Barat (1986, p. 17):

A montagem de um sistema institucional para apoiar o planejamento e o financiamento dos transportes urbanos nas principais cidades brasileiras, tendo a EBTU como entidade-chave desse processo, trouxe consigo a emergência de inúmeros problemas de natureza legal e institucional. Por outro lado, havia dificuldades também ligadas à inadequação das estruturas institucionais e legais de natureza local, para apoio às atividades da EBTU [...]. Em outras palavras, não havia, na verdade, uma política nacional com diretrizes e linhas de ação definidas para orientar a ação da própria EBTU neste setor.

A partir de 1985, segundo Fagnani e Cadaval (1988), a estratégia do governo procura "caracterizar o transporte urbano como uma questão local, atuando o governo federal em caráter complementar às ações empreendidas pela municipalidade, organismos metropolitanos e estaduais". Nesse sentido, um dos objetivos prioritários é "consolidar o sistema nacional de transportes urbanos, por meio de estruturações, reorganização e aperfeiçoamento das entidades que compreendem os sistemas locais".

Em função dos elementos descritos anteriormente, durante o final da década de 1980, a EBTU transformou-se em uma agência de fomento, priorizando ações de baixo custo, visando à racionalização dos sistemas existentes, sobretudo na infraestrutura viária do transporte de ônibus, além de atuar na organização e capacitação dos órgãos locais de controle e fiscalização.

A CONSTITUIÇÃO DE UMA GRANDE INDÚSTRIA DE ÔNIBUS

História da indústria de ônibus

Como em todas as sociedades que começam a necessitar de transporte público, o Brasil viu a prestação desse serviço ser feita por indivíduos usando veículos improvisados, desde veículos particulares até caminhões adaptados.

Conforme relata Stiel (2001, p. 58), em 1908, surgiram as primeiras duas empresas privadas de transporte urbano por auto-ônibus, em Porto Alegre e Rio de Janeiro. No caso do Rio, a operação inicialmente limitou-se às necessidades da Exposição Nacional, mas em 1911 tornou-se uma grande operação, com 41 auto-ônibus de fabricação europeia, com lotação entre 18 e 40 passageiros (sentados e em pé). Em São Paulo, o primeiro auto-ônibus foi usado em 1911, e a empresa Grassi, que só fabricava carruagens e tílburis, passou a fabricar carrocerias de auto-ônibus. Seguiram-se inaugurações desses serviços em várias outras cidades do país, mas foi apenas em 1926 e 1927 que a presença dos auto-ônibus e sua concorrência com os bondes tornou-se relevante. Iniciava-se então um processo que duraria 40 anos e que terminaria com a extinção do último serviço de bonde em 1967, em São Paulo.

O surgimento de uma indústria organizada de veículos de transporte coletivo sobre pneus no Brasil deu-se em 1945, e foi muito intensificada após a II Guerra Mundial (Tabela 3.9). Pode-se ver que, entre 1945 e 1950, surgiram quatro das empresas que viriam a ser muito grandes – Caio, Busscar, MarcoPolo (carrocerias) e Mercedes-Benz (produção integral do veículo). Três grandes empresas multinacionais – Scânia, Volvo e Volkswagen – entraram no país em 1957, 1979 e 1980, respectivamente.

Desenvolvimento tecnológico e produção

Uma característica importante da evolução da indústria é que a mudança nos veículos ocorreu muito mais no sentido de aumentar sua capacidade de passageiros do que de melhorar sua qualidade. Com a exceção do projeto Padron, as alterações tecnológicas na indústria produziram três inovações visando ao aumento da capacidade de transporte: o veículo urbano alongado, o articulado e o biarticulado.

Tabela 3.9: Fundação das empresas fabricantes de ônibus no Brasil.

Nome	Fundação	Fim	Nota
Grassi	1904[1]	1945	Transformou-se em Caio
Caio S/A	1945		
Carbrasa	1945	*circa* 1970	Fechou
Nielson – Busscar	1946		
Metropolitana	1948	1973	Adquirida pela Caio
MarcoPolo	1949		
Cermava	1950	*circa* 1970	Adquirida pela Caio
Mercedes-Benz	1950		
Cirb	1953	1970	Fechou
Ciferal	1955	2001	Adquirida pela Marcopolo
Scânia	1957		
Volvo	1979		
Volkswagen	1980		
Thamco	1985		
Neobus	1991		

1: antes de transformar-se na empresa Caio, a Grassi trabalhou como fabricante de carrocerias.
Fonte: Stiel (2001).

O primeiro salto tecnológico deu-se com a criação de um ônibus novo, desenvolvido no Brasil, o Padron. Conforme resume Stiel (2001), o veículo foi desenvolvido com base no convênio celebrado entre várias entidades públicas e privadas: a Secretaria de Planejamento da Presidência da República (Seplan) e o Ministério dos Transportes, com a intervenção da fundação Instituto do Planejamento Econômico e Social (Ipea), da EBTU, da Financiadora de Estudos e Projetos (Finep), da Comissão Nacional de Regiões Metropolitanas e de Políticas Urbanas (CNPU) e do Geipot. Apoiaram também o desenvolvimento do projeto a Associação Nacional de Transportes Públicos e o Instituto de Pesquisas Tecnológicas S/A de São Paulo. Esse grande arco de participantes demonstra claramente o grande interesse estratégico no desenvolvimento desse novo produto.

Entre 1978 e 1979, o Geipot desenvolveu as especificações técnicas da carroceria e dos componentes mecânicos do chassi e as repassou para os fabricantes, que aderiam ao projeto. O novo veículo tinha transmissão automática, sistema de três freios independentes, direção hidráulica e níveis mais baixos de emissão de poluentes. Sua capacidade nominal era de 105 passageiros, bem superior à dos ônibus comuns da época. Foram inicialmente construídos cinco protótipos, envolvendo as maiores indústrias atuantes no país: Marcopolo, Volvo, Mercedes, Caio e Scânia. A operação experimental dos veículos foi efetuada em linhas de transportes coletivos durante o período de 28/07/1980 e 27/03/1981, em cinco regiões metropolitanas: São Paulo, Porto Alegre, Recife, Belo Horizonte e Rio de Janeiro. A primeira operação regular com ônibus Padron foi feita em Recife, em 1981. A partir de então seu uso ampliou-se muito, passando a abranger todo o país.

A Tabela 3.10 mostra uma comparação de custos e produtividade entre o Padron e o ônibus convencional que existia em 1981. O novo veículo era 31% mais caro que o convencional, mas tinha uma capacidade de passageiros 40% superior, um rendimento energético 12% mais elevado e uma vida igual ao dobro da vida do ônibus usado na época. Consequentemente, em uma situação ipotética de oferta, o Padron poderia operar com uma frota 27% inferior e um investimento por lugar ofertado 55% inferior.

O segundo salto tecnológico ocorreu com a criação do ônibus articulado (dois corpos). Sua primeira aparição pública ocorreu em 1978, durante o I Congresso Nacional de Transportes Públicos, organizado pela ANTP – Associação Nacional de Transportes Públicos. Esse veículo podia ter capacidade entre 150 e 180 passageiros. Inicialmente, esses veículos foram utilizados no começo da década de 1980 no Rio de Janeiro e em Recife, e depois foram sendo progressivamente usados em grandes cidades.

O terceiro salto tecnológico foi a criação do ônibus biarticulado (três corpos) em 1991 por encomenda feita à Volvo pela URBS, responsável pela operação do sistema de ônibus de Curitiba. Os primeiros veículos circularam em outubro de 1992 no corredor Boqueirão. Esses veículos têm capacidade de até 250 passageiros, mas suas características de tamanho e peso fazem com que seu uso se limite a corredores de grande demanda.

Em relação ao veículo alongado, não se tratou de um avanço, mas apenas de uma adaptação para transportar mais passageiros, por meio do alongamento da carroceria na parte de trás.

Tabela 3.10: Características comparadas entre ônibus convencional e ônibus Padron (1981).

Característica	Ônibus convencional[1]	Padron	Padron *versus* convencional (%)
Preço do veículo (Cr$ jul/1981)	5.955.000	7.797.000	+31
Capacidade nominal (passageiros)	75	105	+40
Rendimento energético (lugar-km/litro)	187,5	210	+12
Vida útil em anos (km)	5	10	+100
Capacidade de oferta durante vida útil (lugar x km)	30.000.000	54.000.000	+180
Investimento por lugar x km de oferta durante vida útil	0,20	0,09	-55

1: ônibus Mercedes-Benz O-364 urbano.

Fonte: Brasil (1983).

A Tabela 3.11 permite ver que a indústria brasileira de carrocerias de ônibus desde 1971 tinha uma produção muito variada, como resultado de uma diversificação tecnológica importante, centrada no atendimento da demanda. As carrocerias de ônibus urbanos (duas portas, distâncias urbanas) correspondiam a 62,4% do total, seguidas pelas dos ônibus rodoviários (uma porta, longa distância) com 29,7% do total. Os micro-ônibus tiveram participação reduzida no período (5,8%), situação que mudaria muito posteriormente.

A Figura 3.11 mostra o crescimento do mercado interno urbano, no período de 1971 a 2010, das empresas associadas à Fabus e da Mercedes–Benz do Brasil. Nota-se que há algumas oscilações dentro de uma tendência inequívoca de crescimento. O mercado cresceu de 2.646 unidades em 1971, para 20.709 em 2008. A quantidade equivalente (ponderando pelo número de assentos) caiu nos últimos anos da série, em virtude do aumento da quantidade de micro-ônibus e miniônibus vendidos especialmente a partir do ano 2000.

Tabela 3.11: Produção de carrocerias de ônibus no Brasil[1].

Ano	Urbanas	Rodoviárias	Inter-municipais	Micros	Especiais	Trólebus	Total
1971	2.646	1.413	52	220	0	0	4.331
1975	4.866	2.100	191	651	227	0	8.035
1980	6.550	3.184	435	908	94	130	11.301
1985	4.187	1.872	1	403	0	1	6.464
1990	5.559	3.134	3	528	22	0	9.246
1995	11.788	5.222	47	568	0	0	17.625
% média	62,4	29,7	1,3	5,8	0,6	0,2	100,0

1: dados apenas das empresas associadas à Fabus (exclui a Mercedes-Benz).
Fonte: Fabus (s.d).

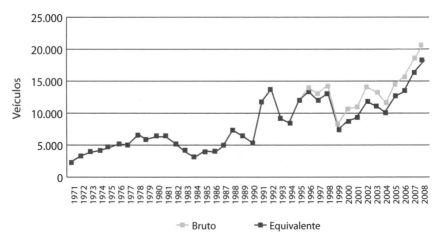

Bruto: quantidade de veículos dos três tipos – comum, micro-ônibus e miniônibus.
Equivalente: ponderado pela quantidade equivalente de assentos disponibilizados nos veículos vendidos, considerando que 1 micro = 0,25 ônibus comum e 1 miniônibus = 0,4 ônibus comum.

Figura 3.11: Vendas de ônibus no mercado interno brasileiro de 1971 a 2008.
Fonte: baseada em Anfavea (2012) e Fabus (s.d.).

Entre 1957 e 2011, foram licenciados 612.015 ônibus no Brasil (Anfavea, 2012). Entre 1971 e 1995, a parcela de ônibus urbanos foi de 62,4% do total

(Tabela 3.11). Adotando essa porcentagem e os preços médios dos ônibus em 2012, pode-se estimar o faturamento da indústria no mercado interno no período de 1957 a 2011 (Tabela 3.12) em R$ 88 bilhões para ônibus urbanos e R$ 194 bilhões para todos os tipos de ônibus.

Tabela 3.12: Faturamento estimado da indústria de ônibus em vendas no mercado interno de 1957 a 2012 (valores de 2012).

Tipo	Veículos	R$/veículo	R$ total (bilhões)
Urbanos	381.897	230.000	87,8
Rodoviários	230.118	460.000	105,9
Total	612.015		193,7

Fonte: Anfavea (2012) para licenciamentos; SPTrans (2011) para valores dos veículos urbanos.

A CONSTRUÇÃO DE UM NOVO EMPRESARIADO

A construção de uma rede de rodovias espalhada pelo país alterou completamente o transporte de passageiros e de carga no território nacional. Em consequência disso, dois novos sistemas de transporte foram criados, o ônibus de longa distância e os caminhões. Lima (2012) faz um relato detalhado da criação de 25 empresas de transporte rodoviário de passageiros no Brasil, no período entre 1928 e 1965. Os relatos mostram um elevado grau de determinação para iniciar o negócio, normalmente em um ambiente sem regras claras e com dúvidas em relação a sua viabilidade econômico-financeira. Em 1976, o sistema já transportava 66 milhões de passageiros por ano, em 2 milhões de viagens dos veículos (Castro, 2003). Em 2007, havia 258 empresas responsáveis pelo transporte interestadual rodoviário de passageiros, que operavam em 2.610 linhas e que transportaram 132,5 milhões de passageiros (316 mil passageiros por dia) (ANTT, 2007).

Paralelamente, o longo processo de urbanização e crescimento populacional permitiu que a prestação do serviço de transporte coletivo urbano viesse a se transformar em uma atividade de grande relevância econômica e política. Nas grandes cidades do Brasil, a maioria das pessoas que não podia caminhar ou usar a bicicleta até o trabalho tornou-se cativa do transporte coletivo. No conjunto das grandes cidades brasileiras, a demanda diária por transporte coletivo subiu rapidamente para o nível de dezenas de milhões de viagens, representando uma grande fonte de receitas à vista e sem intermediários para os operadores.

No início do processo, na década de 1940, a maioria dos serviços era prestada por indivíduos que eram proprietários dos veículos. Nessas condições, havia concorrência direta nas vias pelos passageiros e o transporte era muito precário. Principalmente a partir de 1960, as autoridades governamentais começaram a pressionar os operadores para se constituírem em empresas. Assim, o padrão "selvagem" da operação foi sendo ordenado por meio de regras relativas às rotas, aos horários e aos veículos usados. Constitui-se, assim, um padrão de oferta fortemente regulamentado, que marcaria a história do transporte público no Brasil daquela época em diante.

Além disso, com a regulamentação crescente dos serviços por parte do governo, a oferta foi se tornando monopolística geograficamente, uma vez que as empresas contratadas pelo governo obtinham a exclusividade de operação em uma determinada área. Em cidades médias, apenas uma empresa possuía autorização para operar e, em cidades grandes, as várias empresas em operação tinham exclusividade sobre grandes áreas. Assim, os usuários não tinham escolha e eram obrigados a usar os serviços da única empresa; caso fossem insatisfatórios, não havia possibilidade de mudança. Paralelamente, o caráter autoritário do regime político limitava a manifestação dos interesses e das contrariedades encontradas pelos usuários. Isso deu aos operadores organizados um poder extraordinário e crescente.

As empresas públicas de transporte por ônibus

Na história de nosso transporte urbano, houve muitas empresas públicas que foram responsáveis por todos os serviços ou por parte deles. A Tabela 3.13 mostra que, entre 1975 e 1979, essas empresas aumentaram a quantidade de passageiros transportados em 57%. A Tabela 3.14 mostra que a empresa CMTC, de São Paulo, atendia em 1979 mais da metade da demanda das empresas públicas. Se for somada à CTC, do Rio de Janeiro, ambas atendiam 72% da demanda total.

Tabela 3.13: Evolução dos passageiros transportados em ônibus por empresas públicas de 1975 a 1979.

Ano	Passageiros/ano (milhões)	Índice (1975 = 100)
1975	599,2	100
1976	674,7	113
1977	800,5	134
1978	911,5	152
1979	939,6	157

Fonte: Cadaval (1980).

Tabela 3.14: Demanda de passageiros das empresas públicas de ônibus em 1979.

Empresa	Cidade	Passageiros/ano (milhões)	% demanda
CMTC	São Paulo	480,8	51,2
CTC	Rio de Janeiro	195,6	20,8
CTU	Recife	57,7	6,1
Carris	Porto Alegre	51,0	5,4
Transurb	Goiânia	46,2	4,9
TCB	Brasília	43,4	4,6
CSTC	Santos	41,1	4,4
Transur	Salvador	13,1	1,4
CTC	Fortaleza	10,7	1,1
Total		939,7	100,0

Fonte: Cadaval (1980).

As empresas privadas tiveram uma convivência problemática com as empresas públicas por causa da divisão do mercado de passageiros, especialmente no caso de São Paulo, em razão do grande mercado de usuários. A empresa pública CMTC, criada em 1946, teve uma participação significativa no mercado durante décadas até seu fechamento em 1994. Uma característica comum às empresas públicas é que todas elas entraram em situação financeira grave por vários motivos, dentre os quais se destacam a má administração, a existência de excesso de trabalhadores e a operação de linhas de rendimento muito baixo. Todas, menos a empresa Carris, de Porto Alegre, haviam desaparecido até 1994, sendo substituídas pelas empresas privadas.

Formas de remuneração

A forma mais comum de remuneração sempre foi a cobrança direta de tarifa, cujo valor era definido pela autoridade local (no período de grande inflação, o valor passou a ser submetido ao controle das autoridades financeiras federais, especialmente a Comissão Interministerial de Preços – CIP). Como a tarifa é definida em função de custos médios, as empresas podem ter rentabilidade diferente, dependendo de como são as linhas que elas operam (Strambi e Novaes, 1992).

Quando os sistemas de ônibus começaram a ser reorganizados em torno de empresas médias e grandes – na década de 1970 – tornou-se claro que a rentabilidade das áreas concedidas variava muito, o que poderia tornar muito diferentes os níveis de remuneração das empresas envolvidas. Surgiu, então, a câmara de compensação tarifária, por meio da qual todos os recursos arrecadados dos passageiros eram redistribuídos às empresas de forma a compensar aquelas que trabalhavam em áreas menos rentáveis. Esse sistema novo trouxe consigo dificuldades técnicas e políticas. A dificuldade técnica se referia aos critérios de distribuição das receitas entre as empresas. A dificuldade política se referia à diferença de poder de influência entre as empresas – normalmente proporcional ao mercado que elas atendiam (e, consequentemente, à frota de ônibus que operavam). Uma desvantagem clara desse sistema é que ele desestimula a busca da produtividade, uma vez que existe a garantia de um nível mínimo de remuneração.

Outra forma de remuneração que se tornou muito comum foi a contratação da empresa por serviço prestado – medido, por exemplo, pelas distâncias percorridas pelos veículos, tendo sido predefinida a remuneração por quilômetro para cada tipo de veículo. Esse tipo de remuneração aumenta muito a flexibilidade da oferta a ser definida pelo governo – basta aumentar a oferta e pagar de acordo com o aumento das distâncias rodadas. Ele traz também muito conforto para o operador, visto que ele pode apresentar a fatura mensal seguro do valor que receberá. A grande dificuldade operacional desse sistema é o controle das distâncias percorridas, em dois sentidos: verificar se os veículos realmente percorreram as distâncias apontadas e evitar que a empresa aumente desnecessariamente os percursos apenas para aumentar seu faturamento. Por isso, esse tipo de remuneração levou à insolvência vários sistemas como o de Salvador na década de 1980 (para o qual concorreram também os elevados índices de inflação, desestabilizando a relação entre custo e receita).

A criação do VT, em 1985, constituiu uma mudança radical no sistema. Na opinião de Brasileiro e Henry (1999, p. 97), o VT constituiu uma forma inédita de apoio, porque era dedicada diretamente a seu usuário, não se transformando em receita pública adicional para investimentos. Por outro lado, esses autores alertaram para o fato de que, com o novo fluxo de recursos gerado pela compra do VT pelos empregadores, ele se transformou em moeda corrente para eles, algo muito atraente em uma época de grande inflação: os recursos eram frequentemente usados para lucros financeiros rápidos, que eram viáveis quando o recurso era depositado nos bancos por apenas alguns dias. Orrico e Simões (1990) estimaram que o ganho financeiro no Rio de Janeiro era de US$ 5 a 6 milhões por mês. Ademais, nas palavras de Brasileiro e Henry (1999, p. 98) "[o fundo gerado pelo VT [...] permitiu ora a permanência ociosa ou corporativa dos operadores mais atrasados, ora a modernização dos mais poderosos e produtivos, conforme costuma acontecer com subvenções cruzadas". Os autores também perguntam se o VT não teria sido, ao final, "um mecanismo para dar novo impulso à oferta, reduzir a queda da demanda e incentivar uma retomada dos investimentos privados". Orrico e Simões (1990, p. 139) também salientaram como deficiência do VT o fato de atender apenas aos trabalhadores formais, excluindo "a priori os trabalhadores autônomos, os desempregados e subempregados". Uma das hipóteses centrais proposta neste livro é que o VT, além de permitir a reorganização da oferta do setor, impediu que ele fosse destruído pelo processo inflacionário, o que o teria feito regredir à situação histórica da oferta atomizada em milhares de pequenos operadores.

Assim, a conjunção de demanda elevada e crescente, monopolização da oferta e limitação da pressão por melhores serviços propiciou o surgimento de um dos maiores e mais rápidos processos de acumulação de capital verificados no Brasil.

Conhecer o faturamento real das empresas que operam o sistema de transporte público urbano no Brasil é impossível. O principal motivo é a má qualidade dos dados de demanda, especialmente antes da década de 2000, uma vez que não havia obrigatoriedade de fornecimento de dados detalhados, e, em muitas situações, não havia nem contratos regulares de prestação de serviços. Além disso, pouco se sabe sobre o perfil da demanda em relação aos descontos que foram sendo oferecidos ao longo da história dos serviços. Apenas a partir dos anos 2000, com os recursos da informática e a expansão do uso de cartões para pagamento eletrônico das passagens, passou a ser mais fácil ter informações melhores sobre a demanda de passageiros.

A alternativa para essa falta de informação é fazer uma estimativa considerando parâmetros médios que representem adequadamente a operação do sistema. Para a estimativa, a princípio foram usados dados de demanda estimados por estudos do Geipot e da EBTU em grandes cidades brasileiras, feitos principalmente nas décadas de 1970 e 1980. Essa análise teve o objetivo de definir índices médios de mobilidade na época (viagens por habitante, por dia) para várias situações, aos quais foram acrescentados dados mais recentes, oriundos de pesquisas origem–destino e do Sistema de Informação da Mobilidade da ANTP.

A estimativa foi realizada inicialmente para dez áreas metropolitanas: Belém, Belo Horizonte, Curitiba, Fortaleza, Goiânia, Porto Alegre, Recife, Rio de Janeiro, Salvador e São Paulo. Em segundo lugar, os dados de população do IBGE dessas áreas foram multiplicados pelas taxas de viagem por habitante e por modo, definidas anteriormente, gerando a estimativa do total de deslocamentos das pessoas por ônibus. Utilizando dados históricos de tarifas de ônibus nas cidades e as taxas de câmbio em relação ao dólar norte-americano, foram estimadas as tarifas em dólar, que foram então multiplicadas pela quantidade de passageiros de ônibus (descontando-se uma parcela da arrecadação para descontos com estudantes e idosos a partir da década de 1980). As Tabelas 3.13 e 3.14 mostram, respectivamente, a demanda de passageiros e a estimativa de faturamento dos operadores nas dez áreas metropolitanas selecionadas, no período de 1960 e 2010. A Tabela 3.15 expande essas estimativas para o universo das cidades acima de 50 mil habitantes, no qual estão 70% da demanda de transporte por ônibus no Brasil.

A Tabela 3.15 mostra que a demanda por dia aumentou de 14 milhões de viagens na década de 1960, para 38 milhões por dia na década de 2000. As demandas decenais aumentaram de 43 bilhões de viagens em 1960-69, para 118 bilhões em 2000-09. No período completo, entre 1960 e 2009, estima-se que foram realizadas 432,9 bilhões de viagens em ônibus nas regiões metropolitanas selecionadas.

Tabela 3.15: Demanda estimada de passageiros de ônibus em áreas metropolitanas selecionadas de 1960 a 2010.

Região metropolitana	Viagens de ônibus por dia (mil)				
	1960-69	1970-79	1980-89	1990-99	2000-09
São Paulo	4.888	8.550	13.554	10.985	11.613
Rio de Janeiro	1.197	4.556	5.791	5.612	7.251
Recife	909	1.252	1.575	1.782	2.196
Belo Horizonte	748	1.369	2.146	2.745	3.382
Porto Alegre	768	1.242	1.876	2.202	2.541
Salvador	564	883	1.284	1.593	1.884
Fortaleza	507	792	1.173	1.514	1.825
Curitiba	400	747	1.222	1.511	1.810
Belém	321	501	706	904	1.112
Goiânia	365	594	849	963	1.183
Viagens/dia (mil)	14.007	22.193	31.699	33.684	38.076
Viagens/ano (mil)	4.342.207	6.879.794	9.826.699	10.441.889	11.803.449
Viagens na década (mil)	43.422.072	68.797.944	98.266.993	104.418.889	118.034.492
Viagens período 1960-2009					432.940.389

Fontes: IBGE (censos estatísticos de população); ANTP (2012); Geipot (1995a), EBTU (1980) e Barat (1986) para demanda de passageiros.

A Tabela 3.16 e a Figura 3.12 mostram que o faturamento das empresas operadoras aumentou de US$ 1,1 bilhão/ano, na década de 1960, para US$ 7 bilhões/ano, na década de 2000. O faturamento total no período de 1960 a 2009 foi de US$ 174 bilhões.

Tabela 3.16: Faturamento estimado das empresas de ônibus de áreas metropolitanas selecionadas (1960 a 2010).

Região metropolitana	Receita líquida (US$ milhões/dia)				
	1960-69	1970-79	1980-89	1990-99	2000-09
São Paulo	1,24	2,17	3,10	5,64	6,87[1]
Rio de Janeiro	0,30	1,16	1,32	2,88	4,29
Recife	0,23	0,32	0,36	0,91	1,30
Belo Horizonte	0,19	0,35	0,49	1,41	2,00
Porto Alegre	0,19	0,32	0,43	1,13	1,50
Salvador	0,14	0,22	0,29	0,82	1,11
Fortaleza	0,13	0,20	0,27	0,78	1,08
Curitiba	0,10	0,19	0,28	0,78	1,07
Belém	0,08	0,13	0,16	0,46	0,66
Goiânia	0,09	0,15	0,19	0,49	0,70
US$ 10^6/dia	3,55	5,63	7,24	17,28	22,52
US$ 10^6/ano	1.102	1.746	2.244	5.358	6.981
US$ 10^6/década	11.019	17.459	22.444	53.578	69.809
Total em dólares no período de 1960 a 2009					**174.309**

1: sem considerar os subsídios recebidos no período.
Nota: Foram adotadas as tarifas de USD 0,25 nos três primeiros períodos, de USD 0,57 no período de 1990 a 1999 e de USD 0,66 de 2000 a 2009; foi considerado que a partir de 1990 a receita foi reduzida em 10% em decorrência de descontos tarifários.
Fonte: ANTP (2012) (sistema de informação) e Geipot (1995a) (tarifas); IPEA (câmbio do dólar).

A partir dos dados das metrópoles é possível estimar o faturamento nas cidades com mais de 50 mil habitantes nas quais se concentra a grande oferta de transporte por ônibus. A Tabela 3.17 mostra que o faturamento dos serviços de ônibus urbanos nas cidades com mais de 50 mil habitantes alcançou US$ 294 bilhões no período de 1960 a 2009.

A magnitude desse faturamento mostra a dimensão do poder econômico e político do setor que resultou do intenso processo de urbanização do Brasil. Não há dúvidas de que foi um dos processos mais intensivos e volumosos de acumulação de capital ocorridos em nossa história econômica.

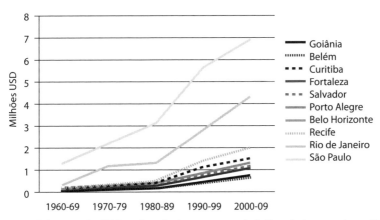

Figura 3.12: Faturamento diário estimado das empresas de ônibus de áreas metropolitanas selecionadas (1960 a 2010).

Tabela 3.17: Faturamento estimado dos ônibus em cidades com mais de 50 mil habitantes (1960 a 2010).

Área	Receita (US$ milhões)					
	1960-69	1970-79	1980-89	1990-99	2000-09	Total
Regiões metropolitanas	11.019	17.459	22.444	53.578	69.809	174.309
Total	12.249	22.991	35.159	93.078	130.914	294.391

Fonte: cálculos da Tabela 3.16 e IBGE (população urbana acima de 50 mil habitantes).

A ORGANIZAÇÃO POLÍTICA DO SETOR

Apesar do enorme sucesso financeiro da prestação de serviços de transporte de passageiros nas cidades, o setor só veio a constituir uma entidade nacional em julho de 1987, com a fundação da Associação Nacional das Empresas de Transporte Urbano (NTU). A criação dessa entidade pode ser creditada principalmente a três fatores: os problemas crescentes de garantia da rentabilidade do negócio diante da inflação; a dificuldade dos usuários para pagar as tarifas, tornando instável o ambiente do negócio; e as tentativas de regulamentação por parte do poder público, que traziam novas obrigações e limitações.

Desde o início, a NTU teve uma atuação focada em dois temas: a Constituinte e o VT. Na Constituinte, organizou um grupo técnico que participou de todas as discussões relativas ao setor (NTU, 2007). Paralelamente, trabalhou de forma intensa para tornar obrigatório o fornecimento do VT para os usuários, o que ocorreu em 1987.

Mais tarde, em meados da década de 1990, o aumento do transporte informal ou clandestino que se seguiu à estabilização econômica e à abertura do mercado levou a NTU a defender o transporte regulamentado em várias frentes de ação. No entanto, as medidas propostas eram mais relacionadas à exigência de fiscalização e punição dos informais, havendo poucos esforços no sentido de melhorar a qualidade do serviço regulamentado para conquistar os usuários.

Em 2003, a NTU apoiou a criação do Movimento nacional pelo direito ao transporte público de qualidade para todos (MDT). Contando com a participação de mais de 400 entidades, o MDT promoveu intensa atuação junto à área política no âmbito federal, especialmente por sua proximidade com a Frente Nacional dos Prefeitos e a Frente Parlamentar do Transporte Público. Também teve intensa participação nos eventos ligados ao Fórum Nacional da Reforma Urbana e ao Conselho das Cidades, que reúnem uma ampla gama de atores institucionais e acadêmicos, especialmente relacionados ao tema da cidade.

O MDT concentrou seus esforços em três frentes: a redução da tarifa – por meio principalmente da redução do custo do óleo diesel; a transferência dos custos de descontos e gratuidades para as áreas do governo ligadas aos beneficiados (por exemplo, o pagamento dos descontos aos estudantes ser feito por recursos orçamentários do setor da educação); e o combate ao transporte clandestino. Em várias ocasiões, a liderança do MDT apontou as contradições da política governamental no plano federal, especialmente a falta de investimentos no transporte público e a concessão de benefícios ao uso do automóvel.

Apesar das limitações, o MDT mostrou uma grande capacidade de continuidade em sua ação, a qual é representada principalmente por atuações na base da sociedade e em eventos públicos relacionados à mobilidade urbana. No entanto, até 2012, o MDT ainda não havia conseguido atingir nenhum desses objetivos centrais, nem mesmo em um patamar mínimo de sucesso, o que reforçou a hipótese de que as elites política e econômica do país não desejam alterar o modelo de apoio ao transporte individual.

Acomodação frente à crise

Após o período de grande crescimento da demanda e do faturamento do setor, ele começou a sofrer a concorrência do transporte informal e da motocicleta.

A queda de demanda foi considerável (ver "O transporte público urbano: a mobilidade admitida e ilusória", no Capítulo 4), mas o setor não mostrou nenhuma preocupação estrutural e não empreendeu nenhuma ação coordenada e abrangente de valorização do serviço prestado e de conquista dos usuários. Também não organizou nenhum movimento de melhoria estrutural da qualidade do serviço prestado.

Dado o gigantismo do setor, deve-se perguntar por que ele agiu dessa forma. Algumas hipóteses (não excludentes) podem ser aventadas.

A primeira hipótese é que a rentabilidade continuou adequada, tornando dispensável qualquer movimento de reação. De fato, os contratos assinados com o governo para a prestação dos serviços são juridicamente fortes e têm cláusulas de proteção do equilíbrio econômico-financeiro da atividade. Isso significa que o empresário tem uma razoável garantia de que eventuais aumentos de custos serão repassados para a tarifa ou serão compensados pela redução ou adaptação dos serviços a um custo total mais baixo.

A segunda hipótese é de que os empresários entraram em outros negócios ligados ao setor, como no caso das revendedoras de ônibus, que permitiram ganhos extras significativos.

A terceira hipótese é de que os empresários, atados aos mecanismos historicamente desenvolvidos de negociação e cooptação de órgãos governamentais, acreditavam que poderiam continuar a atuar da mesma forma para garantir seus interesses.

A quarta hipótese é de que o conflito interno entre diferentes visões empresariais impediu que o setor organizasse um movimento conjunto de reação. De fato, há enorme variedade na dimensão das empresas operadoras, assim como de sua participação (ou ausência) nas entidades representativas do setor. Muitas empresas não participam da entidade mais representativa no âmbito nacional – NTU – e muitas não participam de suas entidades representativas regionais, como o Setpesp, de São Paulo, e a Fetranspor, do Rio de Janeiro.

A quinta hipótese é da dificuldade de adaptação a um ambiente mais competitivo. Na história do setor no país, a regra foi a falta de competição entre as empresas, tendo sido formados monopólios geográficos protegidos por contratos de longa duração. Muitas empresas permaneceram administradas de forma tradicional, no padrão familiar, enfrentando dificuldades para operar em um ambiente de competição com outros modos e queda de demanda.

Essa dubiedade na proteção das atividades ocorreu paralelamente à queda contínua na demanda de passageiros, quando, pela primeira vez na história do setor, o equilíbrio econômico de algumas empresas tornou-se precário.

Conclusões

Os dados e informações analisadas permitem chegar a conclusões importantes sobre as vantagens e as limitações da política de transporte público urbano no Brasil.

A primeira conclusão diz respeito ao processo de regulamentação, que é diferente daquele verificado em outros países em desenvolvimento. A regulamentação do transporte público no Brasil levou à criação de um setor empresarial amplo que passou a adotar procedimentos de organização administrativa e operacional mais compatíveis com a natureza de uma empresa. Incentivado pelo intenso crescimento da população urbana e acompanhado pelo crescimento da indústria nacional de ônibus, o setor se adaptou e atendeu a demandas crescentes. Na prática, as cidades médias e grandes passaram a contar com serviços com grande cobertura espacial e temporal, de confiabilidade média ou alta, com veículos de qualidade razoável para os países em desenvolvimento.

No entanto, as formas de regulamentação, as características da demanda e a fragilidade do Estado permitiram uma grande concentração de propriedade, havendo muitas empresas (ou conglomerados) com milhares de ônibus dentre os cerca de 120 mil utilizados em todo o sistema. Essas condições permitiram também a formação de monopólios geográficos protegidos por contratos de longo prazo, com cláusulas de garantia do equilíbrio econômico-financeiro. Disso decorreu um enorme poder econômico e político em relação às negociações com o poder público. Ao transitar do modelo de oferta atomizado em milhares de prestadores de serviço para o modelo empresarial, o sistema de transporte coletivo por ônibus no Brasil livrou-se das condições incertas e caóticas do sistema atomizado (Vasconcellos, 2002; Koprich, 1994; Figueroa e Pizarro,1998), mas construiu uma nova forma de regulamentação com sinais claros de cooptação do Estado pelos contratados, o que produziu uma série de distorções contrárias aos interesses dos usuários.

Os dados analisados permitem concluir que, salvo no caso de Curitiba, nenhuma cidade brasileira organizou um sistema integrado operando em corredores de forma ampla. Nos outros casos – São Paulo, Belo Horizonte, Goiânia, Recife, Fortaleza, Campinas, Manaus – ocorreram implantações limitadas no espaço e com baixa produtividade. Se, no período caracterizado pela crise do petróleo (décadas de 1970 e 1980) foram implantados vários corredores, no período seguinte as implantações minguaram. Considerando as dimensões das cidades brasileiras e a demanda de passageiros de transporte público, o resultado final foi medíocre: em 2007, os corredores existentes não correspondiam a mais do que 3% das vias utilizadas pelos ônibus, e o maior deles não chegava a transportar 200 mil passageiros por dia.

Há vários motivos que podem estar relacionados a esse resultado. Um primeiro motivo pode ser identificado na saída do governo federal do tema do transporte público urbano, causada pela Constituição de 1992 e pela extinção da EBTU e do Geipot. Essas mudanças parecem ter afetado as cidades com menos recursos e que, a partir do fim do apoio federal, enfrentaram muitas dificuldades em implantar os projetos por conta própria.

Um segundo motivo está relacionado ao modelo brasileiro de regulamentação do transporte público. Se, por um lado, a regulamentação permitiu a profissionalização dos serviços, por outro deu aos operadores das grandes cidades condições legais de resistirem a alterações em suas condições de operação. Essa capacidade de resistência parece ter sido um dos entraves mais relevantes para a integração dos sistemas e a implantação de corredores de ônibus. De fato, integrar sistemas e operar corredores altera as distâncias percorridas, a frota utilizada e a receita. Diante das incertezas sobre as consequências de alterações na operação em sua rentabilidade e posição de mercado, os empresários tornaram-se adversários de muitos projetos, inviabilizando-os na prática.

Um terceiro motivo, mais indireto, refere-se às políticas de incentivo ao transporte individual por automóvel e, nos últimos anos, por motocicletas. As políticas de apoio ao automóvel, aplicadas ininterruptamente no período entre 1960 e 2008 (embora com níveis diferentes de apoio) e acompanhadas da precariedade do transporte por ônibus, ajudaram a minar crescentemente a imagem do transporte público, transformando-o em um uso "para quem ainda não conseguiu seu automóvel". Além disso, dado o crescimento do número de automóveis, os sistemas de prioridade para ônibus passaram a ser vistos como impedimentos a sua fluidez, implicando riscos políticos de conflitos com uma classe média cada vez mais influente nas decisões das políticas públicas. Nesse aspecto, o caso da maior cidade do país é exemplar: após apoiar a implantação de um dos melhores corredores de ônibus do Brasil – o corredor ABD – nada mais de alta qualidade foi feito. A imagem negativa deixada pelo corredor Santo Amaro-9 de Julho, implantado em 1984, serviu de argumento para bloquear outras iniciativas, motivo esse que passou a atuar juntamente aos demais já mencionados. Mesmo a implantação do Passa-Rápido no início da década de 2000 não alterou o quadro, uma vez que se tratou de um projeto incompleto, que não permitiu o salto de qualidade que poderia mudar a opinião pública.

Considerando esses fatos e as tendências atuais de queda no uso do transporte público e o aumento no uso do transporte individual (automóveis e motocicletas), pode-se afirmar que a história dos corredores de ônibus do Brasil, após viver seu clímax com o sistema de Curitiba (e de casos isolados de alguns corredores de boa qualidade em outras cidades), tem uma baixa probabilidade de continuidade na forma de sistemas que atendam à toda a sociedade.

No tocante às alterações tecnológicas nos ônibus urbanos brasileiros, a análise mostra que o objetivo central não era melhorar a qualidade, mas a capacidade de transporte. Com a demanda crescendo exponencialmente e com o aumento da concentração de passageiros nos corredores das grandes cidades, ampliar a capacidade dos veículos passou a ser uma prioridade, como forma de otimizar os custos e os lucros. O novo ônibus alongado resultou em um aumento de capacidade de 15%, ao passo que o articulado e o biarticulado representaram aumentos de 80 e 120%, respectivamente. A preocupação com a qualidade limitou-se ao ônibus Padron e, a partir da década de 2000, com aprimoramentos semelhantes aos dos veículos europeus, agregando novidades como o piso baixo para facilitar a entrada dos passageiros (motivado também pela presença de corredores de ônibus de qualidade mais elevada, que requerem esse conforto). No entanto, a maioria dos ônibus brasileiros permanecia com qualidade baixa até 2012.

1995: A CHEGADA IRRESPONSÁVEL DA MOTOCICLETA E O DESASTRE SOCIAL

A liberação e o incentivo à motocicleta

As motocicletas não foram economicamente relevantes no Brasil até os anos 1990, quando começaram os processos de liberalização e privatização. Em 1990, o Brasil tinha 20,6 milhões de veículos e apenas 1,5 milhão de motocicletas (Denatran, 2008). Algumas motocicletas eram fabricadas no país e outras eram importadas dos EUA ou do Japão. Elas eram usadas principalmente pelas pessoas de renda mais alta, por motivo de lazer.

Com o processo de liberalização econômica que foi iniciado em 1994, com o Plano Real, associado a intensos processos de mudança em escala global, o Brasil passou a conviver com forças poderosas de desregulamentação e privatização que afetaram profundamente o país e a forma de distribuição de seus recursos. Na área do transporte público, operadores ilegais com veículos inadequados espalharam-se a uma velocidade extraordinária, ameaçando a sobrevivência do sistema regulado de transporte público. Na área do trânsito, políticas federais apoiaram a massificação do uso de uma nova tecnologia – a motocicleta – que passou a ser intensamente utilizada na entrega de documentos e pequenas mercadorias nas grandes cidades, principalmente nas mais congestionadas, como São Paulo. A frota brasileira de 1,5 milhão de motocicletas, em 1991, rapidamente aumentou para 5 milhões em 2002, chegando a 17 milhões em 2012. Na cidade de São Paulo, o número de motocicletas aumentou de 50 mil em 1990 para 245 mil em 2001, 500 mil em 2007 e 750 mil em 2011 (dados do Denatran).

Com o apoio político e fiscal do governo federal, a indústria automotiva no Brasil pôde abrir um novo ramo de negócios de grande significância. O aumento acelerado dessa indústria foi apoiado inicialmente pela liberação da importação em 1991. Mais tarde, o governo federal e alguns governos estaduais deram benefícios fiscais para a produção desses veículos. O caso mais relevante do ponto de vista econômico foi o da Honda, que produz 80% das motocicletas no país. A montadora se instalou no Brasil (São Paulo) em 1971, e passou a importar motocicletas (Honda do Brasil). Quando havia comprado um terreno em Sumaré (estado de São Paulo) para instalar uma fábrica, o governo federal proibiu a importação de motocicletas e a Honda decidiu instalar sua fábrica na Zona Franca de Manaus, para beneficiar-se dos incentivos fiscais. Em 1976, lançou sua primeira motocicleta no país. Em 1992, já havia produzido 1,5 milhão de motos, em 1996, a produção acumulara 2 milhões, em 1999, chegou a 3 milhões e, em 2003, atingiu 6 milhões de unidades.

Seguindo o aumento exponencial da produção, as montadoras de motocicletas rapidamente ocuparam o segundo posto na arrecadação da Zona Franca de Manaus, atingindo 23,3% do total em 2007, atrás apenas das fábricas de produtos eletroeletrônicos (Bispo, 2009) (Tabela 3.18).

Tabela 3.18: Posição dos produtos no faturamento da Zona Franca de Manaus (% por ordem decrescente).

Produto	2003	2004	2005	2006	2007
Eletroeletrônica[1]	31,1	34,6	35,9	34,5	29,3
Duas rodas	17,7	16,8	16,7	18,3	23,3
Informática	23,9	22,3	20,6	19,0	17,0
Outros[2]	27,4	26,3	26,8	28,2	30,4
Total	100,0	100,0	100,0	100,0	100,0

1: Televisão, micro-ondas, aparelhos de som, celulares, condicionador de ar.

2: Química, metalurgia, mecânica, relojoaria, bebidas, brinquedos.

Fonte: Bispo (2009).

Em 2006, essa indústria vendeu 1.018.000 motocicletas, e faturou R$ 5,9 bilhões. Os benefícios fiscais dessa indústria foram estimados em R$ 1,47 bilhão, correspondendo a 25% das vendas (Folha de São Paulo, 27/05/2007). Essas medidas, aliadas à autorização para a venda por meio de consórcios, tornou a motocicleta muito acessível aos compradores interessados, com prestações mensais da ordem de R$ 200,00.

As vendas de veículos no mercado interno revelam a força do fenômeno (Figura 3.13). Entre 1990 e 2011, as vendas de motocicletas foram multiplicadas por 16, tendo crescido a uma taxa anual média de 14,3%, valor elevadíssimo para qualquer produto colocado à venda no mercado. Em 2011, as vendas internas de motos alcançaram o valor de 2,04 milhões de unidades (Abraciclo, 2012).

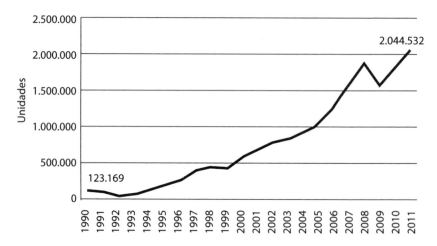

Figura 3.13: Venda de motocicletas no Brasil, de 1990 a 2010.
Fonte: Abraciclo (2012).

A produção de motocicletas sempre foi dominada pela marca Honda, que, no período entre 1990 e 2011, fabricou 81,6% do total de veículos no país (Tabela 3.19). A única marca adicional que também tem expressão na indústria é a Yamaha, com 12,7% da produção total.

A indústria brasileira sempre se caracterizou pela fabricação de motocicletas de baixa cilindrada (cc), que custam mais barato. A Tabela 3.20 mostra que as motocicletas de até 150 cc corresponderam, no período entre 2003 e 2009, a 88,8% da produção, e a moto de 150 cc sozinha correspondeu a 80,2% da pro-

Tabela 3.19: Produção de motocicletas por marca, de 1990 a 2011.

Marca	Unidades	% do total
Honda	26.265.272	81,6
Yamaha	4.104.274	12,7
Sundown	631.249	2,0
Dafra	437.329	1,4
Outras	756.976	2,4
Total	32.195.100	100

Fonte: Abraciclo (2012).

dução. Isso está diretamente ligado ao mercado consumidor, que nasceu baseado tanto na universalização da motocicleta entre a população de baixa renda como no atendimento ao mercado de transporte e entrega de pequenas mercadorias. A Figura 3.14 mostra que a moto de 150 cc sempre esteve na liderança; a queda na produção em 2008 decorreu da crise econômica internacional e foi acompanhada da queda na produção de todos os modelos. A motocicleta de maior cilindrada permaneceu como veículo exclusivo de grupos sociais de renda mais alta.

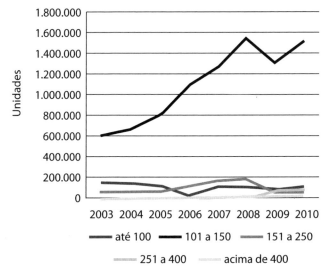

Figura 3.14: Produção de motocicletas por cilindrada, de 2003 a 2010.
Fonte: Abraciclo (2012).

Tabela 3.20: Produção de motocicletas por cilindrada, de 2003 a 2010.

Cilindradas	Produção								Total	
	2003	2004	2005	2006	2007	2008	2009	2010	Unidades	%
Até 100	153.325	149.975	127.429	43.447	139.437	122.800	86.670	116.721	939.804	8,6
101 a 150	608.023	673.933	797.673	1.074.892	1.256.138	1.533.696	1.314.885	1.504.357	8.763.597	80,2
151 a 250	74.609	73.325	81.731	124.039	176.880	184.993	70.730	63.310	849.617	7,8
251 a 400	7.169	8.713	7.934	12.424	15.705	16.921	79.263	104.630	252.759	2,3
>400	5.251	5.771	9.436	13.239	11.997	21.285	27.649	29.031	123.659	1,1
Total	848.377	911.717	1.024.203	1.268.041	1.600.157	1.879.695	1.579.197	1.818.049	10.929.436	100,0

Fonte: Abraciclo

Como decorrência das vendas, o faturamento da indústria aumentou exponencialmente (Figura 3.15). Pode-se observar que a indústria aumentou seu faturamento de US$ 740 milhões em 1990, para US$ 8,6 bilhões em 2011 (aumento de 12 vezes). O faturamento acumulado no período foi de US$ 59,8 bilhões.

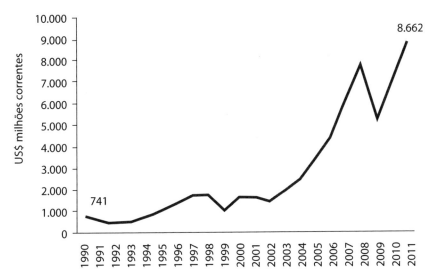

Figura 3.15: Faturamento da indústria de motocicletas, de 1990 a 2011.
Fonte: Suframa (1988-2012) e Abraciclo (2012).

Além disso, a compra de motocicletas foi facilitada pela autorização da formação de consórcios e de vendas financiadas com prazos longos. No período entre 2004 e 2011, as vendas financiadas e os consórcios corresponderam a 76,1% das vendas. As compras à vista corresponderam a apenas 21,6% do total, enquanto, no caso dos automóveis, esse valor atingiu 36% (Anef, 2011).

Os impactos na segurança no trânsito

Os motociclistas passaram a ser as maiores vítimas do trânsito na maior parte das cidades, alterando completamente o quadro médico-hospitalar no país. Isso foi agravado mais ainda pelo fato de que os acidentes com motocicletas produzem muito mais vítimas que os ocorridos com outros tipos de veículos (dada a vulnerabilidade do motociclista).

No âmbito nacional, o impacto no número de mortos em motocicletas assumiu a característica de tragédia social. O número de fatalidades no trânsito ocorridas com usuários de motocicleta e registradas pelo Ministério da Saúde em seu sistema de informações, Datasus, aumentou de 725 em 1996 para 10.825 em 2010, ou seja, foi multiplicado por 15 vezes. Nesse período, a participação das motocicletas no total de fatalidades de trânsito no Brasil passou de 2% em 1996, para 32% em 2010, superando todos os demais modos de transporte.

Caso sejam utilizados os dados de indenização por acidentes pagos pelo seguro DPVAT (Líder Seguradora, 2013b), os valores serão ainda muito superiores. Como mostra a Tabela 3.21, no período entre 2000 e 2012, houve 176 mil indenizações por morte e 781 mil indenizações por invalidez de usuários de motocicletas. Isso significa que 958 mil pessoas morreram ou se feriram gravemente em acidentes com motocicletas recentemente no Brasil. Apesar dos números poderem conter registros acumulados de pessoas vítimas de eventos ocorridos em anos anteriores ao pedido de indenização (até 3 anos), as quantidades revelam a dimensão da tragédia social que ocorreu no país.

Tabela 3.21: Indenizações por morte e invalidez de motociclistas, de 2000 a 2010.

Ano	Morte	Invalidez
2000	7.624	7.325
2001	8.860	9.014
2002	10.662	11.994
2003	12.341	16.039
2004	13.321	22.540
2005	13.339	32.445
2006	13.351	44.544
2007	14.135	59.341
2008	13.158	64.873
2009	13.460	69.696
2010	15.753	88.572
2011	17.812	108.264
2012	23.086	246.747
Total	176.902	781.394

Fonte: Líder Seguradora (2013b).

AS POLÍTICAS DE MOBILIDADE

2010: O TRANSPORTE INDIVIDUAL TRIUNFA SOBRE O COLETIVO

A política agoniza: da Constituição de 1988 até o Plano Real (1994)

O final da década de 1980 e o início da década de 1990 apresentam um quadro bastante distinto daquele de meados dos anos 1970, que propiciaram a entrada do governo federal na questão do transporte urbano. O início da década de 1990 já apresentava taxas de crescimento populacional inferiores àquelas registradas nos anos 1960 e 1970. A redução do ritmo da atividade econômica nos anos 1980 e 1990 contribuiu para a contenção dos índices de mobilidade urbana, garantindo uma sobrevida à infraestrutura instalada e reduzindo a pressão sobre o poder público para expansão de oferta. Em relação à crise internacional do petróleo, a década de 1990 apresenta uma normalização dos preços do petróleo, redução do consumo de seus derivados e aumento da produção nacional dessa matéria-prima.

Nesse período, também foram implantadas diversas medidas que contribuíram para uma alteração da matriz energética nacional, com redução da dependência dos derivados de petróleo. Entre essas medidas, pode-se destacar o programa do Proálcool, que desenvolveu uma alternativa de combustível não derivado do petróleo para os automóveis, possibilitando a redução do consumo de gasolina, independentemente dos projetos da EBTU.

Fez parte desse período um último esforço de sobrevivência da EBTU – já transferida para o Ministério de Habitação, Urbanismo e Meio Ambiente. Iniciado em 1987 e apresentado em abril de 1988, o Plano Nacional de Transporte de Massa (PNTM) foi um extenso trabalho que analisou as condições do transporte urbano nas grandes cidades e propôs intervenções para melhorar o transporte coletivo. O plano estudou 24 áreas metropolitanas, focando-se nos grandes corredores de tráfego, cuja demanda deveria passar de 15 mil passageiros por hora no ano 2000. O plano estava fortemente ligado à ideia de introduzir uma tecnologia intermediária entre os ônibus e os trens e metrôs – o bonde moderno (veículo leve sobre trilhos – VLT). O plano fez breves menções aos corredores de ônibus, sempre os qualificando como de capacidade limitada (máximo de 15 mil passageiros por hora), abrindo, portanto, espaço para a opção dos bondes. Dentre as 24 áreas metropolitanas analisadas, o plano previu que 21 eram adequadas para receber os novos bondes, chegando a estimar que eles atendessem usuários em 36 corredores, tendo extensão total de 456 km e utilizando 2.554 carros. O custo total do projeto era de US$ 4,4 bilhões. Um dos argumentos para essa proposta foi a baixíssima produção da indústria de trens no Brasil, estimada entre 8 e 15% da capacidade instalada. Com a extinção da EBTU, o plano foi arquivado. Da mesma forma, foram iniciados em 1988 dois grandes projetos de investimentos, de mais de US$ 800 milhões, apoiados pelo Banco Mundial, relativos ao transporte em nove regiões metropolitanas e 37 aglomerações urbanas (Prourb), mas que foram suspensos quando da extinção da EBTU (Fagnani e Cadaval, 1988).

As maiores transformações estruturais aconteceram com a Constituição de 1988. A alteração da estrutura tributária vigente, com aumento da capacidade de arrecadação dos governos locais, colocou novas responsabilidades para as administrações municipais. A responsabilidade sobre o transporte público local passou explicitamente para a esfera municipal. Segundo Belda (1988):

> A responsabilidade quanto à prestação de serviços de transportes de passageiros aparece como sendo dos Estados e Municípios [...] (mas) [...] o governo federal continua a ter a função normativa sobre todo serviço de transporte coletivo nas cidades, pois o [...] (artigo 21) [...] indica que é atribuição da União instituir as diretrizes para o desenvolvimento do transporte urbano.

Dentre essas alterações, destacam-se também o fechamento da EBTU (1991) e do Geipot (2008), retirando do poder federal qualquer capacidade de planejamento e ação na área do transporte urbano. Assim, o início da década de 1990 marca a formalização da retirada do governo federal como ator relevante na questão dos transportes urbanos.

O desmonte da política – do Plano Real (1994) até 2012

A partir do plano de estabilização econômica implantado em 1994 (Plano Real), a maior preocupação do governo federal passou a ser o desenvolvimento econômico, considerando que uma das principais travas para esse processo era o processo inflacionário que assolava o país até então. Assim, no decorrer das décadas de 1990 e 2000, o governo federal passou a atuar de forma decisiva no incentivo ao uso do transporte individual, visto como importante setor econômico no Brasil, gerador de empregos e de uma onda de crescimento econômico em diversos segmentos associados. As sérias consequências para a mobilidade urbana advindas dessa ação (congestionamento, poluição, acidentes) não sensibilizaram o governo federal. Entre as ações mais destacadas, aparece a introdução do veículo popular, com as reduções tributárias que a acompanharam.

Em 2001, foi aprovada a Contribuição sobre Intervenção no Domínio Econômico (Cide), que definiu a cobrança de um valor sobre a importação e a comercialização de petróleo e seus derivados, gás e álcool etílico. A Cide teve o propósito explícito de permitir ao governo o controle dos preços dos combustíveis e de fazer investimentos para a redução dos impactos ambientais na indústria do petróleo. Após longa discussão no congresso, as entidades ligadas ao transporte conseguiram que fosse incluído entre as possibilidades de uso dos recursos arrecadados o investimento em infraestrutura de transportes. Os recursos passaram a ser distribuídos entre os três níveis de governo, e os estados e municípios têm direito a um repasse obrigatório de 30% do total da arrecadação.

O transporte individual veio a se beneficiar várias vezes do poder de contenção dos preços dos combustíveis por meio da Cide. Entre 2003 e 2011, a alíquota cobrada na gasolina caiu 73% para manter os preços dentro das expectativas do governo federal e não aumentar o custo para o usuário. Em 2012, com outra redução drástica, a arrecadação da Cide foi de apenas R$ 2,8 bilhões, contra R$ 9,6 bilhões em 2011 (Tabela 3.22). Em julho de 2012, para evitar aumentar o preço da gasolina e do diesel, o governo federal reduziu a alíquota a zero.

Tabela 3.22: Receita anual da Cide.

Ano	R$ milhões	Índice
2002	8.876	100
2003	7.504	85
2004	7.668	86
2005	7.681	87
2006	7.818	88
2007	7.867	89
2008	5.900	66
2009	4.991	56
2010	7.758	87
2011	9.627	108
2012	2.849	32

Fonte: Receita Federal (2013).

O transporte público obteve poucos recursos. Na prática, a Cide foi contingenciada em grande parte, desde seu início, e muito pouco foi utilizado na expansão ou melhoria do transporte público.

Essa política de incentivo à aquisição de veículos individuais, associada ao período de crescimento econômico observado no início dos anos 2000, acabou contribuindo para a volta da questão dos transportes urbanos para a pauta política, em função da elevação dos congestionamentos e, consequentemente, da piora das condições de mobilidade urbana no Brasil.

No entanto, o governo federal somente passou a se envolver de forma mais acentuada com o tema na segunda metade da década de 2000, acenando com investimentos federais no setor de mobilidade urbana dentro da perspectiva de superação de gargalos para megaeventos esportivos patrocinados pelo país, como a realização dos jogos Pan-americanos no Rio de Janeiro (2007), a candidatura à realização dos Jogos Olímpicos de 2016 e a realização da Copa do Mundo de futebol de 2014.

Ameaças ao modelo regulamentado

A partir do início da década de 1990, com as mudanças estruturais e econômicas no âmbito global e dentro do país, surgiu com grande intensidade um movimento de oferta ilegal de transporte coletivo de pequena capacidade, na forma de Kombis e pequenas vans. Logo denominado transporte clandestino, esse novo sistema cresceu aceleradamente, a ponto de captar até 20% da demanda do sistema legalizado nas grandes cidades. Pesquisa realizada em Recife, em 1999, mostrou que os veículos Kombi e vans atuando na região metropolitana transportavam 272 mil passageiros por dia, dos 1,4 milhão de passageiros totais (19,4%) (Cavalcanti, 2000). Foi concluído, no estudo, que esse volume de passageiros havia praticamente triplicado em relação ao observado em 1994, demonstrando a força do fenômeno.

Após 30 anos de operação contínua e de grande rentabilidade, o sistema regulamentado de transporte coletivo por ônibus enfrentou seu primeiro concorrente real. Tornava-se claro, independentemente da análise da legalidade do novo transporte, que o transporte regular tinha criado um descontentamento relacionado à sua baixa qualidade de serviços, abrindo amplo espaço para a entrada de um concorrente. O processo de crescimento do transporte clandestino foi extremamente tumultuado, marcado por violência física nas ruas (disputa de passageiros e linhas) e queima de ônibus, com intervenção policial frequente. Na mídia, o assunto dividiu-se entre os que apoiavam o novo transporte – usuários de periferia e políticos associados ao novo negócio – e aqueles que o criticavam, como os operadores do transporte regular, as autoridades de transporte e entidades civis, como a ANTP. O transporte público no Brasil viveu, então, mais uma etapa de alternância dos ciclos de oferta de transporte quando o ciclo estável do transporte regulamentado operado por empresas passou a ser atacado pelos defensores do ciclo operado por indivíduos em pequenos veículos, sem regulamentação (Vasconcellos, 2002).

No intervalo de anos em que ocorreu essa tentativa de substituição de um modelo pelo outro, as autoridades públicas e os defensores do modelo tradicional conseguiram organizar um processo de defesa do modelo existente. Na maioria dos casos, os operadores do transporte clandestino foram sendo paulatinamente absorvidos pelo sistema regular, como serviços alimentadores do sistema tradicional (operando nas áreas periféricas). A única diferença se referiu à forma de inserção: como contratados dos operadores tradicionais ou do governo (como outros operadores do sistema já existente).

A reentrada do governo federal no tema

Na década de 2000, começou um movimento para a retomada da participação do governo federal no transporte urbano.

Em 2000, no segundo governo FHC, foi criada a Secretaria Especial de Desenvolvimento Urbano da Presidência da República (Sedu/PR).

> Com o objetivo de formular e coordenar as políticas nacionais de desenvolvimento urbano, e promover, em articulação com as diversas esferas do governo, com o setor privado e organizações não governamentais, ações e programas de urbanização, de habitação, de saneamento básico e de transporte urbano, sinalizando o retorno do compromisso do governo federal com o que acontecia nas cidades brasileiras. (Lima, 2012, p. 120)

A partir de então, a Sedu/PR, auxiliada principalmente pela ANTP formulou uma proposta de política nacional para o transporte urbano, que foi transformada, em 2002, em anteprojeto de lei, denominado Lei de Diretrizes para uma Política Nacional de Transporte Urbano. A proposta não prosperou e, no primeiro governo Lula, voltou à cena sob a denominação Anteprojeto de Lei do Marco Regulatório da Mobilidade Urbana. Uma vez mais, a iniciativa não prosperou, vindo a se transformar em lei apenas no primeiro mês do governo Dilma Roussef (janeiro de 2012) (Lima, 2012).

A iniciativa mais importante no período foi a criação do Ministério das Cidades, no primeiro governo Lula. O Ministério abrigou duas áreas essenciais para o transporte urbano – a Secretaria de Mobilidade – criada especialmente para esse fim – e o Departamento Nacional de Trânsito (Denatran), que antes se encontrava no Ministério da Justiça.

As atividades do novo ministério vieram substituir o antigo Ministério de Desenvolvimento Urbano, criado em 1986, que era responsável pela política habitacional e de desenvolvimento urbano no país. Para Maricato (2006, p. 214), "a proposta do Ministério das Cidades veio ocupar um vazio institucional que retirava completamente o governo federal da discussão sobre a política urbana e o destino das cidades". A autora lembra também que, em contraste com a pouca importância dada pelo executivo federal à questão urbana, havia ocorrido um intenso movimento social em torno dos temas da habitação e do saneamento básico das cidades, sob a bandeira da reforma urbana, e que um grande contingente de associações civis, especialistas e movimentos populares levou a mudanças importantes na visão dos problemas urbanos.

O novo Ministério das Cidades iniciou a discussão da Política Nacional de Desenvolvimento Urbano (PNDU) na primeira Conferência Nacional das Cidades, em 2003, que foi precedida de conferências municipais e estaduais. Nessa primeira conferência, foi eleito o Conselho das Cidades, que incorpora 86 representantes de órgãos federais, estaduais e municipais, de entidades representativas de movimentos populares, trabalhadores, empresários e da academia. Foram também formados os quatro comitês técnicos definidos para o ministério, que começaram a funcionar no início de 2004: habitação, saneamento ambiental, trânsito, mobilidade e transporte urbano.

Na prática ocorrida no período de 2003 a 2011, a política de transporte e mobilidade foi trabalhada de forma extremamente limitada no Ministério das Cidades. Dois motivos principais podem ser mencionados para explicar essa limitação. Inicialmente, a área de mobilidade precisou disputar espaço dentro do mesmo ministério com as áreas de habitação e de saneamento, que têm recursos muito superiores e que, portanto, atraem muito mais a atenção e o interesse dos políticos, dos técnicos e dos setores organizados da sociedade. Ao contrário do tema do transporte público, as áreas de habitação e de saneamento sempre foram marcadas por alta participação de grupos organizados da sociedade, que continuaram presentes e ativos no âmbito de atuação do novo Ministério das Cidades.

O segundo motivo da limitação da atuação na área de mobilidade é que as novas forças políticas dominantes mostraram não considerar o tema essencial. A área de mobilidade foi esvaziada de qualquer poder efetivo e mantida limitada em seu âmbito de ação. Isso ocorreu tanto na Secretaria de Mobilidade – responsável pelas políticas relacionadas ao transporte público – quanto no Denatran – responsável pela política de trânsito. No caso da política geral de mobilidade, o esforço do período inicial, focado na discussão de uma política nacional de mobilidade urbana, com impactos na forma de regulamentação do transporte público, não teve êxito, pois ficou limitado pela falta de prioridade para o tema por parte dos escalões superiores do ministério e do governo federal. A criação do ministério não conseguiu superar os obstáculos e o desinteresse do novo governo federal em relação ao transporte público.

No caso da política de trânsito, o único período em que ela foi objeto de propostas renovadoras foi no início de vida do Ministério das Cidades. Nesse caso, foram desenvolvidas propostas relevantes de política pública, notadamente o apoio à municipalização do trânsito, à reorganização do sistema de cartas de habilitação e à capacitação dos agentes do Sistema Nacional de Trânsito. No entanto, as iniciativas foram bloqueadas por falta de apoio político no nível superior da esfera federal e pelo contingenciamento radical dos recursos provindos da arrecadação das multas. A proposta de transformação do Denatran em autarquia, que lhe daria mais capacidade técnica e mais independência, foi bloqueada pela Casa Civil da Presidência. Ao final, o controle sobre o Denatran também foi entregue a partidos conservadores da base aliada do governo, que não permitiram que os novos projetos fossem adiante.

Em decorrência, os planos de investimento em um novo sistema de mobilidade distinto do sistema baseado no automóvel caminharam a passos lentos e inconstantes. Uma análise da operação do Programa Mobilidade Urbana entre 2004 e 2007 (IPEA, 2009) mostrou que embora houvesse recursos alocados a execução dos projetos ocorria de forma instável, com baixo índice de aproveitamento, inclusive pelo contingenciamento dos recursos – o que reforça a natureza dúbia e vacilante do apoio ao transporte coletivo, exatamente como ocorrera na maior parte da nossa história. A continuidade dos investimentos na mobilidade com o Programa de Ação Continuada (PAC) repetiu o mesmo percurso instável, reduzindo acentuadamente os resultados esperados.

No mesmo contexto, o governo federal prosseguiu apoiando com firmeza a expansão do uso do automóvel e da motocicleta no Brasil. Esses veículos foram os primeiros a serem beneficiados pela redução a zero do IPI na crise de 2008. O governo federal fez vista grossa ao crescimento do uso ilegal do moto-

-táxi no país e terminou apoiando sua oficialização, permitindo que uma quantidade maior de pessoas estivesse exposta aos riscos da utilização desse veículo no trânsito perigoso das cidades brasileiras.

Em janeiro de 2012 foi sancionada a Lei de Mobilidade Urbana (Lei n. 12.587) que definiu as diretrizes da Política Nacional de Mobilidade Urbana, atribuindo prioridade aos meios de transporte não motorizados e ao serviço público coletivo, e incluindo a possibilidade legal de aplicar restrições ao uso de automóveis. Foi a primeira lei abrangente sobre o tema dentro da perspectiva da equidade e da sustentabilidade.

Posse de veículos motorizados: o sucesso da privatização da mobilidade

As ações de incentivo ao automóvel e à motocicleta foram muito bem-sucedidas em seu objetivo central de ampliar a posse de veículos privados no Brasil. A PNAD de 2009 apontou que a maior parte dos domicílios do país contava com algum veículo de transporte motorizado (Tabela 3.23). Observa-se que 61,3% dos domicílios urbanos e 54,4% dos domicílios rurais tinham algum veículo motorizado.

Tabela 3.23: Posse de veículos motorizados nos domicílios do Brasil em 2009.

Zona	Posse de veículo motorizado (% de domicílios)			
	Carro	Moto	Carro e moto	Total
Urbana	39,9	14,8	6,6	61,3
Rural	23,5	24,4	6,5	54,4
Total	37,5	16,2	6,6	60,3

Fonte: IBGE (2009) apud IPEA (2009).

A posse desses veículos é muito dependente da renda. A Figura 3.16 mostra que a posse de automóveis é maior nos grupos de renda média e alta, enquanto a posse de motocicletas é maior nos grupos de renda baixa.

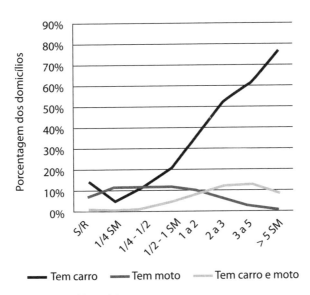

S/R: sem resposta; SM: salário mínimo.

Figura 3.16: Posse de veículos motorizados nos domicílios brasileiros por nível de renda em 2009.
Fonte: adaptada de IBGE (2009).

A Tabela 3.24 e a Figura 3.17 estimam a quantidade de veículos nos domicílios e seu índice de motorização por pessoa. Observa-se que havia 22 milhões de automóveis e 9,2 milhões de motocicletas. A maior quantidade bruta de automóveis está nos domicílios com renda entre 0,5 e dois salários mínimos, as mesmas faixas de renda em que se encontra a maior quantidade de motocicletas. No entanto, é importante verificar o índice de propriedade de veículos por pessoa do domicílio (que tem relação direta com a renda): no caso dos automóveis, esse índice cresce acentuadamente com o aumento da renda e é sempre superior ao índice das motocicletas; no caso das motocicletas, o índice cresce muito pouco e é superior ou igual ao índice dos automóveis apenas nos domicílios dos dois extratos mais baixos de renda.

Esses números demonstram claramente a hipótese central deste livro: o processo de motorização individual da sociedade brasileira consolidou-se no final da década de 2000, em que a maioria dos domicílios do país passou a contar com, ao menos, um veículo motorizado, automóvel ou motocicleta.

Tabela 3.24: Número mínimo de veículos e índice de motorização domiciliar.

Renda	Número mínimo de veículos[1]		Índice de motorização	
	Autos	Motos	Auto/pessoa	Moto/pessoa
1/4 SM	275.304	546.239	0,02	0,04
1/4-1/2 SM	1.139.200	1.218.679	0,04	0,04
1/2-1 SM	4.075.860	2.635.396	0,07	0,05
1 a 2 SM	6.722.948	2.889.688	0,13	0,06
2 a 3 SM	3.214.044	975.159	0,19	0,06
3 a 5 SM	2.735.503	592.147	0,22	0,05
> 5 SM	3.962.645	323.670	0,38	0,03
Total	22.125.505	9.180.978	0,11	0,05

SM: salário mínimo.

1 - Considerando que os domicílios têm um veículo dos tipos que afirmam ter e que os domicílios com a maior renda têm 1,5 auto.

Fonte: IBGE (2009).

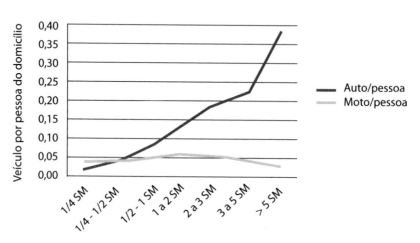

SM: salário mínimo.

Figura 3.17: Índice de motorização por pessoa do domicílio, por nível de renda.
Fonte: adaptada de IBGE (2009).

A OPERAÇÃO DA MOBILIDADE

4

O TRANSPORTE NÃO MOTORIZADO: A MOBILIDADE DESPREZADA

Andar nas cidades do Brasil

Caminhar sempre foi a forma universal de deslocamento das pessoas, mas os planos e projetos de transporte e trânsito historicamente ignoraram o ato de caminhar.

O deslocamento a pé é a forma mais importante usada pelos brasileiros e não é adequadamente registrada nas pesquisas. A Tabela 4.1 mostra que as pesquisas origem-destino indicam que andar é responsável por valores entre 30 e 38% dos deslocamentos das pessoas em cidades de grande variação da magnitude da população. No entanto, as pesquisas costumam registrar apenas os deslocamentos a pé superiores a 500 metros, perdendo o registro de uma quantidade muito grande de deslocamentos mais curtos. A tabela também mostra uma estimativa do valor real dos deslocamentos a pé, e conclui que eles sobem para valores entre 42 e 58% do total de deslocamentos feitos diariamente pelos moradores.

Tabela 4.1: Viagens a pé registradas e valor real em cidades selecionadas.

Cidade	População (milhões) na data do estudo	Viagens/dia (todos os modos) (mil)	Viagens a pé/dia				
			% do total na pesquisa	Viagens registradas (mil/dia)	Viagens não registradas[1,2] (mil/dia)	Total de viagens	% real do total
São Paulo, 2007	19,5	38.235	33,1	12.672	5.702	18.374	41,8
Rio de Janeiro, 2003	11,2	19.915	38,8	6.740	9.099	15.839	54,6
Campinas, 2003	1,00	1.546	30,2	467	630	1.097	50,4
Vitória, 2000	1,25	1.599	36,5	583	787	1.370	57,4
Santos, 2008	0,42	598	37,0	219	296	515	57,6

1: viagens com menos de 500 metros de extensão; índice de correção médio das pesquisas OD de Montevidéu e Bogotá (CAF, 2013), que mediram todos os deslocamentos a pé.

2: no caso de São Paulo, são registradas todas as viagens a pé por motivo de trabalho e escola, portanto, o índice de correção foi reduzido a um terço, para compensar o sub-registro de viagens por motivos de compras, saúde e lazer.

Fonte: CMSP (2008) – São Paulo; Oficina Consultores Associados(2003) – Rio de Janeiro; STM (2003) – Campinas; STM (2008) – Santos; Oficina Consultores Associados (2000) – Vitória.

Um problema adicional dessa forma de contagem das viagens a pé é que elas não registram os trechos feitos a pé para acessar outros modos de transporte, como o transporte coletivo (esses trechos ficam embutidos na contagem das viagens de transporte coletivo). Assim, os estudos de uso das vias públicas ficam prejudicados, porque mostram uma distância percorrida a pé que é muito inferior à distância real. Por exemplo, no caso da região metropolitana de São Paulo, eram feitas, em 2007, 13,9 milhões de viagens em transporte coletivo por dia (CMSP, 2008). Se assumirmos que cada viagem dessa inclui dois trechos a pé de 500 metros cada, as viagens em transporte coletivo requerem 1 km de caminhada, que resulta em 13,8 milhões de quilômetros andados pelas pessoas que o usaram. Se essa distância for somada à distância das viagens feitas exclusivamente a pé (12,6 milhões, com 1 km em média cada uma), então, a distância real percorrida a pé será de 26,4 milhões de quilômetros por dia; se as viagens a pé não registradas forem incluídas (5,7 milhões por dia, com 250 metros cada), a distância final percorrida a pé chegará a 27,8 milhões de quilômetros por dia, o que é mais do que o dobro inicialmente estimado.

Condições para andar nas cidades do Brasil

A primeira constatação da falta de prioridade para o ato de caminhar é a decisão de atribuir ao proprietário do lote a responsabilidade de cuidar das calçadas. Esta decisão expõe a realidade de que o ato de caminhar não é considerado um assunto público, mas privado. Consequentemente, toda a engenharia viária foi desenvolvida com atenção exclusiva à pista de rolamento dos veículos. Na zona rural brasileira, essa postura chega ao limite de pavimentar estradas de terra sem deixar nenhum espaço para pedestres e ciclistas. Conforme mencionado, as pesquisas de mobilidade das pessoas não contabilizam os deslocamentos curtos de pedestres, denotando o preconceito em relação a essa forma de deslocamento.

Nos projetos de transporte, a calçada não apenas é ignorada como não dispõe de método técnico para seu dimensionamento físico, de forma que seja compatível com o fluxo de pedestres. Ao contrário dos métodos de dimensionamento de vias de trânsito veicular – que se encontram às centenas na literatura técnica – os técnicos brasileiros não têm nenhuma forma de dimensionar a calçada para acomodar adequadamente o fluxo provável de pedestres[1]. Isso tem o beneplácito geral das pessoas, que, em sua maioria, aceitam a posição do pedestre como cidadão de segunda classe. A calçada é terra de ninguém e, portanto, ninguém precisa se preocupar com ela. Como corolário, não há nenhuma prefeitura no Brasil que tenha um mapa detalhado de suas calçadas, ao passo que a maioria tem um mapa das vias para os veículos.

No aspecto físico das calçadas, apesar do abandono do tema, grandes cidades brasileiras têm normas para sua construção. Em Curitiba, a construção de calçadas e a manutenção das áreas de passeio de imóveis particulares é da responsabilidade dos proprietários (Lei municipal n. 11.596/05) e não é permitida a existência de obstáculos, como degraus, rampas e desníveis que dificultem o livre trânsito de pedestres. No caso da maior cidade do país, São Paulo, um decreto de 1988 definia as condições de construção e permitia a existência de degraus. Isso só foi vetado em 2005, quando um novo decreto proibiu os degraus. Na prática, as cidades com topografia não plana são coalhadas de calçadas com degraus, obstáculos e desníveis de todo o tipo, que seguem a prioridade dada ao acesso de veículos ao lote. Nas áreas de topografia íngreme, caminhar é um desafio para todos os pedestres.

---

[1] Em 2009, ocorreu o primeiro estudo brasileiro que definiu a capacidade das calçadas em função da provável quantidade de pessoas que as usariam, como parte do esforço de entender a capacidade de suporte das vias e calçadas às mudanças no uso e na ocupação do solo. O estudo foi feito para a Secretaria de Transportes Metropolitanos de São Paulo (STM, 2009).

Nas cidades brasileiras, a maioria das calçadas tem condições inadequadas e inseguras para os pedestres. As universidades brasileiras e organizações não governamentais já produziram muitos estudos de avaliação da qualidade das calçadas. No caso de São Paulo, pesquisa feita pelo poder público mostrou que as pessoas identificavam como principais problemas para caminhar na cidade: a presença de camelôs, bancas de jornal, lixeira, postes, falta de espaço para acomodar os pedestres, estacionamento de veículos na calçada e existência de buracos, degraus e desnível (Malatesta 2007, p. 105).

O estudo detalhado realizado por Philip Gold (Gold, 2004, p. 2-4) em 117 quarteirões de cinco regiões da cidade de São Paulo mostrou dados impressionantes. Destacam-se as seguintes conclusões:

- Existe uma grande variedade de pisos em um mesmo quarteirão e lado de quadra: 61,5% dos casos apresentam três a quatro tipos diferentes de piso.
- Considerando 1,80 metros a largura adequada para a circulação confortável de dois pedestres caminhando em direções opostas, verificou-se que, embora as larguras médias sejam superiores a essa medida (salvo na região sul, que é de 1,25 m), em todas as regiões foram encontradas larguras muito inferiores ao mínimo recomendado.
- Foram encontrados 1.619 obstáculos, com uma média de 13,8 obstáculos por quarteirão e uma distância média entre obstáculos de 7,2 metros. Isso significa que, em média, não se pode andar nem dez passos sem encontrar um obstáculo nas calçadas incluídas na pesquisa. Os três tipos de obstáculo mais encontrados são buracos (567), degraus transversais (418) e ambulantes (119 ocupando espaço do passeio). Juntos, representam 73% da totalidade de obstáculos.
- Quase todos os quarteirões (96,6%) apresentaram rampas construídas irregularmente para acesso veicular aos lotes e que atravessam totalmente a calçada, quando deveriam estar inteiramente dentro dos terrenos, deixando as calçadas com a declividade transversal máxima permitida de 2%. Em muitos casos, a declividade da rampa cruzando a calçada é muito maior que o máximo permitido de 2%.

Em um estudo sobre calçadas de São Luiz no Maranhão, Aguiar (2003) usou seis metodologias distintas e concluiu que 74% dos trechos de calçada analisados estavam nos níveis D, E e F de qualidade (a mais baixa qualidade). Um estudo especial sobre o percurso dos pedestres até os pontos de parada de transporte coletivo (Passmore, 2007) também mostrou as grandes dificuldades dos pedestres em seu percurso, o que pode ser acrescentado ao rol de desestímulos estruturais para o uso do transporte coletivo no Brasil.

A pesquisa mais extensa sobre a qualidade das calçadas no Brasil foi realizada pela Organização Não Governamental Mobilize (Mobilize, 2012). A partir de um conjunto de atributos das calçadas definidos por especialistas, a pesquisa avaliou 228 locais em ruas e avenidas de 39 cidades do país. Em uma escala de 1 a 10, a avaliação chegou à nota média de 3,4. Embora a amostra não tenha sido determinada de forma científica, a grande variedade das situações avaliadas permite concluir que o estudo demonstrou a má qualidade das calçadas disponíveis aos pedestres. Analisando com mais detalhes os dados, observou-se que 70% das calçadas tiveram nota abaixo de 5, e que apenas 6% tiveram nota maior que 8, nas quais se incluem algumas avenidas à beira-mar.

Uma decorrência muito importante dessa precariedade é o nível de risco de queda dos pedestres. Dados obtidos em levantamento especial no Hospital das Clínicas de São Paulo (Ipea/ANTP, 2003) mostraram que, das 523 pessoas que deram entrada no pronto-socorro entre 28 de julho e 28 de agosto de 2001, 9,5% eram pedestres que haviam caído na calçada, situação que perdeu apenas para os atropelamentos de pedestres (20% do total). O mesmo estudo registrou, por meio de entrevistas domiciliares, que 9 em cada 1.000 habitantes da cidade haviam caído na calçada no ano anterior à entrevista, o que resultou em um número de 90 mil quedas anuais, a um custo hospitalar (2001) de R$ 2.500 por queda – o valor total em 2011 corresponderia a R$ 360 milhões por ano.

Outra forma eficaz de constatar a posição secundária do pedestre na engenharia de tráfego é analisar qual é a forma de sinalização a eles dedicada em cruzamentos com semáforos. A análise feita por Néspoli (2012) para os semáforos na cidade de São Paulo é clara a esse respeito. Analisando todas as combinações possíveis de sinalização em cruzamentos para pedestres e condutores de veículos, o autor mostra que os pedestres encontram 52 situações distintas, ao passo que os condutores de veículos encontram apenas 11. Pode ser acrescentado que a maioria absoluta dos cruzamentos com semáforos não tem focos dedicados a pedestres, que são obrigados a adivinhar quando podem realizar a travessia, aumentando muito o risco de atropelamento. Embora o autor aponte o fato de que a grande variedade das situações para os pedestres é uma consequência da diversidade de visão dos técnicos responsáveis pela sinalização (que recebem treinamento técnico diferente e estão sujeitos a formas distintas de pressão) é importante lembrar que muito da diversidade excessiva está ligada a um fato simples – os cruzamentos foram desenhados para condutores de veículos e não para pedestres, segundo a visão tradicional que privilegia os veículos e que está no cerne da engenharia de tráfego no Brasil desde seus primórdios.

Usar a bicicleta nas cidades do Brasil

A bicicleta esteve presente nas cidades brasileiras desde o final do século XIX, mas o primeiro modelo foi montado no Brasil em 1949, na empresa que depois viria a ser a maior fabricante do país, a Caloi (Geipot, 2001). Com o crescimento urbano do pós-guerra, a bicicleta se tornou muito popular, sendo intensamente utilizada. No entanto, ela demorou a entrar na agenda pública. O Código de Trânsito de 1966 deu tratamento muito modesto ao tema, limitado a definir que o ciclista deveria conduzir o veículo no lado direito da via. A bicicleta só viria a ter presença importante nas leis de trânsito com o CTB de 1997.

A bicicleta é usada em todas as cidades do Brasil e, culturalmente, faz parte da sociedade desde a infância. Essa existência onipresente não contou, no entanto, com apoio por parte das autoridades de trânsito. Os ciclistas, assim como os pedestres, sempre foram ignorados em suas necessidades de deslocamento, relegados a um plano secundário diante das opções motorizadas. Os ciclistas sofrem o mesmo tipo de preconceito que os pedestres, como cidadãos de segunda classe. Poucas cidades sabem quantas bicicletas nelas existem e para que são usadas. No trânsito, os ciclistas precisam abrir seu caminho nas vias entre veículos grandes que circulam em altas velocidades e experimentam grande perigo, de forma semelhante aos que usam a motocicleta.

O uso da bicicleta nas cidades do Brasil varia muito, desde casos em que não chega a 1% do total de deslocamentos (São Paulo e Campinas) a casos que atingem níveis mais altos, principalmente em cidades localizadas no sul do país (Joinville) ou junto ao mar (Santos, Praia Grande) (Tabela 4.2). O uso está muito condicionado ao tipo de sistema viário (topografia) e de trânsito (com mais ou menos veículos pesados e velocidade média maior ou menor praticada pelos veículos motorizados).

Um fato importante na história da bicicleta no Brasil é que sua inserção recente na agenda esteve mais ligada a seu uso para o lazer do que para o deslocamento ao trabalho ou à escola. Nesse sentido, foram muito importantes os passeios ciclísticos organizados na década de 1970, decorrentes de um movimento que passou a incentivar o exercício físico para a melhora da saúde das pessoas. O mais conhecido deles foi o Passeio Ciclístico Caloi da Primavera, realizado em São Paulo, no ano de 1974 (Geipot, 2001). Em decorrência desse

A OPERAÇÃO DA MOBILIDADE

103

Tabela 4.2: Viagens de bicicleta em cidades selecionadas.

Cidade	População (milhões) na data do estudo	Viagens/dia (mil)		
		Total	Bicicleta	% bicicleta
São Paulo, 2007	19,5	38.235	305	0,8
Rio de Janeiro, 2003	11,2	19.915	646	3,2
Campinas, 2003	1,50	1.546	13,5	0,9
Vitória, 2000	1,25	1.599	67,7	4,2
Santos, 2008	0,42	598	46,1	7,7
Praia Grande, 2008	0,24	260	65,5	25,2

Fontes: CMSP (2008) – São Paulo; STM (2003) e STM (2008) – Campinas, Santos e Praia Grande; STRJ (2003) – Rio de Janeiro; Oficina Consultores Associados (2000) – Vitória.

movimento, bem como das consequências do primeiro choque do petróleo, o governo federal publicou em 1976 o primeiro trabalho técnico sobre a bicicleta, denominado *Planejamento Cicloviário – Uma Política para as Bicicletas*. Em 1977, surgiu a primeira iniciativa de um planejamento sistemático no país voltado exclusivamente para as bicicletas – o Plano Cicloviário de Maceió – e, em 1978, na cidade de Belém, elaborou-se o primeiro projeto executivo brasileiro de engenharia para a implantação de uma ciclovia ao longo de uma rodovia, a PA-400. No mesmo ano, a cidade de Curitiba realizou levantamentos de dados sobre o uso da bicicleta na cidade, como base para a definição de ações.

Nesse contexto, o Geipot passou a apoiar planos e projetos em muitas cidades, e incorporou essas preocupações nos Estudos de Transportes Urbanos em Cidades de Porte Médio. Em 1992, São Paulo e Rio de Janeiro desenvolveram seus primeiros projetos de maior alcance. Embora o movimento tenha crescido muito, a natureza dos projetos de maior porte continuou a ser o uso para o lazer, ou seja, a bicicleta não foi inserida na agenda geral da mobilidade urbana.

O uso das vias

O código de 1997 exige que a circulação das bicicletas seja feita no leito viário, circulando do lado direito da via, junto ao meio-fio. O código também exige que os veículos motorizados mantenham distância mínima das bicicletas, e seus usuários estão formalmente classificados como vulneráveis, devendo receber a proteção dos usuários dos meios motorizados (assim como os pedestres). A prática de uso das vias no Brasil, marcada por desrespeito às regras de trânsito, colocou os ciclistas em situação de desvantagem. Disso decorre a tentativa de criar um espaço livre, na forma de faixas exclusivas. A procura dessas soluções é a prova de que usar a bicicleta na forma definida em lei é perigoso. Se a construção de faixas exclusivas para ônibus decorre da necessidade de aumentar a velocidade e a regularidade do serviço, a construção de ciclofaixas está associada à necessidade de garantir mais segurança para os ciclistas, dentro de um ambiente repleto de veículos de grande porte.

A análise da priorização da bicicleta na circulação mostra que, no caso do Brasil, ela não existe. Em um levantamento realizado em 60 cidades no ano de 1999 foi constatada a existência de 350 km de faixas ou áreas exclusivas ou preferenciais para a bicicleta (Geipot, 2001), valor muito reduzido em vista da extensão do sistema viário dessas cidades. Por outro lado, o levantamento identificou grande número de planos e projetos em andamento, comprovando que algum movimento importante ocorria. Havia 24 projetos prontos e 17 em andamento (26 cidades declararam não ter nenhuma ação em andamento). Outras conclusões importantes do estudo são que apenas o Rio de Janeiro tinha um órgão específico para tratar exclusivamente do tema, sendo a única cidade que tinha orçamento anual para implantar infraestrutura, melhorias e manutenção da rede instalada. Em relação ao tema da segurança do trânsito dos ciclistas, somente oito cidades tinham atuação no tratamento dos acidentes. Em 2003, a Associação Nacional de Transportes Públicos registrou a existência de 426 km de prioridade dentro dos 447 municípios com mais de 60 mil habitantes no país (ANTP, 2005). Essa infraestrutura de prioridade correspondia a apenas 0,15% do comprimento do sistema viário das cidades analisadas, revelando a falta de importância política da bicicleta como forma de transporte para a maioria das cidades.

O TRANSPORTE PÚBLICO URBANO: A MOBILIDADE ADMITIDA E ILUSÓRIA

O sistema urbano de ônibus

Condições gerais

As Figuras 4.1 e 4.2 mostram dados do mercado de ônibus no Brasil. A Figura 4.1 mostra que o licenciamento de ônibus no país (urbanos e rodoviários) passou por ciclos de grande crescimento (1972-77; 1986-89; 2000-11) e de estagnação ou queda (1979-85). A tendência histórica é de crescimento de 5,5% ao ano.

A Figura 4.2 mostra a frota existente de ônibus urbanos em regiões metropolitanas no período de 1974 a 1978, em que ocorreu aumento de veículos.

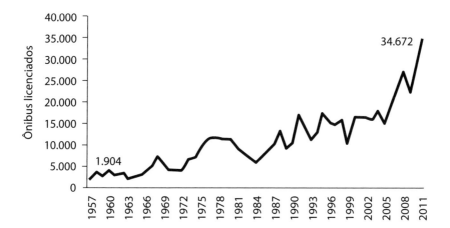

Figura 4.1: Licenciamento de ônibus no Brasil de 1957 a 2011.
Fonte: Anfavea (2009).

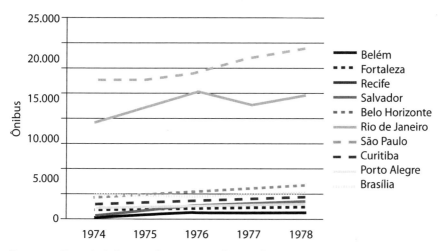

Figura 4.2: Frota de ônibus em áreas metropolitanas de 1974 a 1978.
Fonte: Geipot (1985).

Até o início da década de 1990, o uso do ônibus urbano cresceu na proporção da população urbana. Esse também foi o período no qual ocorreram as implantações da maioria dos corredores. A partir de 1990 e até o ano 2000, ocorreu uma redução no uso de ônibus urbanos em comparação ao crescimento da população urbana do país (Figura 4.3). Observa-se que, enquanto a população urbana aumenta continuamente, as vendas de ônibus urbanos passam a cair de forma acentuada.

Demanda e produtividade dos sistemas de ônibus

A Tabela 4.3 mostra que, em 1976, o ônibus era a forma dominante de transporte motorizado nas grandes cidades do Brasil, variando entre 54 e 71% de todos os deslocamentos.

Quando se analisa a participação do ônibus no mundo do transporte público, a Tabela 4.4 mostra que em 1976 ele atendia a 92% do total de viagens, seguido pelos trens (7%) e pelas barcas (1%).

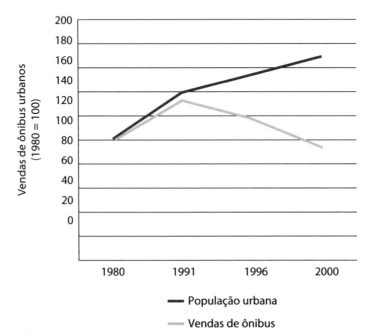

Figura 4.3: População urbana e venda de ônibus no Brasil (1980-2000).
Fontes: IBGE (2005) – população e Anfavea (2009) – vendas de veículos.

A OPERAÇÃO DA MOBILIDADE

Tabela 4.3: Uso dos meios de transporte motorizado nas metrópoles brasileiras em 1976.

Regiões metropolitanas	Ônibus	Auto (condutor e passageiro)	Trem	Táxi	Outros
Belém, 1978	56,7	29,4	-	9,9	4,0
Fortaleza, 1978	65,8	26,0	-	2,9	5,3
Recife, 1977	58,0	27,7	-	11,3	3,0
Salvador, 1976	61,8	27,8	1,1	4,2	5,1
Belo Horizonte, 1974	58,9	25,1	0,1	3,4	12,5
Rio de Janeiro, 1977	71,0	22,0	5,1	-	1,9
São Paulo, 1977	54,1	34,8	3,2	3,5	4,3

Fonte: Lamounier e Rodrigues (1982).

Tabela 4.4: Uso dos meios de transporte públicos nas metrópoles brasileiras em 1976.

Área metropolitana	Ônibus	Trens	Barcas	Total
Rio de Janeiro/Niterói	1.949.100	138.600	54.000	2.141.700
São Paulo	2.552.700	384.900	-	2.937.600
Belo Horizonte	509.700	2.100	-	510.000
Porto Alegre	402.900	-	6.000	408.900
Recife	348.000	3.000	3.600	354.600
Salvador	297.900	7.500	9.200	314.600
Curitiba	227.700	1.800	-	229.500
Fortaleza	176.400	1.800	-	178.200
Belém	170.100	-	1.500	171.600
Total	6.632.700	539.700	74.300	7.246.700
%	92	7	1	100

Fonte: Brasil (1979).

A atratividade ou utilidade dos ônibus é revelada na Tabela 4.5, que mostra que a quantidade de viagens em ônibus por habitante por dia em capitais de estados em 1979 variava de 0,45 a 0,76, sendo a média geral das capitais mostradas de 0,63 viagens por habitante diariamente.

Tabela 4.5: Passageiros por dia e por habitante em capitais e cidades médias (1979).

Capital	Mil pass./dia	Viagens diárias/hab.
Aracaju	294,5	0,65
Campo Grande	312,5	0,76
Cuiabá	260,6	0,62
Florianópolis	191,7	0,45
Goiânia	839,1	0,76
João Pessoa	371,1	0,63
Maceió	432,9	0,72
Manaus	608,1	0,69
Natal	528,7	0,76
Porto Velho	131,6	0,57
São Luís	400,0	0,59
Teresina	290,7	0,48
Vitória	536,6	0,57
Média		0,63

Fonte: Severo (1991).

A Tabela 4.6 mostra alguns índices de oferta e uso para um conjunto de grandes cidades. É possível ver que o índice de passageiros por quilômetro (IPK) era em média de 3,01, e que a oferta de ônibus era de 1 para cada 1.000 habitantes, caracterizando valores muito superiores aos verificados em 2012.

Tabela 4.6: Oferta e uso de ônibus em grandes cidades selecionadas (1979).

Áreas metropolitanas	Ônibus/mil hab.	Passageiros/km
Belém/PA	0,93	2,78
Fortaleza/CE	0,64	3,78
Salvador/BA	0,90	3,13
Belo Horizonte/MG	1,10	4,24
Rio de Janeiro/RJ	1,22	2,21
São Paulo/SP	1,04	2,38
Curitiba/PR	0,86	3,10
Porto Alegre/RS	1,35	2,68
Média	1,01	3,04

Fonte: ANTP (1981).

A OPERAÇÃO DA MOBILIDADE **109**

A queda da demanda a partir dos anos 1990

A demanda do transporte público por ônibus começou a experimentar uma queda acentuada no meio da década de 1990, após o primeiro ano do Plano Real. A Tabela 4.7 mostra que a demanda mensal caiu de 443 para 329 milhões de passageiros por dia entre 1994 e 2010.

Tabela 4.7: Dados operacionais dos sistemas de ônibus em áreas metropolitanas selecionadas (1994 a 2010).

Ano	Pass./mês (milhões)	km/mês (milhões)	Frota	IPK[1] (pass./km)	PVD[2] (pass./ veíc./dia)
1994	442,7	182,9	28.163	2,4	629
1995	473,7	191,6	30.937	2,5	612
1996	459,5	206,2	31.871	2,2	575
1997	451,6	216,8	31.534	2,1	562
1998	416,9	213,9	32.625	2,0	506
1999	367,8	210,9	32.857	1,7	449
2000	348,8	206,8	32.063	1,7	429
2001	337,4	207,6	30.794	1,6	419
2002	351,9	213,2	31.416	1,7	444
2003	308,5	189,8	28.493	1,6	410
2004	306,2	195,4	30.309	1,6	400
2005	308,6	194,1	30.036	1,6	407
2006	315,8	190,1	30.186	1,7	414
2007	341,7	195,3	29.272	1,7	439
2008	336,3	204,3	30.122	1,7	426
2009	331,4	209,4	32.673	1,6	402
2010	329,1	199,4	32.524	1,7	401

1: IPK: índice de passageiros/km.
2: PVD: índice de passageiros por veículo, por dia.
Cidades: São Paulo, Rio de Janeiro, Belo Horizonte, Recife, Porto Alegre, Salvador, Curitiba e Goiânia.
Fonte: NTU (2012).

Fixando a demanda de passageiros de 1994 na base 100, a Figura 4.4 mostra que a demanda nas capitais dos estados passou a cair de forma constante até atingir o patamar de 74, em 2010, representando uma perda bruta de 26% dos passageiros atendidos em 1994. Caso a demanda aumentasse a partir de 1996 no mesmo ritmo da população (2% ao ano) – mantendo sua posição no mercado da mobilidade – seriam transportados 637 milhões de passageiros por mês em 2010. Se compararmos esse valor com o valor real de 329 milhões de passageiros em 2010, concluiremos que a queda real da participação dos ônibus no mercado de transporte das pessoas foi de 48% no período.

É importante enfatizar que a frota aumentou 15%, e a produção quilométrica aumentou 9%, aumentando consequentemente o custo por passageiro transportado. A quantidade de passageiros transportados por cada veículo, por dia, diminui de 629 a 401, continuando um processo histórico de queda de produtividade e iniciando o uso de veículos de menor porte (micro-ônibus) que há muito tempo não eram usados.

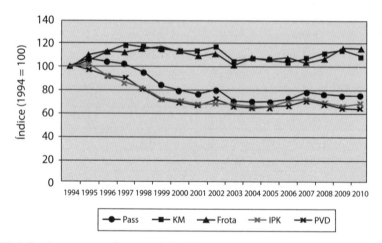

IPK: índice de passageiros/km; PVD: índice de passageiros por veículo, por dia.
Cidades: São Paulo, Rio de Janeiro, Belo Horizonte, Recife, Porto Alegre, Salvador, Curitiba e Goiânia.
Figura 4.4: Variação na demanda e na oferta de ônibus em capitais selecionadas no período de 1994 a 2010
Fonte: NTU (2012).

Antes da criação do vale-transporte em 1985 os usuários do transporte coletivo tinham grande dificuldade para pagar os custos das viagens. Com a universalização do vale-transporte a partir de 1987, uma grande parte dos usuários teve seus custos de transporte limitados a 6% dos seus salários. No entanto, o problema do custo permaneceu para os trabalhadores do mercado informal. No período entre maio de 2000 e maio de 2012, a tarifa de ônibus urbano cresceu

57% a mais do que o custo da gasolina e 60% a mais do que o IPCA, reduzindo mais ainda a atratividade do ônibus e o acesso a ele (Carvalho et al., 2013). Grande parte do problema veio do fato de que o preço do óleo diesel subiu em uma taxa 98% superior à da gasolina, mostrando claramente a visão do governo sobre a importância relativa do transporte individual frente ao coletivo.

AS CONDIÇÕES DE USO DOS ÔNIBUS

As condições de conforto dos ônibus brasileiros sempre foram precárias. Isso esteve relacionado ao padrão construtivo dos veículos e ao nível de vibração e ruído por eles produzido, assim como aos assentos para acomodação das pessoas. A superlotação dos veículos, especialmente nas periferias, é um fato que se repete há décadas e que muito contribuiu para o crescente descrédito nos serviços. Grande parte do problema sempre esteve relacionada aos entraves físicos para a circulação interna das pessoas, muitos deles resultantes da necessidade de controlar o pagamento das tarifas (caso da catraca e de outros equipamentos). Mais recentemente, a tentativa de produzir uma área com piso baixo criou escadas internas aos veículos, que prejudicam muito a circulação e o conforto dos passageiros. A Tabela 4.8 mostra os resultados de uma pesquisa feita em São Paulo em 1984. Considerando a ocupação máxima aceitável de 6,2 passageiros por m^2 (nível E) pode-se observar que 63,4% dos ônibus apresentavam ocupação superior, mos-

Tabela 4.8: Ocupação dos ônibus no horário de pico em São Paulo em 1984.

Nível de serviço	Passageiros em pé/m²	% frota (pico)
A	0,0	0,0
B	0,7	0,0
C	2,6	1,7
D	4,5	17,9
E	6,2	17,0
F	8,1	22,8
F1	10,0	35,3
F2	11,7	5,3
Média	7,9	100,0

Fonte: Freitas (1986).

trando condições extremamente desconfortáveis para a maioria dos usuários. Dados de 2011 sobre a ocupação dos ônibus na cidade de São Paulo mostram um valor médio de 7 passageiros/m^2 nos picos, o que é praticamente igual ao valor observado em 1984 e igualmente péssimo (nível F) (SPTrans, 2011).

O ônibus brasileiro é muito desconfortável, especialmente para os idosos ou as pessoas que carregam pesos, em razão da altura dos degraus de entrada e saída, que é de 40 centímetros. A partir de certa idade, muitos idosos não conseguem mais embarcar ou desembarcar dos ônibus, sendo excluídos de seu uso (Oliveira et al., 2012).

Os veículos nunca tiveram um sistema de sinalização adequado, seja para quem está fora, seja para quem está dentro do veículo. A pessoa que não conhece o sistema depende dos demais usuários ou do cobrador para descobrir que linha usar e em qual ponto descer. O mesmo acontece com os pontos de parada, que variam de "virtuais" (conhecido só pelo costume), a postes de madeira sem sinalização nem proteção para o usuário. Mapas das linhas que podem ser usadas permaneceram inexistentes por décadas, vindo a ser produzidas apenas depois da consolidação da informática, que barateou a oferta de informação pela internet.

A falta de prioridade na circulação dos ônibus

A circulação do ônibus no sistema viário comum é interrompida pela parada nos pontos e nos semáforos. Todavia, ela pode ser prejudicada também pelo estacionamento irregular junto ao meio-fio ou pelo congestionamento provocado por outros veículos, especialmente o automóvel, que é o mais numeroso no trânsito brasileiro. Essas dificuldades podem reduzir muito a velocidade dos ônibus, aumentando assim a frota necessária para realizar o serviço, com o consequente aumento dos custos de operação.

Uma forma clara de avaliar o que foi feito a esse respeito pelas políticas de transporte e trânsito no Brasil é estudar quais e quantas formas de prioridade para os ônibus foram implantadas nas cidades do país. A esse respeito, nossa história é variada e irregular, com períodos de alguma atenção para o problema e outros de ignorância do tema. O resultado final é claramente medíocre.

Antes da implantação de corredores físicos, o Brasil inovou criando uma forma organizada de circulação de ônibus em uma avenida. O projeto Comonor (Comboios de ônibus coordenados), idealizado por Pedro Szasz em São Paulo no ano de 1997 (Szasz, 1997), foi a primeira tentativa de ordenar a circulação de ônibus por meio do controle de sua entrada no corredor de forma coordenada com sua posição de parada nos pontos ao longo da via. Implantado na Avenida 9 de Julho, em um trecho de 4 km, cinco semáforos e seis pontos de parada, o projeto teve um impacto inicial muito favorável, aumentando a velocidade média dos ônibus de 10 para 18,5 km/h e reduzindo o tempo de percurso de 24 para 13 minutos. Por problemas operacionais e de coordenação, o sistema acabou sendo abandonado.

No tocante à implantação dos corredores físicos, torna-se claro que o período entre 1974 (primeiro corredor de Curitiba) e 1991 é aquele que concentra a maior quantidade de corredores (Figura 4.5). Após o surgimento em Curitiba, seguiram-se os casos de corredores em Porto Alegre, São Paulo e Belo Horizonte, entre 1977 e 1980. Entre 1985 e 1988, foram implantados corredores em Campinas, Goiânia, Recife, São Paulo e na área metropolitana de São Paulo (corredor ABD). Após 1991, houve um longo período sem novos corredores até que, em 1999 e 2001, foram feitos novo corredores em Manaus, Fortaleza e São Paulo (o projeto passa-rápido), o qual foi um dos maiores projetos da história dos corredores (embora sem as características de corredores completos, com ultrapassagem entre veículos). Posteriormente, apenas dois novos casos surgiram – o corredor da Avenida Perimetral de Porto Alegre em 2004, e a Linha Verde de Curitiba em 2009.

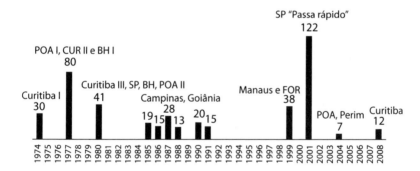

FOR: Fortaleza; POA: Porto Alegre.
Figura 4.5: Implantação de corredores de ônibus no Brasil.

A Figura 4.6 torna mais claro o ritmo descontinuado da implantação dos corredores de ônibus no Brasil.

A Tabela 4.9 e Figura 4.7 mostram a extensão dos corredores em 1997 e sua relação com o sistema viário das cidades. Observa-se pela tabela que os corredores (em sua totalidade) usavam apenas 0,7% do comprimento das vias das cidades. Considerando somente as vias nas quais os ônibus circulam, o valor é de apenas 4,4% do comprimento disponível. Esses valores tornam claro que no Brasil não há um grande sistema de prioridade ao transporte público por ônibus. A imagem transmitida pelo país no plano internacional pode se justificar apenas pelo caso de Curitiba.

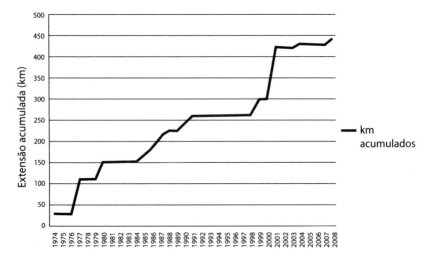

Figura 4.6: Corredores de ônibus no Brasil, extensão acumulada, de 1974 a 2009.

Tabela 4.9: Extensão dos corredores em relação ao sistema viário em 2007.

Cidade	Extensão (km)	% do sistema viário total	% das vias usadas pelo transporte público
Belo Horizonte	32	0,8	4,5
Campinas	18,8	0,8	4,6
Curitiba	72	1,7	9,8
Fortaleza	4	0,1	0,5
Goiânia	15	0,6	3,3
Manaus	34	1,0	5,7
Porto Alegre	46,5	1,5	8,5
Recife	10	0,3	1,7
Rio	15	0,2	1,0
SP (RMSP)	139,7	0,7	4,0
Total ou média	387	0,7	4,4

Fonte: ANTP (2008).

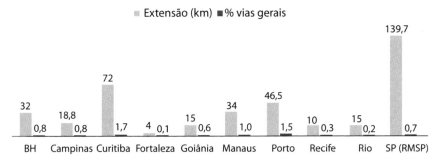

Figura 4.7: Corredores de ônibus existentes no Brasil em 2007.
Fonte: ANTP (2006).

O caso da região metropolitana de São Paulo

A região metropolitana de São Paulo (RMSP), a maior do Brasil, teve um histórico rico relativo aos corredores de ônibus, que, ao final, gerou impactos muito pequenos. Já na década de 1970, a crise do petróleo contaminou os planos gerais de transporte, gerando uma série de recomendações para a garantia da circulação prioritária dos ônibus. Em 1980, ocorreu a primeira implantação de um corredor relativamente curto (Paes de Barros), que fazia parte de uma infraestrutura mais ambiciosa, que nunca se concretizou. O processo passou por um momento importante, com a implantação, em 1988, do corredor do ABD, cruzando os municípios de São Paulo, São Bernardo do Campo, Santo André e Diadema, e que até hoje é um dos melhores do Brasil. Na mesma época (1987), foi inaugurado o corredor 9 de Julho - Santo Amaro, que gerou grande debate em função de seu possível impacto na deterioração do uso do solo lindeiro, tornando-se um exemplo negativo que esfriou o ânimo das autoridades para implantar novos corredores. No início dos anos 1990, a proposta de uma rede de corredores foi condicionada a que os proponentes (operadores) conseguissem recursos junto a instituições bancárias, ao mesmo tempo em que eram usados recursos públicos para a construção do túnel sob o Parque do Ibirapuera. Na falta de recursos, o projeto foi abandonado. Isso sinaliza com clareza a visão da elite: o investimento no sistema viário é considerado merecedor de recursos públicos — baseado no falso princípio de que o sistema viário é democrático, ao passo que o investimento no transporte público é um problema do mercado. Apenas na década de 2000 a prefeitura do município de São Paulo mudou a visão, implantando grande quantidade de corredores no projeto Interligado, mas que ficou limitado em seu potencial pela falta de espaço de ultrapassagem entre ônibus e de reorganização da oferta, levando a baixos níveis de produtividade. Pode-se concluir que a política pública de priorização do transporte por ônibus na região mostrou-se ao final extremamente tímida, limitada pela oposição das elites e da classe média usuária de automóvel, pela oposição dos operadores temerosos de queda em sua lucratividade e pela escassez de espaço físico para implantar esquemas de alta prioridade e qualidade para os ônibus.

Dentre as maiores cidades do país, o Rio de Janeiro é aquela que teve menos projetos de prioridade à circulação de ônibus. Muitos planos da década de 1970 propuseram os corredores, mas apenas um foi implantado em 11 de outubro de 1980, na Avenida Brasil, com 17 km de comprimento junto à mureta central, entre o trevo das margaridas (início da rodovia Presidente Dutra) e o Gasômetro. A faixa foi operada de forma precária, dada a ausência de recursos adequados. Formalmente, ela nunca foi desativada, mas na prática ela não existiu como infraestrutura eficaz. Na década de 2000, foi feita uma faixa dupla à direita da Avenida Nossa Senhora de Copacabana. Mais tarde (2010), essa faixa evoluiu para o projeto BRS (*Bus Rapid System*), que impôs controle rígido sobre a obediência à faixa, reprogramou a quantidade de ônibus e melhorou a sinalização, com resultados bons em termos de velocidade média dos ônibus. Ao final, pode-se concluir que o Rio de Janeiro permaneceu até hoje sem um projeto abrangente de preferência ao transporte coletivo, situação que poderá mudar com os investimentos em grandes corredores de ônibus para as Olimpíadas.

O transporte público "seletivo" por ônibus

Na experiência internacional da gestão do transporte público, existem muitos casos de organização de serviços especiais para grupos sociais de renda mais alta. Essa tentativa procura vencer as resistências dessas pessoas em usar o transporte público comum, oferecendo-lhes serviços com mais conforto e rapidez.

No caso do Brasil, há alguns casos de prestação desses serviços, com pouco êxito. A primeira experiência relevante ocorreu no Rio de Janeiro, em 1975, quando foram colocados em circulação ônibus mais confortáveis, com ar-condicionado, apelidados de frescões, nos quais os passageiros viajavam sentados, com garantia de lugar (Stiel, 2001). O sistema funcionou por muitos anos, mas sofreu grande desprestígio em função do aumento das tarifas e da queda da qualidade, tendo sido interrompido em 1983 (para retornar apenas na década de 2000). Outras grandes cidades também implantaram sistemas semelhantes a partir da experiência carioca – Salvador, Belo Horizonte, Recife e Porto Alegre – mas todos tiveram curta duração.

A cidade de São Paulo tem uma longa e frustrante experiência nessa área. A primeira tentativa foi feita em 1977, quando a empresa municipal de transportes coletivos (CMTC) começou a operar os ônibus executivos. Depois de anos de baixa demanda e serviços deficitários, com impacto nulo na demanda geral de transporte público, operadores privados foram convidados a assumir os serviços em 1992. Oito empresas começaram a operar 19 linhas com veículos sofisticados. Em meados de 1993, o novo sistema estava entrando em colapso e os operadores privados estavam pedindo socorro ao governo para continuar operando[2].

Essas experiências mostram claramente as dificuldades de substituição do automóvel como o modo mais eficiente de transporte para a classe média. Mas elas também mostram os defeitos de um enfoque limitado do problema. Na verdade, esses novos serviços privados apresentaram falhas de planejamento e *marketing*: houve pouca comunicação antecipada para os usuários potenciais; não foi desenvolvido nenhum esquema tarifário especial (por exemplo, venda de carnê semanal ou mensal com desconto); foram oferecidas poucas oportunidades de integração com outros modos (por exemplo, o metrô); e, finalmente, não foi assumido nenhum período de adaptação, o que é condizente com a expectativa de lucratividade de curto prazo da maioria do empresariado brasileiro. A partir da década de 2000, o único sistema que permaneceu operante foi o de micro-ônibus em Porto Alegre, com características mais simples que as das primeiras experiências relatadas.

O SISTEMA SOBRE TRILHOS

O transporte público sobre trilhos teve uma história muito diferente, pois, desde muitas décadas, ele passou totalmente ao controle do Estado. Assim, no lugar dos operadores privados, foram os construtores de infraestrutura e de veículos ferroviários – muitos deles com origem no exterior – que constituíram o lado privado da definição da política pública. Do lado governamental, tiveram papel importante o governo federal, proprietário da maioria dos sistemas, e governos locais, como o dos estados de São Paulo e do Rio de Janeiro.

Em nossa história, houve apenas dois grandes sistemas em operação: Rio de Janeiro e São Paulo. O sistema do Rio teve uma participação essencial no transporte das pessoas, notadamente na relação da Zona Norte com o centro da ci-

---

[2] O sistema estava servindo 16.842 passageiros por dia útil (0,2% do total de passageiros por ônibus na cidade), com um índice de 0,53 passageiros por quilômetro. Cada veículo estava servindo 118 passageiros por dia. Todas as linhas eram deficitárias e as receitas variavam de um máximo de 74% dos custos a um mínimo de 20% (ver Stiel, 2001).

dade. O sistema de São Paulo teve muitas linhas ligando o centro histórico a várias regiões da cidade, mas principalmente à Zona Leste. Além desses dois sistemas, outros menores se formaram. A Tabela 4.10 mostra que, em 1986, havia 410 km de linhas em operação. A grande maioria dos passageiros (95%) estava nas áreas de São Paulo e Rio de Janeiro.

Com o passar do tempo, apenas o sistema de São Paulo se firmou como relevante no contexto geral da mobilidade em sua região, pela expansão do metrô e a renovação do sistema de trens.

O sistema do Rio de Janeiro, que fora muito relevante nas décadas de 1950 a 1970, entrou em crise na segunda metade da década de 1980, da qual ainda não se recuperou. A demanda atingiu um máximo de 900 mil passageiros por dia em 1984, e decaiu para 166 mil em 1998, com grande parte dos passageiros migrando para os ônibus da região de influência. Em 1998, o sistema foi privatizado, passando a ser denominado Supervia. O projeto tecnologicamente mais avançado – o metrô – passou para o controle da iniciativa privada em 1998, chamando-se Opportrans. No final de 2008, o sistema sobre trilhos da RMRJ tinha 42 km de metrô e 236 km de vias de trens. O metrô transportava 350 mil passageiros por dia, com uma produtividade (passageiros/km/dia) igual à metade da verificada no metrô de São Paulo. Os trens estavam transportando 303 mil passageiros por dia, um terço do que haviam transportado em 1984.

Tabela 4.10: Sistemas metro-ferroviários no Brasil em 1986.

Empresa	Cidade/AM	Km de linhas	Frota	Passageiros (milhões)	Passageiros (% do total)
Metrô	São Paulo	29	558	379,3	35,8
Fepasa	São Paulo	63,9	312	86,9	8,2
CBTU	São Paulo	191	432	214	20,2
Metrô	Rio de Janeiro	35,6	92	105	9,9
CBTU	Rio de Janeiro	38	752	229	21,6
Trensurb	Porto Alegre	27	100	30,7	2,9
CBTU	Recife	13,3	40	11,6	1,1
CBTU	Belo Horizonte	12,5	36	2,6	0,2
Total		410,3	2.322	1.059,1	100,0

Fonte: ANTP (2008).

A indústria metroferroviária

A indústria metroferroviária tem características distintas da indústria de ônibus, em virtude da tecnologia empregada e seus desdobramentos. Na história dessa forma de transporte, foram os países europeus os que mais se desenvolveram, tendo influenciado diretamente o processo de produção dos equipamentos. Mais recentemente (década de 1990), a indústria asiática passou a competir no mercado internacional, alterando o quadro geral dos projetos.

No caso específico do Brasil, a indústria passou por vários ciclos de expansão e retração, ligados ao nível de investimento público no sistema sobre trilhos. A Figura 4.8 resume dados sobre a produção de carros de passageiros para uso urbano. Inicialmente, observa-se que a produção foi muito descontínua, resultante das grandes variações no apoio ao transporte urbano ferroviário no país. A média anual de produção foi de 140 carros, com 19 anos de produção inferior a 100 carros e com 8 anos de produção praticamente nula (abaixo de 30 carros), mostrando a grande vulnerabilidade da indústria nacional. Houve dois períodos de maior produção: entre 1979 e 1983, resultado de maiores investimentos nos sistemas das grandes cidades, e entre 2008 e 2010.

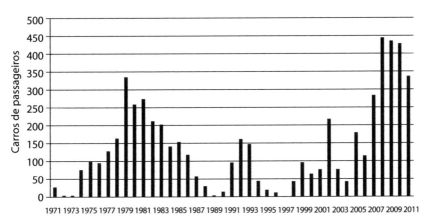

Figura 4.8: Produção nacional de carros de passageiros ferroviários.
Fonte: Abifer (www.abifer.org.br/estatísticas).

No campo institucional, a indústria passou a ser representada, em 1977, pela Associação Brasileira da Indústria Ferroviária (Abifer). Dentre seus objetivos estão apoiar o desenvolvimento da indústria nacional, incentivar estudos sobre o setor ferroviário e colaborar com órgãos públicos na definição de projetos e planos.

Condições atuais de operação

A avaliação dos sistemas metroferroviários contempla a situação atual dos sistemas disponíveis em doze municípios ou regiões metropolitanas: São Paulo, Rio de Janeiro, Recife, Porto Alegre, Belo Horizonte, Brasília, Maceió, Natal, Fortaleza, João Pessoa, Salvador e Brasília. Nessas regiões, atuam nove órgãos gestores que são responsáveis pela operacionalização dos sistemas, sendo a CBTU responsável por cinco sistemas da região nordeste, conforme apontado na Tabela 4.11.

Tabela 4.11: Características dos sistemas de transporte de passageiros sobre trilhos (2003).

Região metropolitana	Operadora	Extensão (Km)	Passageiro/ ano	Passageiro/km/ dia útil
São Paulo	Metrô-SP	57,6	506.616.958	29.318
	CPTM	251,2	284.877.625	3.780
Rio de Janeiro	Opportrans	35,6	113.382.589	10.616
	Supervia	227	71.965.670	1.057
Belo Horizonte	Metrô-BH	29,1	35.603.172	4.078
Porto Alegre	Trensurb	37,3	40.000.000	3.573
Recife	Metrorec/Centro	20,5	42.000.000	6.829
	Metrorec/Sul	31	550.000	59
Salvador	CBTU-Salvador	13,7	3.912.472	952
João Pessoa	CBTU-João Pessoa	30	1.988.300	221
Maceió	CBTU-Maceió	32,1	1.611.080	167
Natal	CBTU-Natal	56,2	2.261.689	134
Fortaleza	Metrofor	36	10.000.000	926
Total		857,3	1.114.769.555	4.334

Fontes: ANTP (2005) e CBTU (2007 a 2011).

Em 2003, os dez maiores sistemas totalizavam uma extensão em serviço de 857 km e transportaram o total de 1,1 bilhão de passageiros no ano, sendo 71% atendidos pelos sistemas da região metropolitana de São Paulo. Usando uma das medidas de produtividade, observa-se que o número de passageiros por km de linha, por dia útil, é de 29 mil no metrô de São Paulo (um dos sistemas mais carregados do mundo) e de apenas algumas centenas de passageiros na maioria dos subsistemas de CBTU, denotando produtividade baixíssima. Os sistemas de Salvador, Maceió, João Pessoa e Natal tinham uma demanda diária tão reduzida de passageiros que estes poderiam ser transportados por 10 a 20 ônibus. As condições estavam inalteradas até 2012, à excessão dos sistemas de São Paulo, que apresentaram aumento de infraestrutura e de demanda de passageiros..

A Figura 4.9 mostra graficamente a enorme disparidade na produtividade dos sistemas sobre trilhos no Brasil. Mostra também a lenta alteração do nível de oferta e de demanda. Entre 2003 e 2008, apenas o metrô do Rio de Janeiro apresentou uma alteração significativa em sua produtividade.

Desde a década de 1980 houve grandes investimentos na expansão e melhoria dos sistemas urbanos de trilhos, especialmente em São Paulo e no Rio de Janeiro. O maior financiador dos projetos foi o Banco Nacional de Desenvolvimento Econômico e Social (BNDES). A partir da primeira década dos anos 2000 o BNDES intensificou também o apoio aos sistemas integrados de ônibus, nos quais se incluíam os corredores com prioridade de circulação para os ôni-

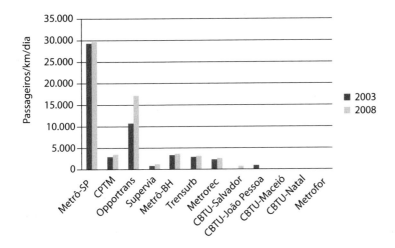

Figura 4.9: Produtividade dos sistemas sobre trilhos em 2003 e 2008.
Fonte: adaptada de ANTP (2005) e CBTU (2007 a 2011).

bus. O volume de recursos foi elevado, mas os resultados gerais no sentido de alterar a matriz de viagens a favor do transporte público foram tímidos. Apenas na RMSP a quantidade de passageiros no sistema sobre trilhos aumentou significativamente a partir do final dos anos 2000. Os novos corredores de ônibus não mudaram a matriz de viagens, embora isso possa ser creditado, em parte, à deficiência ou inadequação dos projetos. Deve-se enfatizar que, no mesmo período, o governo federal continuou a apoiar a indústria automobilística, ação que contou com a participação decisiva do BNDES e que ao final resultou em grande aumento da posse de automóveis e de motocicletas na sociedade brasileira.

A partir de 2004 o Ministério das Cidades instituiu o Programa Descentralização dos Sistemas de Transporte Ferroviário Urbano de Passageiros, focado nos sistemas ferroviários urbanos de passageiros que se encontram sob responsabilidade do Governo Federal. O programa envolve atividades de manutenção e operação dos sistemas, ações de apoio técnico e financeiro a projetos de construção, implantação, expansão e recuperação dos sistemas ferroviários e cumprimento de obrigações – legais e financeiras – decorrentes da transferência dos sistemas às autoridades estaduais ou municipais (IPEA, 2009). Dada a descentralização para os estados dos sistemas de São Paulo, Rio de Janeiro, Salvador e Fortaleza, o programa passou a se limitar aos sistemas de Belo Horizonte, João Pessoa, Maceió, Natal, Recife e Porto Alegre. O estudo do IPEA indica que apesar de o programa apresentar recursos materiais e infraestrutura adequados para a implantação, persistem problemas burocráticos e legais, além da baixa disponibilidade de recursos humanos de operacionalização dos sistemas, sendo que a execução financeira não tem sido acompanhada de maneira satisfatória pela execução física das obras. Acrescente-se que grande parte da dificuldade de encerrar o programa reside no fato de que alguns sistemas são inviáveis, pois não têm possibilidade de alcançar níveis satisfatórios de demanda.

Salvo nos casos de São Paulo e do Rio de Janeiro, as condições atuais do sistema ferroviário urbano mostram que existe um anacronismo na oferta e na demanda que são muito baixas na maioria dos casos. Isso decorre principalmente do tipo de desenvolvimento das cidades, que afastou os novos habitantes das áreas de influência do transporte sobre trilhos, tornando-o ocioso. Essa ociosidade requer subsídios elevados por parte do governo federal, que em 2011 foi de R$ 275 milhões (CBTU, 2011).

O TRANSPORTE RURAL: A MOBILIDADE NEGADA

A demanda do transporte de passageiros na zona rural depende de fatores semelhantes aos verificados na zona urbana. Dentre eles destacam-se a quantidade de pessoas, a renda média, a distribuição por idade, sexo e atividade e a localização dos equipamentos e serviços públicos que servem a essa população. Sendo o Brasil um país de renda média baixa – especialmente na zona rural – as condições socioeconômicas condicionam uma demanda reduzida por parte da maioria da população. No entanto, há demandas específicas, como a escolar, que apresentam valores significativamente elevados.

A princípio, a demanda pode ser separada entre os que moram no campo e os que moram na cidade e trabalham no campo. Dentre os que moram no campo, as principais demandas sistemáticas referem-se à viagem à escola e às viagens ocasionais à cidade para compras, visitas e serviços públicos (saúde, correio). Dentre os que moram na cidade, a principal demanda regular é a de trabalho no campo (boia-fria). No caso, não há dados para considerar a demanda de pessoas que moram nas cidades e vão ocasionalmente ao campo para visitar parentes. Não se considera também a demanda de deslocamentos para o trabalho dentro da zona rural, que se assume como resolvida por meios locais e individuais, principalmente a caminhada.

Quantitativamente, a demanda de transporte de passageiros na zona rural brasileira não está bem dimensionada. Um documento do Geipot (1995b) fez um trabalho pioneiro nesse sentido. De acordo com a Tabela 4.12, pode-se estimar que existia, em 1995, uma população de 26 milhões de pessoas que tinham necessidade de transporte relacionado à zona rural. Os motivos das viagens são variados, bem como suas frequências. Como não há levantamentos sobre o número de viagens, pode-se apenas estimar alguns valores, o que é feito nos itens seguintes.

Tabela 4.12: Pessoas envolvidas em atividades rurais e suas demandas de transporte no Brasil em 1991.

Local de moradia	Pessoas (milhões)	Demanda principal	Modos de transporte mais utilizados
Áreas rurais			
Adultos, acima de 14 anos	16,4	Viagens ocasionais à cidade ou vila[1]	A pé, bicicleta, trator, ônibus
Crianças entre 6 e 14 anos	6,8	Viagens diárias à escola rural ou urbana	A pé, bicicleta, trator, ônibus
Áreas urbanas			
Trabalhadores boias-frias	2,7	Viagens diárias ao campo	Caminhões adaptados[2] ou ônibus
Total	25,9		

1: Saúde, compras, visitas, correio.
2: Caminhões de boias-frias.
Fonte: adaptada de Geipot (1995b).

A demanda para o trabalho

A principal demanda de viagens para o trabalho refere-se aos boias-frias. Esse contingente populacional mudou do campo para a cidade e viaja diariamente para o campo, transportado em veículos improvisados (caminhões), em veículos adaptados (caminhões com cabinas metálicas) ou ônibus. Em todos os casos, o transporte é privado, sendo contratado pelos empregadores junto a agenciadores de mão de obra ou a empresas de transporte (no caso dos ônibus). As viagens ocorrem normalmente em 6 dias da semana, no período de atividades agrícolas, que depende de cada região. Embora não haja dados detalhados, sabe-se que a maior parte dos trabalhadores nessas condições não encontra trabalho o ano inteiro, o que reduz a demanda diária média.

A demanda para a escola

A população rural frequenta escolas localizadas na zona rural ou nas vilas e cidades próximas. A população que efetivamente frequenta as escolas rurais abarca uma faixa etária ampla, uma vez que é grande o índice de repetência. Assim, a população rural em idade escolar efetiva é maior do que a encontrada nas cidades. Apesar dessas dificuldades, uma aproximação pode ser feita a partir do número de alunos matriculados na zona rural em 1985: o país tinha cerca de 145 mil escolas rurais com 5,6 milhões de estudantes (Brasil, 1985), podendo-se afirmar que a maior parte das viagens era feita a pé ou de bicicleta.

Os professores também enfrentam grandes problemas para chegar diariamente às escolas. A maioria não recebe auxílio financeiro. Em algumas regiões, os professores moram no campo durante a semana, para evitar longos percursos diários, mas na maioria dos casos isso é inevitável. O mesmo ocorre com os supervisores escolares. No caso de São Paulo, os professores começaram a receber auxílio financeiro no final da década de 1980. Em duas cidades do interior do estado – Araraquara e Taubaté – os professores gastavam, em média, 20% de seus salários com o transporte até a escola, sendo que muitos gastavam mais do que 50% (Vasconcellos, 1985 e 1998). Dada a falta de meios públicos de transporte, a carona programada é expediente muito comum, por meio da qual os professores que possuem automóveis alternam-se no uso do veículo.

Com relação à oferta de meios específicos de transporte escolar, alguns estados brasileiros já contavam com serviços regulares na década de 1990, principalmente os estados do sul e de São Paulo. Neste último, operava o maior sistema, pelo qual 85% dos municípios transportavam cerca de 180 mil crianças rurais diariamente. No entanto, muitas crianças – e a maioria dos estados – não tinham meios regulares e confiáveis de transporte até a escola até o início da década de 2000.

A questão política

A garantia de acesso da população rural às atividades essenciais depende, em grande parte, da oferta de meios de transporte. Essa oferta, em um ambiente de baixa renda e reduzida atividade econômica, depende por sua vez de apoio operacional e financeiro, requerendo subsídios em algumas situações, como é o caso da maioria dos países da Europa.

No caso do acesso à escola, a garantia de transporte depende da aceitação política do direito efetivo a este acesso: a escola distante não existe, é apenas virtual e só a garantia do transporte pode fazer valer a garantia constitucional ao direito à educação. Nesse sentido, o transporte escolar deve ser entendido como parte integrante do sistema educacional, do próprio direito à escolarização previsto na Constituição, e não apenas como auxílio suplementar ao educando. Essa visão limitada acaba dificultando a exigência de investimentos claros para a manutenção do transporte, ao contrário do que ocorre, por exemplo, nos Estados Unidos, que operam gratuitamente o maior sistema de transporte escolar do mundo, que transportava 25 milhões de estudantes por dia em 2005 (U.S. Department of Education, 2008).

Em 1988, durante a preparação da nova Constituição do Brasil, foi apresentada uma proposta para garantir o transporte escolar das crianças residentes em áreas rurais, quando não houvesse escola nas proximidades. A proposta lembrava que o direito à educação não se concretiza quando a criança não consegue chegar à escola. A proposição, no entanto, foi rejeitada pelos constituintes sob a alegação de que os representantes dos educadores não queriam que o recurso de sustentação das escolas passasse a incluir o transporte escolar e prejudicasse a cobertura dos custos tradicionais[3].

Apenas em 1994 o governo federal deu o primeiro passo para o reconhecimento do direito ao transporte, ao instituir um programa específico: a portaria 955 do Ministério de Educação e Desporto (21/06/1994) criou o Programa Nacional de Transporte Escolar (PNTE), que previa o atendimento prioritário de demandas de transporte escolar na zona rural. Finalmente, é importante lembrar que a baixa organização política da população rural, aliada ao contínuo processo de urbanização, reforça o isolamento do campo, que assim perde terreno nas disputas políticas com as áreas urbanas: são poucos os políticos que se dedicam diretamente aos interesses da população rural.

A questão organizacional

O segundo ponto relevante diz respeito à responsabilidade pelo planejamento do transporte rural. Em todos os casos, a responsabilidade é pública, mas apresenta diferenças importantes. No caso do transporte dos boias-frias, ela tem se limitado à definição de condições mínimas para os veículos, por meio do Código Nacional de Trânsito, eximindo o governo de outras responsabilidades. Esse tipo de posicionamento – a não política – jogou para o mercado a decisão sobre como e quando ofertar o transporte, com consequências negativas para os usuários: dada a dificuldade de representação política e a precariedade do mercado de trabalho, esse segmento populacional sempre esteve submetido a condi-

---

[3] A proposta foi apresentada por Eduardo Alcântara de Vasconcellos para os deputados federais Fabio Feldman (PMDB) e Florestan Fernandes (PT), que a aceitaram e a encaminharam para discussão.

A OPERAÇÃO DA MOBILIDADE **127**

ções precárias de transporte, e apenas a partir dos anos 1990 começaram os movimentos organizados para reivindicar melhores condições.

No caso do transporte escolar, o planejamento envolve órgãos de duas esferas públicas: transporte e educação. O transporte está naturalmente sob o controle municipal, por força da Constituição, mas a educação está relacionada aos três níveis de governo. Assim, além das dificuldades de separação de tarefas entre as duas áreas, existem as dificuldades de definição de atribuições entre os três níveis de governo. Na prática, o órgão municipal responsável pelo transporte precisa relacionar-se com os órgãos públicos responsáveis pela educação – dependendo da jurisdição sobre as escolas rurais – e, nos aspectos financeiros, pode precisar relacionar-se com autoridades federais. No aspecto operacional, o relacionamento é essencial para definir as características do sistema de transporte escolar, diante da rede de vias e da rede de escolas disponíveis aos alunos de zona rural.

A questão financeira

Com respeito ao problema financeiro, duas questões são relevantes: a fonte dos recursos e o ressarcimento das despesas.

No caso do transporte de boias-frias, seu custo está incluído no contrato feito entre o empregador e o agenciador de trabalhadores, não sendo cobrado do usuário. Sob o ponto de vista estritamente financeiro, portanto, não há motivos para mudança nos procedimentos por parte do governo. Já no caso do transporte regular, a questão é complexa. Dada a fragilidade do mercado rural, o transporte regular é de difícil sustentação, havendo uma tendência a negar os pedidos de criação de linhas. Quando essas tendências existem, a forma mais comum de financiamento se dá por meio de subsídios cruzados, em que as linhas do sistema urbano sustentam as linhas rurais de menor demanda, como se fossem linhas urbanas periféricas de baixo índice de passageiros por quilômetro (IPK).

No caso do transporte escolar, os recursos vêm do poder público ou do sistema educacional. Quanto ao poder público, os recursos saem diretamente do orçamento municipal, como no caso do estado de São Paulo. Quanto ao sistema educacional, a fonte de recursos provém principalmente do salário-educação, recolhido pelo governo federal e distribuído às secretarias estaduais de educação segundo critérios progressivos (cotas maiores para estados mais pobres). A maioria dos recursos é utilizada para construção de escolas, aquisição de merenda e pagamento de salário de professores; já as verbas destinadas ao transporte escolar no âmbito nacional sempre foram ínfimas. Como a maioria dos estados não tem muitos recursos próprios, o financiamento local do transporte escolar é muito difícil. No maior sistema de transporte escolar rural do país, em São Paulo, o governo estadual cobria, em 1990, cerca de 25% dos custos declarados das prefeituras, representando apenas 0,3% das despesas estaduais com educação (Vasconcellos, 1985): nos Estados Unidos, o transporte escolar é universal e gratuito, e seus custos correspondem a cerca de 3% do orçamento educacional.

A alternativa de mudança na utilização dos recursos tradicionais da educação tem se mostrado difícil: os professores reagem à transferência de recursos para o transporte escolar por temerem que isso prejudique seu pagamento. Assim, a maioria das pessoas acaba reforçando a ideia de que o transporte escolar é apenas um auxílio ao educando, a ser dado depois que todas as demais demandas estiveram satisfeitas.

A SEGURANÇA NO TRANSPORTE

O principal problema do transporte do boia-fria é a insegurança, causada pela precariedade dos veículos e pela circulação sob condições inadequadas. Por causa da superlotação de muitos veículos, os acidentes normalmente têm alto índice de letalidade (Alves, 1986). A segurança no transporte de escolares é também de crucial importância. Ela depende de vários fatores, dentre os quais os mais importantes são o motorista, o veículo e as vias pelas quais ele circula. No caso de serviços especializados, os motoristas exercem papel fundamental no transporte tanto operacional quanto socialmente. Eles normalmente são recrutados no mercado local e têm laços com a comunidade, o que ajuda no estímulo ao comportamento adequado no trânsito. Entretanto, muitos motoristas não recebem treinamento e podem comportar-se de maneira insegura, mesmo involuntariamente. Isso acontece, por exemplo, quando estradas rurais são pavimentadas e são usadas pelos motoristas sem o treinamento adequado.

O abandono das crianças e jovens rurais

A ausência de transporte, de escolas ou de ambos contribuiu para que dezenas de milhões de crianças e jovens não tivessem acesso adequado à educação. O contingente exato de pessoas que sofreu essa discriminação é impossível de calcular, mas é possível fazer uma estimativa a partir dos dados de população nas áreas rurais do país no período entre 1950 e 2000. A população rural do Brasil passou de 33 milhões em 1950, a 42 milhões em 1970 (máximo histórico), e desde então declinou até 32 milhões em 2000 (dados do IBGE). A população na idade escolar (ensino fundamental), considerada como aquela entre 7 e 14 anos de idade, corresponde a valores que variaram de 26% da população em 1950, a 20% em 2000. Aplicando as percentagens de cada década aos valores anuais iniciais de população rural de cada década do período de 1950 a 2000, chega-se a uma população em idade escolar que começa com 6,7 milhões em 1950, e chega a 5,2 milhões em 2000. A soma dos contingentes em idade escolar no início de cada década atinge 38 milhões de pessoas. Isso significa que, no mínimo, 38 milhões de crianças e jovens rurais enfrentaram grande dificuldade de acesso à educação no período, o que formou um dos maiores contingentes de brasileiros que foram discriminados em seu direito à educação. Esse foi um dos piores legados do processo iníquo de desenvolvimento no país, com profundas consequências negativas que perduram até hoje[4].

O AUTOMÓVEL: A MOBILIDADE INCENTIVADA, PROTEGIDA E ADULADA

Ocupação do território

A primeira consequência de um sistema de mobilidade baseado no automóvel é a grande ocupação do território, pois o sistema viário desenhado para o automóvel precisa ser largo para permitir a circulação dos veículos. Um sistema ortogonal de vias, com quarteirões de 100 m de largura, ocupará, no mínimo, 20% do território urbano. Se considerarmos a área necessária para guardar os veículos, a ocupação aumenta ainda mais. Quando, como no caso do Brasil, se entende (erroneamente) que a via também deve acomodar veículos estacionados – o que é uma forma de subsídio a seus proprietários – as vias tornam-se mais largas ainda.

Esse modelo faz a área urbana expandir-se cada vez mais, aumentando os custos de implantação de sistemas de vias, de drenagem e de coleta de esgotos. As viagens tornam-se mais longas, com maior consumo de tempo de desloca-

---

[4] O número de crianças frequentando as últimas quatro séries correspondia a apenas 4,4% das crianças frequentando as primeiras quatro séries. Nas áreas urbanas, a proporção era de 50%, mostrando que as condições urbanas parecem ser muito melhores: as crianças rurais estudam em média 2,6 anos, ao passo que as urbanas estudam 4,5 anos.

mento e de energia, e maior emissão de poluentes. A produtividade do transporte coletivo cai, aumentando seus custos de operação e consequentemente o valor da tarifa a ser cobrada do usuário. Se uma cidade de 500 mil habitantes aumentasse sua densidade demográfica de 100 para 200 habitantes por km², a tarifa de seu sistema de ônibus cairia a 60% da original, porque os ônibus percorreriam distâncias menores e transportariam mais pessoas, com grande economia para os usuários (Figura 4.10). O transporte público das grandes cidades europeias tem essas características, ao contrário das cidades norte-americanas, que têm baixíssima densidade populacional.

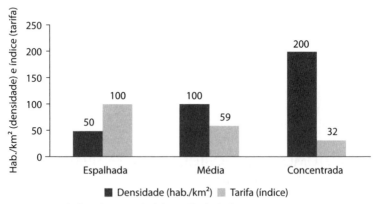

Figura 4.10: Densidade urbana e nível da tarifa de ônibus.
Fonte: Ferraz et al. (1991).

O uso do espaço das vias

O espaço ocupado por uma pessoa ao circular na via pública depende do modo de transporte, sua velocidade e o tempo que permanece parado, no caso de um veículo particular. Em um nível mais microscópico, ligado ao espaço das vias, o excesso de utilização do automóvel cristaliza um consumo extremamente desigual do espaço para circulação. Um automóvel médio necessita de 40 a 50 m² para circular entre 25 e 30 km/h em uma cidade com vias e semáforos. Como ele normalmente transporta uma ou no máximo duas pessoas, o consumo individual de espaço viário é cerca de dez vezes maior que o consumo das pessoas que usam ônibus, o que levanta uma séria questão de equidade no uso do bem público.

A Tabela 4.13 mostra o consumo médio (bruto) de espaço pelos ônibus e pelos automóveis nas principais vias de grandes cidades do Brasil. Pode-se observar que os automóveis ocupam entre 70 e 91% da área das vias, restando pouco para os ônibus, que transportam mais pessoas. No caso dessa pesquisa, a ocupação média dos automóveis era de 1,5 pessoa e a dos ônibus era de 38 pessoas, o que significa que o usuário de automóvel estava consumindo doze vezes mais espaço do que o usuário de ônibus (assumindo que o ônibus ocupa o dobro de espaço de um automóvel). Esse padrão de iniquidade no uso do espaço se multiplica infinitamente nas vias de todas as cidades do Brasil.

Tabela 4.13: Espaço viário ocupado por automóveis e ônibus nas principais vias.

| Cidade | Espaço ocupado (% da área das vias) | | | | | |
| | Pico manhã | | Pico tarde | | Média | |
	Automóvel	Ônibus	Automóvel	Ônibus	Automóvel	Ônibus
Belo Horizonte	76	24	79	22	77	23
Brasília	89	11	93	8	91	10
Campinas	86	14	88	12	87	13
Curitiba	78	22	80	20	79	21
Porto Alegre	69	31	70	30	70	30
Recife	84	16	85	15	85	15
Rio de Janeiro	74	26	74	26	74	26
São Paulo	88	12	88	12	88	12

Fonte: Ipea/ANTP (1998).

O uso do espaço pelos grupos sociais

O uso das vias é muito dependente das características sociais e econômicas das pessoas. À medida que a renda familiar cresce, a mobilidade pessoal também cresce. Além disso, pessoas de maior poder aquisitivo usam mais o automóvel. Quando as distâncias percorridas pela família em um dia – o orçamento de espaço – são computadas para vários níveis de renda, grandes diferenças aparecem entre as famílias. No caso do transporte público, as distâncias aumentam até o quarto estrato de renda e depois caem. No caso do automóvel, as distâncias aumentam com a renda sempre. Quando todos os modos são considerados conjuntamente, os valores totais aumentam com a renda: a razão entre o nível mais baixo e o mais alto de renda é de cerca de 1:4. Quando as distâncias lineares são multiplicadas pelo consumo de espaço individual específico de cada modo (m²), as diferenças entre os estratos de renda ficam ainda mais claras. Considerando que um ônibus tem uma sombra de 2,5 x 12 metros (30 m²) e que sua ocupação média ao longo do dia seja de 30 passageiros, o espaço médio usado por um passageiro é de 1 m². Considerando que o automóvel tenha uma sombra de 2 x 5 metros (10 m²), com uma ocupação média de 1,5 passageiro, a área média ocupada por pessoa é de 6,7 m². Quando essas áreas individuais são multiplicadas pelas distâncias lineares percorridas por dia por pessoa, observa-se que a razão entre os níveis de renda mais alto e mais baixo é de 1:10 (Tabela 4.14 e Figura 4.11). Isso significa que uma família de renda mais alta consome dez vezes mais espaço viário por dia que uma família de renda mais baixa, sem considerar o espaço necessário para estacionar e as diferenças no consumo do espaço que resultam de diferentes velocidades entre os veículos. Essa diferença mostra que o consumo efetivo das vias é altamente influenciado pela renda e pelo modo de transporte. A conclusão mais importante para efeito de políticas públicas é que o patrimônio público representado pelas vias não é distribuído igualmente entre as pessoas e que, portanto, tratar os investimentos no sistema viário como democráticos e equitativos é um mito – na verdade, o mais poderoso mito que é operado para justificar a expansão indiscriminada do sistema viário.

Tabela 4.14: Orçamentos de espaço por nível de renda em São Paulo em 1997.

Renda familiar mensal (R$)	Distâncias lineares diárias (km)			Distâncias dinâmicas diárias (km x m²)			
	Público	Individual	Total	Público	Individual	Total	Relação
< 250	10,4	3,2	13,6	10,4	21,4	31,8	1
250-500	19,5	5,5	25	19,5	36,9	56,4	1,8
500-1.000	26,9	10,2	37,1	26,9	68,3	95,2	3,0
1.000-1.800	31,3	18,6	49,9	31,3	125	156	4,9
1.800-3.600	25,5	29,9	55,4	25,5	200	226	7,1
>3.600	15,8	45	60,8	15,8	302	317	10,0

Fonte: adaptada de CMSP (1998).

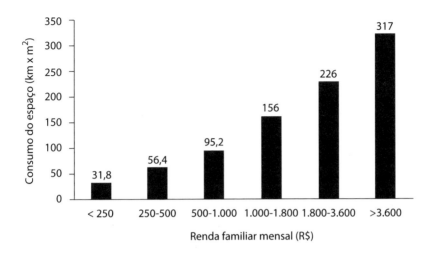

Figura 4.11: Orçamento de espaço dinâmico por dia e renda em São Paulo em 1997.
Fonte: adaptada de CMSP (1998).

Estacionamento gratuito nas vias

O automóvel é um grande consumidor do espaço viário quando é deixado estacionado ao longo das vias. O motivo da construção das vias é sua essencialidade para permitir a circulação de pessoas – sem elas, ninguém poderia mover-se. No entanto, liberar as vias para o estacionamento de veículos não é essencial, porque isso poderia ser feito usando espaços privados. Assim, liberar esse espaço gratuitamente é uma forma clara de subsídio, que permite que uma parte das pessoas usufrua gratuita e desproporcionalmente desse equipamento público.

A análise do caso da RMSP mostra dados relevantes a esse respeito (Tabela 4.15). Observa-se, pela tabela, que, das 3,59 milhões de viagens de condutor de automóvel realizadas diariamente na região em 2007, apenas 359 mil (10%) precisam pagar para estacionar. Nesse caso específico, 1,49 milhões de viagens terminaram com o veículo estacionando gratuitamente no meio fio.

A Tabela 4.16 mostra as estimativas do custo adicional para a sociedade relacionado ao estacionamento gratuito nas vias. Caso os motoristas precisassem pagar para estacionar (preço médio de R$ 10), o custo diário seria de R$ 15 milhões, levando a um custo anual (dias úteis) de R$ 3,77 bilhões, que representa a parte principal desse subsídio dado aos usuários de automóvel. A segunda parte do subsídio é o custo de manter essa área das vias. Essa área tem um custo de construção de R$ 1,46 bilhão e um custo anual de manutenção de R$ 29,2 milhões.

Tabela 4.15: Viagens realizadas em automóvel por condição de pagamento de estacionamento na RMSP em 2007.

Tipo de estacionamento	Viagens de auto/dia[1]			
	Pago	Grátis	Total	% total
Zona azul e marrom	39.612		39.612	1,1
Patrocinado		1.732.074	1.732.074	48,3
Meio-fio		1.494.762	1.494.762	41,7
Pago avulso	141.899		141.899	4,0
Pago mensal	177.940		177.940	5,0
Total	359.451	3.226.836	3.586.286	100,0
% do total	10,0	90,0	100,0	

1: considerando viagens de condutor de auto.
Fonte: CMSP (2008).

Tabela 4.16: Subsídios ao estacionamento gratuito de automóveis nas vias na RMSP em 2007.

Custo adicional	R$/ano
Estacionamento grátis[1]	3.736.904.085
Manutenção de vias[2,3]	31.729.319
Total	3.768.633.403

1: assumindo custo de R$ 10 por estacionamento, que seria pago nos estacionamentos privados.
2: assumindo gasto anual de 2% do custo de construção da área de via dedicada ao estacionamento (vaga de 6 x 2,5 metros).
3: assumindo que cada vaga é usada duas vezes, reduzindo à metade a área total necessária aos veículos.
Fonte: baseada em CMSP (2008).

A MOTOCICLETA: A MOBILIDADE APOIADA E FORJADA

Motocicletas e risco

A elevada periculosidade da motocicleta é atestada por dezenas de estudos internacionais (WHO, 2004; GTZ, 2009). Dois estudos especiais estão resumidos na Tabela 4.17. Eles mostram que a probabilidade de sofrer lesões no trânsito usando motocicleta é 30 vezes maior do que usando um automóvel, e 90 vezes maior do que usando um ônibus. Já a probabilidade de morrer em decorrência do acidente usando motocicleta é 20 vezes maior que usando automóvel e 200 vezes maior do que usando ônibus. Embora os dados se refiram a países europeus, a evidência da enorme periculosidade da motocicleta fala por si só.

Tabela 4.17: Risco relativo de lesão no trânsito por modo de transporte.

Modo de transporte	Risco relativo	
	Sofrer lesão[1]	Ir a óbito[2]
Ônibus	0,26	0,1
Automóvel	1,0	1,0
A pé	6,9	9,1
Bicicleta	8,9	7,7
Motocicleta/motoneta	29,8	19,7

Fontes: (1) Elvik e Truls (2004); (2) Koornstra et al. (2002).

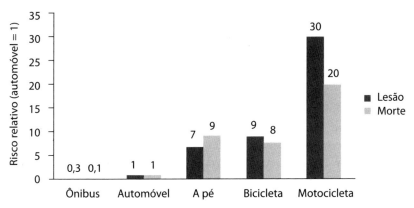

Figura 4.12: Risco relativo de lesão ou morte por tipo de transporte.
Fontes: Elvik e Truls (2004); Koornstra et al. (2002).

Estudos que vêm sendo feitos no Brasil há duas décadas comprovam que a motocicleta produz uma quantidade de feridos por acidente muito superior a outros veículos, e que os ferimentos infligidos a seus ocupantes (assim como aos pedestres atropelados) são muito mais graves do que aqueles infligidos, por exemplo, aos ocupantes de automóveis envolvidos em acidentes (Koizumi, 1992). Em pesquisa realizada em 2002, foi constatado que 7% dos acidentes de automóvel causavam vítimas de algum tipo, valor que subia para 71% no caso das motocicletas. Por essa característica, o custo médio de um acidente com motocicleta foi 53% superior ao custo médio do acidente com automóvel (Ipea/ANTP, 2003).

Ao contrário do que ocorreu nos países asiáticos, nos quais a motocicleta faz parte do trânsito há mais de 50 anos e, em muitos casos, é o veículo motorizado mais utilizado, no Brasil ele era desconhecido da maioria da população até os anos 1990. Historicamente, o ambiente de trânsito no Brasil foi formado por pedestres, ciclistas, caminhões e ônibus, a ele tendo sido agregado o automóvel a partir da década de 1930 (acentuando-se a partir da década de 1960). Quando a motocicleta chegou, nos anos 1990, ela precisou abrir seu espaço no trânsito. Combatida pelos usuários de automóvel, os motociclistas – especialmente os motoboys – criaram uma identidade de grupo, de natureza antropológica. Este grupo passou a usar a solidariedade interna como fator de coesão e de defesa do que considerava uma ameaça à sua participação no trânsito. Desse fenômeno decorre o comportamento agressivo contra os automóveis que invadem seu espaço e contra motoristas que se envolvem em acidentes com motociclistas, gerando com frequência reações de agressão física. Como a maioria dos motociclistas da primeira fase nunca havia dirigido um automóvel, sua compreensão das limitações de visibilidade enfrentadas pelos motoristas era limitada, aumentando mais ainda seu risco na circulação.

No caso específico do Brasil, dois estudos mostraram a gravidade do problema de intervisibilidade de condutores de motocicletas e condutores de automóveis e caminhões.

Seraphim (2002) analisou o posicionamento e a característica construtiva dos espelhos retrovisores dos automóveis, em relação à capacidade de visão de seu condutor em relação à aproximação de uma motocicleta. O estudo mostrou que o espelho convexo, colocado à direita do automóvel, induz seu condutor, pela natureza do espelho, à ilusão de que o objeto que se aproxima (a motocicleta) está mais longe do que o real: o espelho induz o condutor do auto a pensar que a motocicleta está a uma distância 2,3 vezes superior à distância real. Isso pode levar o motorista a fazer uma manobra que atravessará a trajetória da motocicleta, podendo ocasionar uma colisão.

No caso dos caminhões, o problema é ainda mais grave. A maioria dos caminhões fabricados no Brasil não permite que seu condutor veja adequadamente o motociclista que se aproxima. Isso está relacionado às dimensões da cabine de condução do caminhão, à altura de posicionamento dos olhos do motorista e ao posicionamento e abrangência dos espelhos retrovisores. Estudo especial de ergometria (CET, 2010) mostrou que um motociclista que se aproxima de um caminhão não será visto por seu condutor se estiver nas seguintes posições: atrás do caminhão, de seu lado esquerdo a partir da metade do corpo do caminhão, de seu lado direito a partir do terço final do corpo do caminhão e a sua frente, na parte direita ou frontal do caminhão. Isso significa que o motociclista só será visto pelo condutor do caminhão se estiver ao lado da parte traseira do caminhão (direita ou esquerda) ou ao lado de seu condutor, perfazendo apenas 50% do espaço que circunda o caminhão. É por isso que acontecem, com frequência, acidentes mortais entre caminhões e motos, nos quais o condutor do caminhão alega não ter visto a motocicleta. Em algumas situações, o condutor do caminhão prossegue a viagem sem parar, pois, além de não ter visto o motociclista atingido pelo caminhão, também não percebe quando o caminhão passa por cima da motocicleta, dado que o impacto lhe parece como um defeito na pista. Essa condição absurda de convivência foi permitida em todo o país. No caso extremo das vias marginais ao Rio Tietê, em São Paulo (onde trafegam grandes quantidades de caminhões e motos), chegou-se a registrar cinco acidentes com motocicletas por dia em 2009 (CET, 2011). Em 2010, a circulação de motociclistas foi proibida na pista expressa, de alta velocidade. Essa foi a única limitação, ou proibição, imposta aos motociclistas pelas autoridades de trânsito de São Paulo que não foi contestada com veemência, pela obviedade do absurdo que se havia permitido que ocorresse. No entanto, o desejado afastamento das motocicletas de veículos grandes não foi mais adotado em outros lugares, mantendo elevadíssimos os índices e a gravidade dos acidentes.

Além disso, as motocicletas geraram outro tipo de disputa pelo espaço que não ocorria antes no trânsito brasileiro — aquela com os pedestres. A maior velocidade da motocicleta e o comportamento imprevisível dos condutores ao circular entre veículos aumentaram muito a probabilidade de acidentes com pedestres, desacostumados a esse tipo de tecnologia no trânsito. Em 2007, as motocicletas já estavam relacionadas a 30% dos atropelamentos e a 23% dos atropelamentos fatais (CET, 2007).

Esse comportamento inseguro também teve um suporte legal. Durante a longa discussão sobre o novo Código de Trânsito Brasileiro, entre 1992 e 1997, uma das propostas principais referentes à circulação de motocicletas proibia seu trânsito entre filas de automóveis em movimento, propondo que circulassem dentro das faixas, da mesma forma que os automóveis. Essa proposta foi vetada pelo Palácio do Planalto, em um texto de objetivos muito claros:

> Ao proibir o condutor de motocicletas e motonetas a passagem entre veículos de filas adjacentes, o dispositivo restringe sobremaneira a utilização desse tipo de veículo que, em todo o mundo, é largamente utilizado como forma de garantir maior agilidade de deslocamento. Ademais, a segurança dos motoristas está, em maior escala, relacionada aos quesitos de velocidade, de prudência e de utilização dos equipamen-

tos de segurança obrigatórios, os quais encontram no Código limitações e padrões rígidos para todos os tipos de veículos motorizados.

Vê-se claramente a defesa do princípio da rapidez e da agilidade como virtudes essenciais da motocicleta, e uma confiança exagerada e irresponsável nos comportamentos seguros por parte dos motociclistas, determinados pelo novo código. Na cidade de São Paulo, que apresenta o maior trânsito de motocicletas do país, 28% dos acidentes com motociclistas ocorrem na circulação entre filas de veículos (CET, 2007).

Esse fenômeno pode, assim, ser caracterizado pelo neologismo "asianização" do trânsito brasileiro, em seu pior sentido.

Perfil do usuário

A associação que representa a indústria de motocicletas conduz pesquisas junto aos compradores. Na média geral, a maioria (80 a 85%) das compras é feita por homens, sendo 83% com menos de 40 anos de idade. A maioria dos usuários (90%) vive em áreas urbanas, e grande parte (75%) usa a moto para ir e voltar do trabalho ou da escola (Abraciclo, 2010). Uma parte significativa dos compradores substituiu o transporte público pela motocicleta, seja pelo menor custo, seja pela má qualidade do transporte público. Um aspecto importante é que a maioria dos compradores (80%) paga mensalidades ou integra grupos de consórcio, o que facilita muito a aquisição do bem.

Uma parte grande das novas motocicletas é utilizada no serviço de entregas de pequenas mercadorias, principalmente nas cidades com alto grau de congestionamento, como São Paulo (os motoboys). Nesse caso, tem ocorrido uma confluência de dois interesses: o de entrega rápida de mercadorias e o de novas oportunidades de emprego para jovens. Como o mercado de trabalho para jovens de baixa escolarização é cada vez mais reduzido e com níveis de remuneração baixos, a nova atividade é atraente como alternativa. Essa oportunidade também é reforçada pela disposição desses jovens de assumir riscos, o que, por sua vez, é ampliada pela precariedade da fiscalização. O resultado concreto é que um verdadeiro exército de jovens (a maioria homens) atravessa a cidade em altas velocidades, serpenteando entre automóveis e ônibus para chegar rapidamente nos destinos. O nível de desrespeito às regras de trânsito é muito alto, principalmente a velocidade excessiva, a condução perigosa, o desrespeito ao sinal vermelho, a saída da posição estacionária no semáforo sem atenção aos pedestres que ainda estão cruzando a pista e o uso de calçadas para contornar veículos parados. Embora a quantidade de equipamentos de fiscalização de velocidade e de respeito ao semáforo vermelho tenha aumentado muito no país – colaborando de forma decisiva para a redução dos acidentes – os motociclistas escapam da punição, seja pela falta de precisão dos detectores de velocidade ou simplesmente por encobrir a placa da motocicleta com as mãos.

Um aspecto essencial para entender esse comportamento está ligado às condições de trabalho dos motoboys: eles são pagos por produção, colocando muita pressão sobre sua produtividade (Silva, 2011; Gondim, 2009).

Mototáxis

Outra parte das motocicletas tem sido usada como mototáxis, legal e ilegalmente, para transportar passageiros. Seguindo o exemplo do transporte coletivo clandestino, o mototáxi encontrou terreno fértil no novo ambiente de desregulamentação e foi apoiado por muitos políticos e gestores públicos. O problema da segurança do transporte é normalmente negligenciado: não há treinamento adequado dos condutores, e pessoas que nunca usaram uma moto recebem um capacete e acomodam-se na garupa. Esses serviços são hoje ofertados em até 90% das pequenas cidades do país e, em cerca de 50%, nas maiores cidades, cobram um valor fixo pela viagem semelhante ao do ônibus ou um valor entre R$ 1,00 e R$ 2,00 quando o serviço de ônibus não existe (cidades com menos de 30 mil habitantes) (IBGE, 2008).

Usuários de classe média

Após os primeiros dez anos de sua entrada no Brasil, as motos começaram a ser usadas por profissionais liberais da classe média, para percursos de ida e volta do trabalho. Essas pessoas vêm usando novos modelos de motocicleta, mais estilizados e parecidos com os veículos usados na Europa, já constituindo uma forma de diferenciação social em relação aos usuários de renda mais baixa. Como não estão submetidos à pressão por rapidez, seu comportamento no trânsito é diferente. Por outro lado, de certa forma foram beneficiados em sua conduta no trânsito pela experiência traumática dos primeiros usuários de motocicleta em relação aos acidentes.

Os interesses do setor público e a ideologia

A história do uso das motocicletas no mundo e de seu péssimo desempenho em matéria de segurança de trânsito é amplamente conhecida no ambiente técnico, havendo uma quantidade muito elevada de estudos já publicados. Esse conhecimento está baseado nas experiências dos países asiáticos, assim como de países ricos, como os Estados Unidos e alguns países europeus. Assim, seja pela experiência internacional de mais de 50 anos, seja pela experiência brasileira já documentada, não há justificativa admissível para qualquer governo que facilite ou apoie o uso da motocicleta sem um cuidado muito especial.

No caso do Brasil, o motivo principal por trás da postura irresponsável das autoridades públicas na aceitação rápida e irrestrita da motocicleta foi a ideia da industrialização como um bem em si e da motorização da sociedade como progresso. Paralelamente, o aumento do uso da motocicleta foi associado de forma demagógica à "libertação" dos pobres, à garantia de que esses grupos sociais finalmente teriam acesso a veículos motorizados. Essa forma trágica de populismo está por trás das medidas adotadas. Essa postura, assumida no plano federal pelo PSDB na década de 1990, prosseguiu com o PT, a partir de 2003, sem nenhuma alteração significativa. Essa força da ideologia é tão penetrante na sociedade atual que inclusive importantes entidades de transporte público deixaram-se levar por ela, em um movimento autofágico[5].

Esse movimento teve consequências ainda mais dramáticas, dado o baixo nível educacional da população brasileira – que afeta sua capacidade de recolher e interpretar informações – assim como a ignorância das pessoas em relação aos riscos existentes, pela falta de informação, pela propaganda competente que idealiza a motocicleta e pelo silêncio da indústria a respeito dos problemas de segurança do veículo.

Além disso, a indústria de motocicletas sempre evitou discutir a insegurança de seu produto e sempre procurou afastá-lo de uma imagem negativa[6]. Esse

---

[5] O Metrô de São Paulo, considerado pela maioria dos usuários (e também no ambiente técnico internacional) como de alta qualidade, fez, durante um período, propaganda dentro das estações incentivando a compra da motocicleta. Inicialmente na forma de cartazes propagando as vantagens da motocicleta ("Comprando uma motocicleta por menos de R$ 2 ao dia você já estaria na estação 'sua casa'"), o uso do espaço do metrô evoluiu, em 2007, para a colocação de estandes com motocicletas e vendedoras dentro da estação Paraíso. Empresas de ônibus urbanos também utilizaram o recurso da propaganda de motocicleta (e de automóveis) em cartazes, como forma de obter receitas adicionais.

[6] O caso mais relevante da história recente da sociedade de consumo é o da indústria de

comportamento imita o de outros produtores de bens que podem causar danos às pessoas – como a indústria de fumo e de bebidas – e usa o mesmo argumento bíblico da lavagem de mãos, de que ela "vende o que as pessoas querem comprar". A indústria esquece, convenientemente, que no próprio ideário liberal sobre a sociedade de consumo a universalização das informações completas sobre os produtos é um dos pilares essenciais para garantir aquilo que esse ideário denomina "escolha livre de consumidores livres" (Bayliss, 1992).

Conclusões

Quando é analisada a história do trânsito no Brasil, torna-se claro que a adaptação irresponsável de nossas vias e cidades para o uso intenso por parte de condutores de automóveis no período entre 1960 e 1990 trouxe prejuízos imensos para a segurança, saúde e qualidade de vida. Os ambientes de trânsito no Brasil tornaram-se inseguros e hostis aos usuários mais vulneráveis, como pedestres e ciclistas, gerando uma enorme quantidade de acidentes. Essa primeira fase de nossa motorização caracterizou-se pela apropriação do espaço viário por grupos selecionados com acesso ao automóvel e com poder de pressão sobre o setor público responsável pelo trânsito. Uma das consequências mais negativas desse processo foi a ocorrência de um grande número de mortes: os dados oficiais do Denatran, no período entre 1960 e 1989, apontam 446 mil mortes, mas as informações são reconhecidamente falhas, podendo-se estimar o número real em 600 mil pessoas.

Presencia-se, agora, uma segunda fase, caracterizada pela introdução acelerada e irresponsável de uma nova tecnologia – a motocicleta. A diferença mais relevante em relação à primeira fase é que, atualmente, os grupos sociais apoiados pelo poder público têm renda mais baixa que os grupos anteriores, dividindo-se majoritariamente entre a classe média baixa e os grupos de baixa renda. Embora essa segunda fase de motorização venha ocorrendo em um ambiente de democracia formal (ao contrário da primeira fase), a ignorância historicamente construída no seio da sociedade permanece a mesma, abrindo espaço para propostas demagógicas e oportunistas, baseadas no populismo e na retórica irresponsável. As motocicletas, assim como aconteceu com os automóveis 50 anos atrás, são habilmente trabalhadas como símbolos de progresso e liberdade, e os

---

cigarros, que lutou por décadas contra a tentativa de ser obrigada a alertar seus consumidores sobre os perigos de seu produto para a saúde.

riscos evidentes de sua utilização são tratados como destino, vontade divina ou preço inevitável do progresso.

A pergunta que surge naturalmente diante dessas constatações é "por que uma sociedade se deixa ferir dessa forma?". Dentre os fatores que determinaram a implantação desse processo com consequências tão negativas, os mais relevantes são:

- A liberação da circulação de motocicletas entre filas de veículos em movimento, dentro de um ambiente de circulação muito perigoso; esse comportamento foi agravado no caso dos motoboys.

- A abertura do mercado de motocicletas pelo governo federal, com altos benefícios fiscais e facilidades de aquisição, que permitiram que ela rapidamente se tornasse muito atraente e fosse vendida por prestações mensais muito reduzidas.

- O descaso com a preparação do ambiente de circulação, assim como dos pedestres, dos usuários de motocicletas e de outros veículos – mesmo com toda a experiência acumulada internacionalmente e no Brasil, que mostra claramente a vulnerabilidade do motociclista e o elevadíssimo índice de acidentes associado ao uso desse veículo.

- A ganância da indústria, relacionada ao aumento incondicional da produção e do faturamento, sem o devido esclarecimento ao público do alto grau de insegurança relacionado com o uso da motocicleta.

- O populismo demagógico das autoridades públicas, que associam o aumento do uso da motocicleta às noções de progresso, geração de empregos e libertação dos pobres, sem considerar os altos custos pessoais e sociais provocados pelo uso inadequado desse veículo.

- A inação do poder público em relação à fiscalização verdadeiramente eficaz do uso das motocicletas, agravado pela facilidade que seu condutor tem de burlar a fiscalização.

- O baixo nível de educação da população brasileira – que limita suas possibilidades de obter e interpretar informações e processos políticos que condicionam as ações governamentais.

- A irresponsabilidade coletiva de exigir a entrega rápida de mercadorias, ignorando o fato de que essas exigências impõem condições muito inseguras para os trabalhadores desse setor.

Na história da humanidade, há muitos exemplos de utilização de produtos perigosos e existência de condições precárias de trabalho, que precisaram mostrar seus graves prejuízos até que a sociedade se mobilizasse para alterar a situação. Esses processos ocorreram na forma crua de seleção natural, matando ou ferindo gravemente milhões de pessoas, até que alterações na tecnologia, no produto ou no comportamento das pessoas suavizassem os impactos negativos. Assim, esses processos cobram um enorme custo à sociedade até que seus efeitos sejam reduzidos e as pessoas prejudicadas não possam mais ser compensadas. A massificação do uso da motocicleta no Brasil tem as mesmas características trágicas de seleção natural, assim como ocorreu com a introdução do automóvel a partir da metade do século passado. Esse é o caminho seguido sempre que o produtor de um bem inerentemente perigoso se recusa a admitir os perigos existentes e consegue evitar que seu produto seja avaliado pela sociedade, frequentemente ajudado pela inação do governo, por partes interessadas nos resultados econômicos do negócio e por dificuldades das pessoas de compreenderem o que está ocorrendo ou pode vir a ocorrer com elas.

A alternativa a essa visão baseia-se no fato de que a produção de conhecimento sobre os processos permite antecipar os problemas e, portanto, reduzir seus impactos.

O (DES)CONTROLE DOS IMPACTOS

5

EXPANSÃO URBANA E EXCLUSÃO

Sistema de circulação e meio ambiente: a destruição da rua

Dada a abundância de território, as cidades foram se espalhando com densidades demográficas baixas. A consequência é que o sistema viário acompanhou esse crescimento, estendendo-se junto ao processo de urbanização. As configurações físicas desse sistema viário foram sendo definidas caso a caso, dividindo-se entre vias locais, para acesso às residências, e vias mais largas, para abrigar atividades de comércio e de passagem.

No período de intensa motorização privada – a partir da década de 1970 – o fluxo de veículos se estabeleceu de acordo com os interesses de seus proprietários e dos donos dos negócios que seriam beneficiados pelo tráfego. Dada a ausência de ordenação desse trânsito, bem como do baixo nível de organização política da sociedade, a rede de fluxos de veículos passou a operar sem consideração pelos papéis mais vulneráveis no processo – o pedestre, o ciclista e o morador. As ruas foram deixando de ser o palco de convívio e de trocas sociais e culturais para se transformarem em dutos de condução de veículos. Nas maiores cidades, essa ocupação do espaço foi apoiada e incentivada pelos órgãos de trânsito, que definiam redes cada vez mais extensas para serem usadas pelos condutores de automóveis, que em muitos casos circulavam em altas velocidades incompatíveis com a segurança dos moradores. Ocorreu, assim, uma gigantesca transformação urbana no Brasil, sendo as cidades progressivamente adaptadas para seu uso prioritário pelas pessoas com acesso ao automóvel (Vasconcellos, 1981).

Um estudo feito na década de 1980 descreveu alguns casos típicos de mudança da qualidade de vida dos moradores em função de alterações na circulação (Vasconcellos e Piovani, 1984 e 1985). Esses casos dizem respeito principalmente às rupturas no tecido urbano e nos espaços utilizados cotidianamente pelas pessoas, que foram causadas por mudanças na circulação induzidas pela autoridade de trânsito ou procuradas pelos motoristas para melhorar seus trajetos.

O primeiro caso foi o de uma via residencial de classe média do bairro de Perdizes (Rua Apinagés), e caracterizou-se pela reação dos moradores ao aumento do tráfego na via em função do desvio de veículos provocado por obras em uma via principal próxima (Av. Sumaré). O aumento do tráfego e das perturbações na vida dos moradores levou-os a iniciar um movimento que resultou em várias reuniões com os técnicos municipais. Após a implantação infrutífera de sinalização convencional de advertência, tentou-se a utilização de obstáculos colocados longitudinalmente à via, dividindo-a em duas partes iguais para evitar ultrapassagens e disciplinar o tráfego em baixa velocidade. Como esses obstáculos não deram resultado, decidiu-se pela implantação de outros, que foram colocados transversalmente à via em agosto de 1979, os quais tiveram um impacto significativo no trânsito, reduzindo o volume de tráfego em cerca de 60% e a velocidade média em cerca de 45%. Paralelamente, os acidentes apresentaram uma queda significativa, mas, em razão da diminuição do tráfego, nada se pôde concluir a respeito do impacto isolado do projeto.

Dessa forma, sob o ponto de vista estritamente particular da Rua Apinagés, a implantação dos obstáculos transversais teve efeito positivo para a maioria de seus moradores; no entanto, em virtude da fuga do tráfego para as vias próximas, uma delas (Rua Aimberê) teve seu movimento muito aumentado, levando seus moradores a protestarem e a provocarem uma reunião com os técnicos, à qual também compareceram os moradores da Apinagés. Tornou-se claro, portanto, que a atitude de tentar defender a qualidade de vida dos moradores dessa rua levou a uma solução que piorou a qualidade de vida dos moradores vizinhos, uma vez que o motivo principal da ruptura do ambiente, ou seja, o tráfego de passagem provocado pelas obras na Av. Sumaré, não havia sido combatido. Assim, a macroacessibilidade desse tráfego em sua viagem pelo bairro ficou preservada, mas atualmente em detrimento dos moradores da Rua Aimberê, e não mais da Rua Apinagés.

O (DES)CONTROLE DOS IMPACTOS

Outro caso mostrado pelo estudo refere-se a uma via residencial de classe média do bairro de Moema, a Alameda dos Nhambiquaras. Esta era uma via de sentido duplo de circulação, com tráfego local situado paralelamente à rua comercial do bairro, a Alameda dos Maracatins. Em 1978, por causa das obras de remodelação da Avenida dos Bandeirantes, que passou a ligar-se diretamente à avenida marginal do rio Pinheiros (pela construção do viaduto Ary Torres) e, posteriormente, pela inauguração de um grande shopping center nas proximidades, a Alameda dos Nhambiquaras foi transformada em via de sentido único de circulação, ligando a Avenida dos Bandeirantes à Avenida República do Líbano, enquanto a Alameda dos Maracatins era operada em sentido contrário, formando o que se chama de "binário" em engenharia de tráfego. Paralelamente, foi instalado um semáforo na intersecção da Alameda dos Nhambiquaras com a Avenida dos Bandeirantes, e foram eliminadas as valetas que existiam em seus cruzamentos, paralelas a seu eixo, e que, portanto, facilitavam a passagem do tráfego de suas transversais. Como consequência de todo o projeto, o tráfego médio da Alameda dos Nhambiquaras aumentou cerca de 20 vezes, passando de 40 a 50 veículos por hora para cerca de 900 a 1.000 veículos por hora, e os acidentes dobraram, passando de 49 nos 3 meses anteriores às mudanças, para 105 nos 3 meses posteriores.

Seguiram-se intensos protestos por parte dos moradores e da imprensa local, com frequentes solicitações de implantação de obstáculos, processo que resultou em reforço generalizado da sinalização vertical e horizontal, e na instalação de semáforos em 7 das 15 intersecções da via.

Ao contrário do caso da Rua Apinagés, em que o tráfego presumivelmente era temporário, o novo esquema de circulação na Alameda dos Nhambiquaras era definitivo, decidido pela autoridade de trânsito dentro do novo plano de circulação para a área. Dessa forma, as alterações causaram grande impacto não apenas na vida dos moradores – quanto à segurança, à poluição sonora, à dificuldade de entrar e sair de casa – como no uso do solo da rua, a qual, em decorrência do aumento do tráfego e da própria transformação microrregional induzida pela inauguração do shopping center, passou a transformar-se rapidamente, substituindo o uso residencial pelo comercial e de serviços.

A descrição talvez um pouco longa desses casos é, no entanto, imprescindível não só porque se trata dos poucos casos estudados com alguma profundidade, mas também porque representam exemplos adequados para aquilo que se pretende analisar neste livro. De fato, dos milhares de projetos implantados pelas autoridades de trânsito da cidade de São Paulo no período entre 1960 e 1980, um número expressivo deles – talvez várias centenas – referiu-se à reorganização da circulação em regiões residenciais ou em fase de transição do uso do solo, com a consequência de alterar significativamente a qualidade de vida dos moradores. Formaram-se, assim, centenas de binários, em que vias funcionando anteriormente com sentido duplo de circulação e baixos volumes de tráfego passaram a operar em sentido único, ganhando continuidade física pela eliminação ou suavização de obstáculos ao tráfego direto, e consequentemente recebendo uma nova sinalização feita principalmente de semáforos nos principais cruzamentos. Em decorrência disso, somou-se ao tráfego local o tráfego de passagem, atraído pelas novas possibilidades de circulação viabilizada pela garantia de continuidade física e de fluidez; consequentemente, alteraram-se de maneira profunda as condições de vida nesses locais, caracterizando-se um conflito generalizado no espaço urbano, entre a macroacessibilidade do tráfego geral e a qualidade de vida dos usuários e moradores locais. Essa afirmação, no entanto, não pode ser generalizada ao nível dos usuários, uma vez que as expressões tráfego geral e moradores representam apenas alguns dos papéis possíveis no trânsito, e que são intercambiáveis: o morador que é prejudicado na região em que mora pode ser beneficiado nas áreas em que circula para chegar ao trabalho.

As consequências desse processo não ficaram livres de reações por parte dos grupos afetados. O caso da Rua Apinagés não constitui fato isolado, tendo sido acompanhado de dezenas de casos de grande repercussão política. Esse processo caracterizou-se pelo surgimento de dois tipos básicos de movimentos reivindicatórios, cujo elo comum era a defesa de melhores condições de segurança no trânsito local: a reivindicação formal, geralmente de grupos sociais de classe média pedindo a instalação de dispositivos redutores de velocidade em suas ruas; e a reivindicação direta, geralmente ligada a grupos sociais de periferia, em que a população local, após um acidente grave, abria valetas na rua e bloqueava o tráfego, exigindo providências das autoridades no período analisado. A consequência final de todo esse processo foi a profunda alteração do tecido urbano da cidade, com o aumento do nível de integração física de suas áreas, exercitada diariamente por um tráfego muito mais intenso, que rompeu as barreiras antes existentes e ocupou todos os espaços. A cidade foi como que reconstruída, readaptada para funcionar organicamente, processando com mais eficiência a circulação das mercadorias, dentre elas a própria força de trabalho. A essas características soma-se a ação direta do Estado na readaptação do sistema viário – feito em larga escala no período analisado – que alterou o tecido urbano, derrubando usos estabelecidos e criando novos usos baseados na ocupação do espaço pelos veículos, feita indiscriminadamente: a cidade passa a ser o *habitat* dos veículos e não dos homens. A cidade se abre fisicamente, os usos, antes bem definidos, misturam-se caoticamente, e a rua, outrora um espaço de convívio da população, vai sendo paulatinamente ocupada pelos veículos em circulação ou estacionados. Mudam a velocidade física e a velocidade cultural, pois o espaço não é mais medido pelo andar a pé, mas sim pelo andar motorizado.

A EXCLUSÃO DOS MAIS FRACOS

As pessoas de renda mais baixa têm uma mobilidade muito inferior à de pessoas de renda mais alta, o que está ligado principalmente ao custo do transporte público e às condições precárias de emprego ou de atividade econômica. O custo do transporte público, por sua vez, pode ser maior pela necessidade de pagar duas ou mais tarifas, em função das grandes distâncias que precisam ser percorridas por quem vive muito longe do local de trabalho.

A Tabela 5.1 mostra o índice de mobilidade por faixa de renda de várias cidades do Brasil. Pode-se observar que a mobilidade das pessoas de renda mais baixa é a metade da mobilidade das pessoas de renda mais alta. Na média das três cidades estudadas, cada pessoa de família de renda mais alta faz, em média, 1,5 deslocamento a mais por dia que uma pessoa de família de renda mais baixa.

Tabela 5.1: Mobilidade e renda, média dos valores em São Paulo, Rio de Janeiro e Vitória.

Nível de renda familiar mensal[1]	Mobilidade (viagens/pessoa/dia)	Déficit de mobilidade (viagens/pessoa/dia)
1	1,4	0,0
2	1,6	0,2
3	1,8	0,5
4	2,1	0,8
5	2,9	1,5

1: Embora haja diferenças nas escalas de renda, a maioria se encaixa na sequência de cinco níveis: até 2 salários mínimos (SM), entre 2 e 5 SM, entre 5 e 10 SM, entre 10 e 20 SM e mais que 20 SM.

Fontes: Pesquisas origem-destino de São Paulo (CMSP, 2008), Rio de Janeiro (Oficina Consultores Associados, 2003) e Vitória (Oficina Consultores Associados, 2000).

A maioria dos usuários de transporte público no Brasil nunca teve recursos suficientes para pagar o preço das tarifas sem sacrifício. Embora o vale-transporte (VT) tenha suavizado a situação das pessoas que estavam no mercado formal de trabalho a partir de 1985, quase metade dos usuários não está nessa condição e continuou prisioneira de uma despesa muitas vezes superior a sua capacidade de pagamento.

O melhor estudo desse problema entre os grupos sociais de renda baixa foi feito em 2004. Ele pesquisou o uso do transporte coletivo entre esses grupos nas áreas metropolitanas de São Paulo, Rio de Janeiro, Belo Horizonte e Recife (Tabelas 5.2 e 5.3).

Tabela 5.2: Mobilidade das pessoas em função de características selecionadas de determinadas regiões metropolitanas em 2004, família com renda inferior a três salários mínimos.

Condição	Mobilidade média pessoal (viagens/pessoa/dia)				
	São Paulo	Rio de Janeiro	Belo Horizonte	Recife	Média
Por dia da semana					
Dias úteis (segunda a sexta)	0,88	1,00	0,90	0,86	0,91
Sábados e domingos	0,35	0,49	0,40	0,48	0,43
Por gênero (dias úteis)					
Homens	1,12	1,22	1,12	1,12	1,15
Mulheres	0,65	0,80	0,70	0,65	0,70
Por ocupação					
Sem ocupação	0,47	0,69	0,53	0,62	0,58
Trabalha - ocupação formal	1,91	1,89	1,56	1,78	1,79
Trabalha - ocupação informal	1,17	1,17	1,42	1,21	1,24
Estudantes	0,74	1,06	0,84	0,90	0,89

Fonte: Itrans (2004).

A Tabela 5.2 mostra que a mobilidade média das pessoas é muito baixa – 1,15 viagem por dia para os homens e 0,70 viagem por dia para as mulheres – o que está ligado a sua baixa renda. As pessoas com ocupação formal têm uma mobilidade mais elevada do que aquelas que estão no mercado informal. A Tabela 5.3 mostra

O (DES)CONTROLE DOS IMPACTOS

Tabela 5.3: Condição de pagamento do transporte coletivo em 2004, família com renda inferior a três salários mínimos.

Condição de pagamento	Porcentagem das pessoas				
	São Paulo	Rio de Janeiro	Belo Horizonte	Recife	Média
Não recebe auxílio	67,4	62,9	70,5	76,8	69,40
Recebe auxílio					
Vale-transporte	19,6	13,9	21,8	10,8	16,53
Dinheiro	7,7	3,7	1,4	1,2	3,50
Isenção, gratuidade	3,8	19	4,9	6,6	8,58
Desconto	1,2		0,8	4	1,50
Condução do empregador	0,3	0,6	0,6	0,6	0,53

Fonte: Itrans (2004).

que a maioria das pessoas (quase 70%) não recebe nenhum benefício para pagar seus deslocamentos. Dentre as que recebem, apenas 16,5% tinham acesso ao VT.

Outro problema relevante sobre a exclusão é a transferência dos custos de gratuidades e descontos para os usuários comuns do transporte público que não recebem esses benefícios e nem o VT. Em 2002, uma análise de oito regiões metropolitanas mostrou que as gratuidades variavam de 7 a 23%, e que os descontos para estudantes tinham um impacto superior a 15% em várias áreas. A soma desses benefícios tinha um impacto na tarifa que chegava a 40% no caso do Rio do Janeiro (com várias áreas tendo impactos em torno de 25%) (Gomide, 2003). A diferença nos custos era suportada pelos usuários de menor poder aquisitivo. O mesmo estudo analisou a quantidade de pessoas nas áreas metropolitanas que recebia algum auxílio para seus deslocamentos (Tabela 5.4). A tabela mostra que a quantidade de pessoas dos dois extratos mais pobres que recebem algum auxílio é muito menor que a dos extratos imediatamente superiores, inclusive a dos de renda mais alta. O estudo mostrou também que a porcentagem de pessoas que recebe auxílio nos três extratos inferiores é muito menor do que sua participação no mercado de trabalho, revelando grande exclusão social.

Tabela 5.4: Pessoas que recebiam auxílio para o transporte em metrópoles do Brasil em 2003.

Renda	% pessoas com ajuda[1]
0 a 1 SM	1,3
1 a 2 SM	7,9
2 a 3 SM	11,1
3 a 5 SM	22,9
5 a 8 SM	20,4
8 a 12 SM	13,8
12 a 20 SM	11,1
> 20 SM	7,3
S/informação	4,2
Total	100,0

1: Que recebem vale-transporte ou qualquer ressarcimento com despesas em transporte.

Fonte: Gomide (2003).

De fato, estudos feitos sobre as despesas declaradas pelas pessoas com o transporte público em regiões metropolitanas mostraram que, nos levantamentos feitos em 1987 a 1988, 1995 a 1996 e 2002 a 2003, a porcentagem dos 10% mais pobres que declarou não ter despesas com transporte público variou entre 26% (1997) e 38% (2003) (Stivali e Gomide, 2007). Esses números mostram que uma grande parte da população mais pobre das metrópoles brasileiras não usa o transporte público. Isso pode significar que alguns caminham ou usam a bicicleta, mas, tratando-se das áreas metropolitanas, é muito difícil prescindir do transporte público sem sofrer uma restrição séria de mobilidade e acessibilidade. Provavelmente, é o custo das tarifas de ônibus que impede ou limita seu uso pelos extratos de renda mais baixa.

Uma forma importante de avaliar o custo do transporte coletivo por ônibus no Brasil é comparar o valor das tarifas com valores de outros países com condições semelhantes. A Figura 5.1 mostra as tarifas de grandes cidades do Brasil e de grandes cidades da América Latina espanhola. Observa-se que a tarifa média no Brasil é quase o triplo da tarifa de grandes cidades da região. O sistema de ônibus no Brasil tem qualidade superior à maioria dos sistemas das cidades de outros países, que têm veículos menores e mais precários, operados

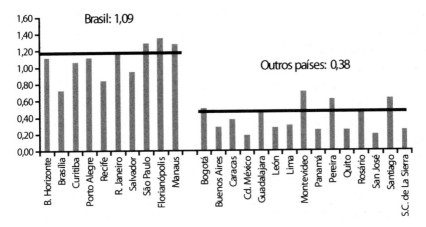

Figura 5.1: Tarifas de ônibus, cidades do Brasil e da América Latina espanhola.
Fonte: CAF (2013).

por indivíduos e sem pagamento de direitos sociais. No entanto, a diferença é marcante, muito superior ao que se poderia esperar.

O CONSUMO EXCESSIVO DO TEMPO E A INIQUIDADE

O longo tempo de percurso no transporte público

O consumo excessivo do tempo ocorreu principalmente com os usuários do transporte público nas grandes cidades do país. Ele decorre de dois fatores principais: as longas distâncias de viagem e o longo tempo de percurso no transporte coletivo. As longas distâncias estão relacionadas ao processo de ocupação das periferias urbanas, ligadas à dissociação entre o custo da terra e da moradia, e a renda dos grupos sociais mais pobres. Estes sofrem, também, o impacto do crescimento urbano descontrolado, em que a oferta de empregos está totalmente dissociada dos locais de moradia da maioria das pessoas. Por outro lado, o tempo de percurso no transporte público é alto, porque há distâncias grandes a caminhar até o ponto de parada (muitas vezes em condições péssimas das calçadas), longos tempos de espera e longos tempos dentro do veículo, em virtude da precariedade do sistema viário ou ao congestionamento.

A Figura 5.2 mostra que o tempo de viagem no transporte público é muito mais alto que no transporte privado, em São Paulo e no Rio de Janeiro, onde

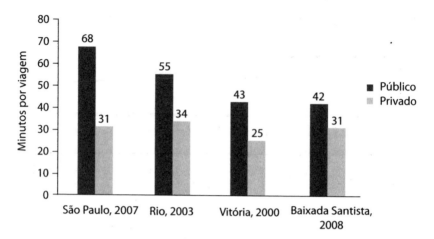

Figura 5.2: Tempos de percurso no transporte público e privado em áreas metropolitanas selecionadas (várias datas).
Fonte: Pereira e Schwanen (2013).

há muitas pessoas morando longe dos destinos desejados, principalmente do trabalho. A diferença também é grande em áreas menores, como Vitória e a Baixada Santista, embora suas densidades urbanas mais altas suavizem o problema. No caso específico das duas maiores áreas urbanas do Brasil, nas quais são realizados 25 milhões de deslocamentos em transporte público por dia, o excesso de tempo em relação ao transporte privado acarreta mais de 10 milhões de horas adicionais todos os dias aos usuários.

Estudo recente do Ipea (Pereira e Schwanen, 2013, p. 19) usando dados da Pnad do IBGE para as regiões metropolitanas mostrou que

> Na média das áreas metropolitanas analisadas, os mais pobres gastam quase 20% a mais de tempo do que os mais ricos se deslocando para o local de trabalho. Ainda, 19% dos mais pobres fazem viagens com duração acima de uma hora (somente trajeto de ida), enquanto esta proporção entre os mais ricos é de apenas 11%.

A perda nos congestionamentos

Outro consumo excessivo de tempo decorre do congestionamento das vias. Esse é o assunto mais comentado do trânsito, dado seu impacto na imagem da administração pública. Por essa razão, também é enorme a literatura sobre esse tema, principalmente aquela originada nos Estados Unidos, a sociedade mais motorizada do mundo. A literatura técnica sobre congestionamento viário nasceu nos Estados Unidos, porque essa foi a sociedade rica que mais expandiu o uso do automóvel, até um ponto em que o transporte público tornou-se marginal, responsável por apenas 3% da demanda de deslocamentos motorizados (APTA, 2003). Tendo nascido dentro de um ambiente de trânsito dominado pelo automóvel, a metodologia norte-americana se limitou a estudar os impactos do congestionamento apenas entre os usuários de automóvel. Contudo, nos países em desenvolvimento, há outros dois grupos sociais que sofrem com o congestionamento provocado pelos automóveis.

O primeiro grupo importante é formado pelos pedestres, que passam a ter seus caminhos interrompidos de forma definitiva pelas vias rápidas, ou de forma momentânea pelas grandes avenidas com semáforos. Com isso, o tempo de percurso para o pedestre aumenta muito em várias cidades. O segundo grupo importante é o dos usuários de ônibus, que têm sua velocidade reduzida pelo congestionamento causado pelos automóveis. Nas grandes cidades do Brasil, a velocidade do ônibus desceu a patamares muito abaixo do que seria possível atingir com uma operação eficiente e livre do automóvel: as velocidades giram em torno de 14 e 16 km/h, quando poderiam estar entre 22 e 26 km/h (neste caso, com linhas semiexpressas). Isso significa uma enorme perda de tempo para milhões de usuários cotidianos do transporte público. A Figura 5.3 mostra a grande queda da velocidade dos automóveis no sistema viário principal de São Paulo no período de 1981 a 2005. O aumento no fluxo dos automóveis impacta negativamente na velocidade dos ônibus, que também se reduziu muito no período.

Nas grandes cidades do Brasil, no período entre 1960 e 2000, o transporte público foi muito prejudicado pelo congestionamento causado pela minoria que usa automóvel. O problema é que o uso excessivo do espaço pelos automóveis reduz a velocidade dos ônibus, forçando o operador a colocar mais ônibus em circulação para cumprir o atendimento definido. Isso requer mais equipamentos e mais mão de obra, aumentando o custo e o valor da tarifa cobrada dos usuários.

Um estudo realizado em 1998 em dez cidades médias e grandes no Brasil mostrou isso claramente (Ipea/ANTP, 1998). A Tabela 5.5 mostra que o congestionamento de São Paulo aumentava em 15,8% o custo de operação dos ônibus,

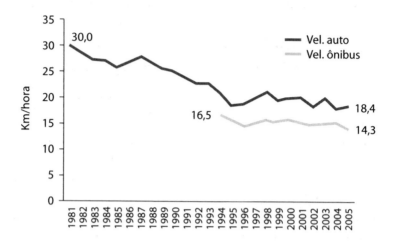

Figura 5.3: Velocidade de ônibus e automóveis no sistema viário principal em São Paulo de 1981 a 2005.
Fonte: CET (vários anos).

valor que era repassado para a tarifa. Outra cidade com grande impacto era o Rio de Janeiro, com 9,6% de custo adicional. Cidades de porte médio ou grande, mas muito menores do que São Paulo e Rio de Janeiro apresentaram impactos menores, mas não desprezíveis. Observa-se que Curitiba e Brasília não apresentavam congestionamento em 1998.

A importância dessa constatação é muito grave: no caso de São Paulo, que tinha 4 milhões de passageiros de ônibus por dia, se metade deles sofresse o impacto do congestionamento, o sobrepreço cobrado nas tarifas poderia ser estimado em US$ 400 a 500 milhões no ano.

Em tempos mais recentes (2012), no caso específico da cidade de São Paulo, os ônibus dos corredores principais circulavam no horário de pico da tarde a uma velocidade média de 14 km/h, ao passo que nas vias comuns a velocidade era de 11 km/h (Figura 5.4). Considerando que a velocidade que seria praticada em boas condições de circulação é de 20 km/h, o congestionamento impunha aos usuários do transporte público nos corredores um tempo de percurso adicional de 20 minutos, representando 4 milhões de horas a mais no horário de pico da tarde (14h).

Tabela 5.5: Impacto do congestionamento no aumento do custo operacional dos ônibus em grandes cidades do Brasil em 1998.

Cidade	Impacto no custo (%)
São Paulo	15,8
Rio de Janeiro	9,6
Campinas	6,4
Belo Horizonte	6,2
Recife	3,5
Porto Alegre	2,6
Curitiba	1,6
Brasília	0,9

Fonte: Ipea/ANTP (1998).

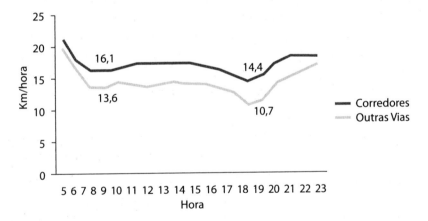

Figura 5.4: Velocidade dos ônibus na cidade de São Paulo em 2012.
Fonte: SPTrans (2011).

O combate inútil e perdulário ao congestionamento por meio da construção de vias: o caso de São Paulo

Com o grande aumento da frota de veículos em circulação, as vias das maiores cidades passaram a ter um carregamento muito mais elevado. Em muitos casos, especialmente em São Paulo, a demanda por espaço viário superou muito a capacidade das vias. São Paulo experimentou graus elevados de congestionamento desde a década de 1960 (Vasconcellos, 1999). O problema foi agravado principalmente pela expansão do sistema viário e, em menor escala, pela gestão de trânsito.

Entre 1960 e 1980, podem ser identificadas duas fases específicas pelas quais passou a intervenção do Estado na circulação, a primeira até 1973 e a segunda desse ponto até o final da década de 1980.

A primeira fase vai se caracterizar muito mais pelas obras viárias feitas pelo poder municipal e seus reflexos nas condições de circulação. Com efeito, nos mandatos de Faria Lima (1965-1969) e Paulo Maluf (1969-1971), a prefeitura fez grandes investimentos no sistema viário, tanto na forma de novas vias de grande capacidade quanto na forma de adaptações das vias existentes. A força dessa ação pode ser medida pelos gastos do município com o sistema viário: entre 1965 e 1970, eles corresponderam em média a 27% do total de gastos do município, e nesse período foram acrescentados ao sistema viário principal 537 km de faixas de tráfego expressas e 341 km de faixas de tráfego de fluxo interrompido.

São essas obras que responderão mais diretamente pelo alívio das condições de circulação e por seu impacto na acessibilidade geral. Dentre elas, destacam-se as avenidas marginais, o alargamento de avenidas importantes e a construção de dezenas de viadutos e pontes. Essa é a fase, portanto, da criação/adaptação da infraestrutura viária, que leva a uma grande integração física entre as áreas da cidade, com a ultrapassagem definitiva das barreiras físicas históricas, como os rios Tietê, Tamanduateí e Pinheiros e as estradas de ferro Fepasa, Santos-Jundiaí e Rede Ferroviária Federal. Esse conjunto de intervenções físicas transforma capacidades viárias potenciais subutilizadas em capacidades reais, que passam a ser usadas por um tráfego mais volumoso, decorrente de grande crescimento da frota de veículos e das atividades realizadas no espaço urbano. Assim, a acessibilidade recebe um grande impulso, pois passa a ser mais fácil atingir os destinos desejados, não restando praticamente mais nenhuma região ou área isolada dentro de todo o espaço da cidade. Portanto, as novas ligações permitem o aumento da capacidade viária, seja pelo aumento da continuidade do sistema (pela conexão das vias separadas), seja pela transposição de barreiras por meio de obras de arte.

A segunda fase, a partir de 1973, foi muito diferente. Com a crise do petróleo, a continuação natural da fase anterior, ou seja, uma maior ampliação do sistema viário por meio do grande plano de vias expressas, não era mais possível politicamente, e o plano foi suspenso. As obras viárias diminuíram de ritmo, e entre 1970 e 1980 foram acrescentados ao sistema viário principal 81 km de faixas de tráfego expressas e 524 km de faixas de tráfego de vias com fluxo interrompido, agregando cerca de 50% de capacidade em relação ao total construído na década anterior.

Em razão do novo contexto provocado pela crise do petróleo, essa fase vai se caracterizar então pelas atividades de operação de trânsito, de otimização das estruturas existentes, e não mais pela ampliação da infraestrutura viária. Dessa forma, entre 1973 e 1980, o Estado, no nível municipal, investe grandes recursos materiais e humanos no trânsito, em valores crescentes de ano a ano, transformando as condições de circulação em toda a cidade. A intervenção é de certa forma espacialmente seletiva, pois se dá com mais intensidade na região central, onde se concentram as populações de renda mais alta; mas ocorre também em todos os corredores de tráfego que penetram nas áreas mais periféricas, assim como em todos os subcentros regionais. Toda a sinalização da cidade é renovada e modernizada, e milhares de planos de trânsito, entre grandes e pequenos, são implantados, impondo um novo padrão de circulação. Assim, o que se assiste é uma grande inversão de recursos na otimização do sistema existente, que é feita pela modernização do aparelho estatal – com a criação, em 1976, da Companhia de Engenharia de Tráfego (CET) e pela universalização de técnicas tradicionais da engenharia de tráfego por toda a cidade.

Em períodos mais recentes – a partir da década de 2000 – a expansão do congestionamento para áreas menos centrais tornou evidente a ineficácia das medidas adotadas e o investimento em expansão das vias arrefeceu. Com isso, foi reforçado o discurso a favor do transporte coletivo, mas isso nunca levou a uma alteração radical nas políticas de investimentos. Mais tarde, no final da década de 2000, os níveis de congestionamento aumentaram exponencialmente, desnudando a ilusão de combatê-lo por meio da expansão viária. Todavia, era tarde demais: recursos de grande monta já haviam sido usados com baixíssima eficácia, drenando recursos essenciais para a melhoria do transporte público.

Também a partir do início da década de 2000, várias cidades do Brasil passaram a vivenciar um congestionamento crescente, fruto do crescimento exponencial do uso do automóvel. A soma das vontades pessoais de individualizar a mobilidade mostrou-se trágica: apoiada pelo governo e pela classe política, o exercício da individualidade irrestrita construiu a impossibilidade geral de circulação, socializada no pior sentido possível.

A venda de uma ilusão

O crescimento do congestionamento pelo aumento do uso do automóvel tem um lado bizarro, proporcionado por um misto de insensatez e ilusão. O automóvel médio no Brasil é um veículo com cerca de 5 metros de comprimento por 1,6 metro de largura. Sua utilização nas vias requer grande quantidade de espaço para que as condições de segurança sejam mantidas (distâncias laterais, frontal e traseira dos demais veículos). Em um sistema viário com semáforos, para que um automóvel circule entre 25 e 30 km/hora (velocidade viável em uma grande cidade), ele necessitará de 40 a 50 m². Se ele estiver circulando em uma via expressa a 60 km/hora, o espaço necessário será muito maior. Quando observamos que em uma quadra comum de uma cidade (com largura de 100 metros) cabem poucos veículos circulando um atrás do outro, rapidamente chegamos à conclusão de que poucos automóveis produzem um congestionamento. Apesar dessa constatação simples, a sociedade do automóvel quer vender a ilusão de que isso não ocorrerá. Não é à toa que a propaganda do automóvel só o mostra em situações favoráveis de circulação.

A colocação de um número crescente de automóveis em um sistema viário de capacidade limitada por natureza é, portanto, um processo coletivo de insensatez, incentivado pelas elites econômicas e políticas e festejado pela indústria automobilística e pelo setor de construção de vias. Nenhuma grande cidade do mundo conseguiu acomodar todos os automóveis de seus habitantes. Nem em Los Angeles, a cidade do mundo com a maior oferta de vias expressas, isso foi possível: a cidade se situa no topo da lista de nível de congestionamento entre as grandes cidades norte-americanas (TTI, 1996). No caso de São Paulo, as pessoas acham que no congestionamento do horário de pico da tarde a maioria dos veículos disponíveis está circulando simultaneamente, quando apenas 15% deles estão nas ruas. Assim, a discussão sobre o congestionamento, nos termos colocados aqui, é absurda porque ele simplesmente não tem solução no molde que se deseja impor − o aumento do sistema viário. Todavia, a ilusão não para de se propagar, alimentada por interesses políticos e econômicos.

A tentativa homeopática: o rodízio de chapas

O rodízio de veículos em São Paulo foi implantado inicialmente pelo governo estadual − Secretaria de Meio Ambiente − com o objetivo de reduzir a poluição atmosférica. Em meio a muita controvérsia, o Governo do Estado de São Paulo, inspirado nas experiências da Cidade do México e Santiago do Chile, encaminhou o projeto de lei que resultou na promulgação da Lei estadual n. 9690 de 2 de junho de 1997 e do Decreto estadual n. 41858 de 12 de junho de 1997. Foi autorizada a implantação do Programa de Restrição à Circulação de Veículos Automotores na Região Metropolitana da Grande São Paulo entre o início de maio e o final de setembro de 1997 e 1998, tendo sido proibida a circulação de dois finais de chapa por dia útil, das 7h às 20h. As medidas do Programa tinham, segundo a Companhia de Tecnologia de Saneamento Ambiental (Cetesb), caráter preventivo, e objetivavam evitar a ocorrência de episódios críticos de poluição atmosférica, bem como diminuir o risco de serem ultrapassados os padrões de qualidade do ar.

Em 1997, o rodízio estadual foi suspenso e foi implantado o rodízio municipal apenas na cidade de São Paulo, e com a restrição limitada aos períodos entre 7h e 10h e 17h e 20h. A abrangência geográfica também foi alterada, atingindo apenas o interior e o perímetro do minianel viário da capital. O esquema foi respeitado pela maioria dos motoristas (entre 91% de manhã e 86% à tarde, em 1998), mas o índice de obediência apresentou queda gradual e constante até 2005, quando voltou a subir diante do aumento da fiscalização (PMSP, 2011; DOM, 2011).

Com o enorme crescimento da frota de automóveis a partir da década de 2000, o rodízio foi perdendo sua eficácia e a cidade passou a vivenciar constantemente comprimentos de lentidão no trânsito superiores a 100 km.

As Figuras 5.5 e 5.6 resumem os dados sobre o comprimento de trânsito lento nas principais vias da cidade, entre 1995 e 2008. Observa-se que tanto no pico da manhã quanto no pico da tarde a lentidão cresceu muito no período analisado (62% de manhã e 32% à tarde).

A INIQUIDADE NO CONSUMO DE ENERGIA E NA EMISSÃO DE POLUENTES

O uso intenso do automóvel aumenta muito o consumo de energia, em relação ao uso do ônibus ou dos sistemas sobre trilhos. A Figura 5.7 resume o consumo de energia na mobilidade de algumas grandes cidades do Brasil em 2007. Observa-se que o transporte individual era responsável pela maior parte do consumo de energia, variando entre 59% em Belo Horizonte e 75% em São Paulo.

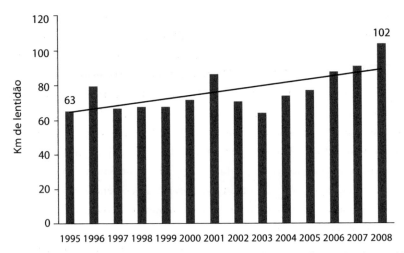

Figura 5.5: Comprimento de lentidão nas principais vias de São Paulo, no pico da manhã, de 1995 a 2008.
Fonte: CET (vários anos).

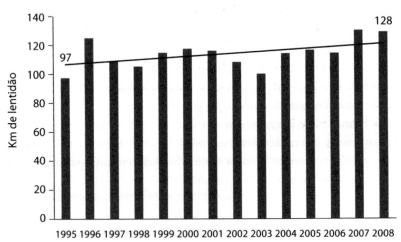

Figura 5.6: Comprimento de lentidão nas principais vias de São Paulo, no pico da tarde, de 1995 a 2008.
Fonte: CET (vários anos).

O (DES)CONTROLE DOS IMPACTOS

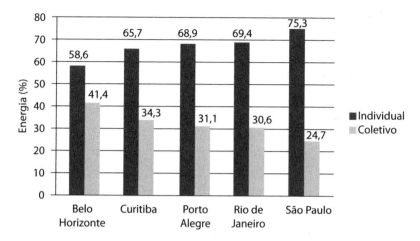

Figura 5.7: Porcentagem de consumo de energia por modo de transporte coletivo e individual em cinco áreas metropolitanas do Brasil (2007).
Fonte: CAF (2010).

A Figura 5.8 resume as emissões relacionadas à mobilidade em algumas grandes cidades do Brasil em 2007. Pode-se observar que o transporte individual é responsável pela maioria das emissões de todos os poluentes considerados.

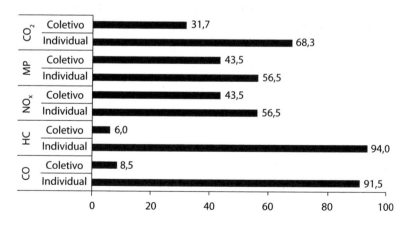

CO: monóxido de carbono; HC: hidrocarbonetos; NO_x: óxidos de nitrogênio; MP: material particulado; CO_2: dióxido de carbono.

Figura 5.8: Porcentagem de emissão de poluentes por modo de transporte coletivo e individual em cinco áreas metropolitanas do Brasil (2007).
Fonte: CAF (2010); as áreas consideradas foram Belo Horizonte, Curitiba, Porto Alegre, Rio de Janeiro e São Paulo.

A PRODUÇÃO DE DEJETOS

Do ponto de vista ambiental, o aumento do uso do transporte privado tem várias consequências negativas. Em primeiro lugar, aumenta o consumo de recursos naturais ou vegetais, como a borracha, o ferro e outros metais. Em segundo lugar, aumenta o descarte de materiais, como pneus, óleos, plásticos e carcaças de veículos – alguns com grandes impactos ambientais – requerendo inclusive grandes áreas de acumulação. Em terceiro lugar, aumenta a necessidade de espaço viário de circulação e de asfalto para recobrir o piso. Em quarto lugar, aumenta o uso de combustíveis fósseis e, consequentemente, aumenta a emissão de poluentes. Finalmente, tanto no caso do automóvel como da motocicleta, aumenta o número e a gravidade dos acidentes de trânsito.

Alguns dados agregados para o país mostram a magnitude do problema hoje em dia, e chamam a atenção para os problemas que podem ocorrer no futuro. Lagarinhos (2011) informa que foram produzidos 860 milhões de pneus no Brasil entre 1936 e 2000 (Laert Portão, 2002 apud Lagarinhos, 2011), o que representa no mínimo 8,6 milhões de toneladas se consideramos (de forma conservadora) que um pneu médio tem 10 kg. Até a década de 1990, a reciclagem era ínfima, tendo aumentado a partir de 1999 com o Programa Nacional de Coleta e Destinação de Pneus Inservíveis e, em 2009, com a publicação da resolução 416 do Conselho Nacional de Meio Ambiente. De forma conservadora, pode-se estimar que a metade dos pneus foi jogada no lixo e em outros locais inadequados, somando 4,3 milhões de toneladas.

No caso dos veículos muito velhos, a Associação dos Engenheiros Automotivos (AEA) estima que apenas 1,5% é reciclado, e os demais vão parar em desmanches e depósitos. Assumindo que os veículos com mais de 30 anos têm essa destinação, todos os veículos produzidos até 1980 no Brasil já haviam virado sucata em 2012. Os dados da Anfavea (2012) mostram que, entre 1957 e 1982, foram licenciados 12,2 milhões de veículos de todos os tipos no Brasil. A Tabela 5.6 mostra que o peso dos veículos sucateados é de 20,1 milhões de toneladas de materiais diversos, borracha e vários tipos de metal que foram jogados no lixo, em aterros, rios e locais desabitados no Brasil até 2012.

Tabela 5.6: Peso dos veículos sucateados no Brasil, licenciados até 1982.

Veículo	Total[1] (ton.)
Autos	9.006.442
Comerciais leves	1.834.379
Caminhões	7.042.068
Ônibus	2.229.802
Total	20.112.691

1: considerando uma tonelada para autos e comerciais leves, 5,8 toneladas para caminhões e 14,1 toneladas para os ônibus (dados do peso de veículos típicos ponderado pelas vendas).
Fonte: baseada em Fenabrave (2012).

INSEGURANÇA NO TRÂNSITO: PAGANDO O CUSTO DA IRRESPONSABILIDADE E DA LENIÊNCIA

Início da motorização e o problema dos dados de segurança no trânsito

A história da segurança de trânsito no Brasil seguiu os mesmos passos dos demais países em desenvolvimento e dos atuais países desenvolvidos, quando eram países em desenvolvimento. A inclusão de uma nova tecnologia – o automóvel – foi considerada um sinal de progresso e de modernidade. Nunca houve consideração pelos eventuais prejuízos da nova tecnologia, especialmente em relação aos acidentes de trânsito que ela poderia causar em um ambiente feito de pedestres e ciclistas.

O assunto segurança de trânsito, no que diz respeito a sua inclusão em uma política pública consistente e permanente, foi ignorado na história da motorização privada no Brasil. A leitura da literatura técnica, assim como dos jornais de maior circulação, mostra discussões episódicas, superficiais, inconscientes ou então eivadas de sensacionalismo. Ao contrário, por exemplo, do ocorrido nos países europeus, o tema no Brasil permaneceu no nível de problema pontual e não mudou para o *status* de questão (Meny e Thoening, 1990), o que a faria merecer a presença na agenda permanente das autoridades públicas.

A visão predominante variou entre a postura ideológica de custo inevitável do progresso – que justifica a motorização como um bem em si, independentemente de seus impactos negativos – a visões individuais, de cunho psicológico ou transcendental, como irresponsabilidade do indivíduo, destino ou vontade divina, que implicitamente reconhecem que não há nada a se fazer. Por causa disso, a motorização foi acompanhada de um aumento exponencial no número de mortos e feridos, levando o trânsito brasileiro nos anos 1970 ao patamar de 35 a 40 mortes por 100 mil habitantes, entre os maiores do mundo.

Infelizmente, são raras as estatísticas de boa qualidade sobre mortos e feridos no trânsito brasileiro anteriores a 1970. O Brasil nunca teve bons dados de segurança de trânsito, porque os órgãos estaduais (Detran) nunca se organizaram para obter essas informações. Dada a estadualização do trânsito que vigorava até então, bem como o fato de os dados sobre acidentes serem recolhidos pela Polícia Militar de Trânsito, os registros eram precários e se acumulavam em pilhas nos depósitos da Polícia Militar, sem nenhum estudo adequado sobre suas características. O Departamento Nacional de Trânsito (Denatran) recebia os dados estaduais dos Detran e os consolidava em um relatório anual, sem análises complementares, e que hoje se sabe estava muito distante da realidade.

Em nossa história, a busca por melhores informações foi feita pelos profissionais de saúde pública das universidades e entidades privadas dedicadas ao tema, como a Associação Brasileira de Medicina de Tráfego (Abramet) e o Programa Volvo de Segurança no Trânsito, criado em 1987. No âmbito das cidades, destaca-se o caso da CET de São Paulo, que investiu na qualidade da informação a partir da década de 1990, criando um sistema de levantamento de dados junto a hospitais e ao Instituto Médico Legal. Todavia, o salto de qualidade na obtenção dessas informações no âmbito nacional só ocorreu a partir da organização do banco de dados do Ministério da Saúde (Datasus), que contém informações sobre internações e mortes hospitalares relacionadas ao trânsito. Embora não abranja a totalidade dos casos, ele se tornou a melhor fonte para estimar as dimensões do problema no Brasil. Contribuiu muito para esse esforço o processo de municipalização do trânsito, a partir do Código de Trânsito Brasileiro (CTB) de 1997, por meio do qual ocorreu a organização de entidades locais de trânsito, com recursos humanos e materiais suficientes para manter boas estatísticas de segurança de trânsito.

A fase do automóvel

Com o crescimento da frota de automóveis no Brasil aumentou muito o número de mortos e feridos, especialmente a partir da década de 1960, com a entrada da indústria automobilística. O aumento no uso dos caminhões também colaborou muito para esse fenômeno. Apesar dessas dificuldades, é possível estimar ao menos qual era o nível do problema, utilizando dados esparsos das maiores cidades, nas quais havia alguma informação.

Uma pista relevante é dada pelos dados de acidentes nas rodovias federais, que sempre contaram com uma forma mais precisa de coleta de dados. A Figura 5.9 mostra que o número de mortes foi multiplicado por 18 entre 1954 e 1974, inaugurando um tipo de fatalidade que praticamente não existia no Brasil. Esse aumento ocorreu em um ritmo semelhante ao do crescimento da extensão das rodovias federais (Figura 5.10). Entre 1954 e 1974, morreram 22.624 pessoas, e no período até 1986 morreram 73.823 pessoas. Se for considerado o período entre 1954 e 1999, o total de mortos nas rodovias federais atinge cerca de 160 mil pessoas, com cerca de 1.200.000 feridos.

No tocante aos dados de todo o país, não há muita informação confiável antes da década de 1980. Os dados do Datasus apontam 492 mil mortes entre 1980 e 1997, ano da aprovação do CTB de 1997. O total de mortes no trânsito caiu de 35 mil em 1997, para 29 mil em 2000, em decorrência do início da vigência do CTB. A partir dessa data, o número de mortes aumentou e chegou ao nível de 41 mil em 2010 (Figura 5.11). Grande parte desse aumento esteve concentrada nas mortes usando motocicletas.

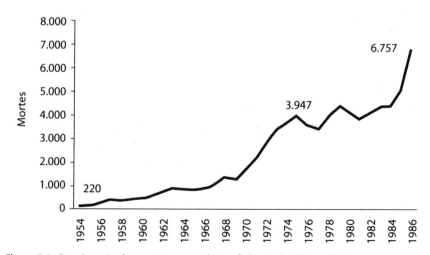

Figura 5.9: Crescimento das mortes nas rodovias federais de 1954 a 1986.
Fonte: DNIT (2012).

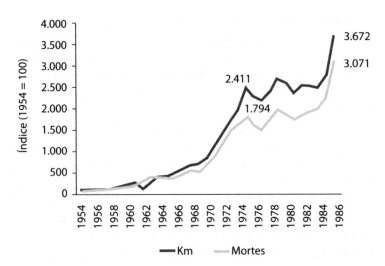

Figura 5.10: Índice de crescimento da extensão das rodovias federais e do número de mortes no trânsito de 1954 a 1986.
Fonte: DNIT (2012).

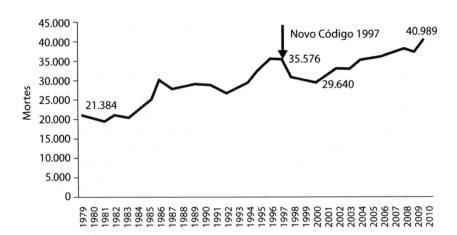

Figura 5.11: Mortes no trânsito no Brasil de 1979 a 2010.
Fonte: Datasus apud Instituto Sangari (2011 e 2012).

A fase da motocicleta

De forma concomitante à discussão e aprovação do CTB de 1998, a liberação e o incentivo ao uso da motocicleta no Brasil levou a um aumento rápido e exponencial de mortos e feridos, em uma escala nunca vista no país. Em consequência disso, as motos aumentaram muito sua participação no número de vítimas de trânsito. A Tabela 5.7 resume os dados de várias cidades médias do país a respeito da participação dos motociclistas no total de atendimentos dos principais prontos-socorros das cidades.

Tabela 5.7: Participação dos motociclistas entre as vítimas de trânsito internadas nos principais prontos-socorros dos maiores hospitais das cidades.

Ano	Cidade	% motociclistas
1998	Londrina	44,4
2000	Maringá	38,6
2001	Campinas	33,0
2003	Uberlândia	45,1
2006	Cuiabá	49,1
2007	Taubaté	50,4
2007	Araras	45,3

Fonte: Cunha (2011).

Observa-se, pela Tabela 5.7, que os motociclistas passaram a ser as maiores vítimas do trânsito na maior parte das cidades, alterando completamente o quadro médico-hospitalar no país. Isso foi agravado mais ainda pelo fato de que os acidentes com motocicletas produzem muito mais vítimas que os ocorridos com outros tipos de veículos (dada a vulnerabilidade do motociclista).

No âmbito nacional, o impacto no número de mortos em motocicletas assumiu a característica de tragédia social. A Tabela 5.8 revela que o número de fatalidades no trânsito ocorridas com usuários de motocicleta e registradas pelo Ministério da Saúde em seu sistema de informações – Datasus – aumentou de 725 em 1996, para 11.433 em 2011, ou seja, foi multiplicado por 15 vezes. Nesse período, a participação das motocicletas no total de fatalidades de trânsito no Brasil passou de 2% em 1996, para 32% em 2010, superando todos os demais modos de transporte (Figura 5.12). Caso sejam utilizados os dados de indenização por acidentes pagos pelo seguro DPVAT (Líder Seguradora, 2013b), os valores serão ainda superiores.

Tabela 5.8: Fatalidades com motociclistas no Brasil de 1996 a 2010, dados oficiais.

Ano	Fatalidades	Fatalidades adicionais	
		Anual	Acumulado (base 1996)
1996	725	0	0
1997	956	231	956
1998	1.028	72	1.984
1999	1.583	555	3.567
2000	2.465	882	6.032
2001	3.100	635	9.132
2002	3.744	644	12.876
2003	4.271	527	17.147
2004	5.042	771	22.189
2005	5.974	932	28.163
2006	7.162	1.188	35.325
2007	8.078	916	43.403
2008	8.898	820	52.301
2009	9.268	370	61.569
2010	10.825	1.557	72.394
2011	11.433	608	83.827

Fonte: Brasil, MS – Datasus (2012).

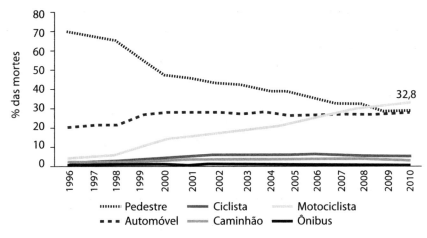

Figura 5.12: Fatalidades no trânsito brasileiro por tipo de usuário de 1996 a 2006.
Fonte: Instituto Sangari e Waiselfisz (2012).

A Figura 5.12 mostra que a distribuição das fatalidades por tipo de usuário mudou dramaticamente no período. Enquanto a participação dos pedestres diminuiu de 70 para 38%, a participação das motocicletas aumentou de 3% para 27%, praticamente se igualando à participação dos ocupantes de veículos (majoritariamente automóveis).

A Tabela 5.9 mostra que o índice de mortes em motocicletas por frota de motos quase duplicou no período de 1998 a 2006, uma característica marcante do aumento da violência no uso do espaço viário.

Tabela 5.9: Índice de mortos em motocicletas por frota de motos no Brasil de 1998 a 2006.

Ano	Mortos	Motos	Mortes/10 mil motos
1998	1.280	2.542.732	5
1999	1.830	3.020.173	6,1
2000	2.465	3.550.177	6,9
2001	3.100	4.025.566	7,7
2002	3.744	4.945.256	7,5
2003	4.271	5.332.056	8
2004	5.042	6.079.361	8,3
2005	5.974	6.934.150	8,6
2006	6.970	7.898.925	8,8

Fontes: Brasil, MS – Datasus e Denatran.

A Tabela 5.10 mostra que, entre 1996 e 2010, morreram 73.119 motociclistas no país. A maior parte morreu no Nordeste, que a partir de 2011 tornou-se o maior mercado para as motocicletas, e onde as taxas de fatalidade com o uso da motocicleta mais cresceram no país (Silva, 2012).

Tabela 5.10: Mortes de motociclistas por região do país de 1996 a 2010.

Região	Mortes	%
Norte	5.893	8,1
Nordeste	23.081	31,6
Sudeste	21.954	30,0
Sul	13.722	18,8
Centro-oeste	8.469	11,6
Total	73.119	100

Fonte: Brasil, MS – Datasus.

O caso da cidade de São Paulo

A cidade de São Paulo, por concentrar o maior número de serviços de entrega rápida de mercadorias, experimentou o aumento mais dramático de acidentes fatais com motociclistas. Entre 1997 e 2007, o total de motocicletas passou de 140 mil para 527 mil (CET, 2008). Em 2006, pela primeira vez na história da cidade, o número de fatalidades com motociclistas superou o total de fatalidades com ocupantes de outros veículos (380, contra 367). Em 2011, as fatalidades com motociclistas já correspondiam a 83% daquelas ocorridas com pedestres, que sempre foram as maiores vítimas na história do trânsito da cidade.

Entre as fatalidades com motociclistas em 2005, 40% ocorreram sem a interferência de outro veículo, ou seja, estiveram relacionadas apenas à motocicleta e seu condutor. Entre os mortos, 37% eram motoboys trabalhando na entrega de mercadorias. Finalmente, as motocicletas foram responsáveis pela morte de 85 pedestres (10% do total). No ano de 2007, 20% das fatalidades ocorreram com pessoas entre 10 e 19 anos, e 72% ocorreram com pessoas entre 20 e 39 anos, ou seja, 92% dos mortos em motocicletas tinham no máximo 39 anos de idade.

Custos dos acidentes

Os custos do uso da motocicleta estão relacionados à morte e ferimentos de pessoas. Os dados analisados provêm do banco de dados do Ministério da Saúde (Datasus). É importante ressalvar que esses dados têm atualmente uma boa abrangência nacional, mas não cobrem ainda todos os acidentes ocorridos no país.

Para compreender melhor o fenômeno, em primeiro lugar, foi estimado o impacto marginal da entrada da nova tecnologia – motocicleta – no trânsito brasileiro. A Tabela 5.11 mostra que no período entre 1998 e 2006 o impacto anual de cada mil motocicletas novas foi de 1,24 fatalidade e 2,7 internações hospitalares na rede SUS. Isso significa que uma morte adicional foi produzida por cada 809 novas motos vendidas no período e uma internação adicional a cada 370 novas motos. Deve-se salientar que o impacto nas internações pode estar subestimado, em virtude da forma de registro dos acidentes. O valor correspondente para cada mil automóveis foi menos da metade do impacto das motocicletas, mostrando uma acomodação histórica da sociedade em sua convivência com o automóvel, em um patamar inferior (mas ainda muito alto) em relação ao período inicial, de altíssima produção de vítimas relacionadas ao uso do automóvel.

Em segundo lugar, os acidentes graves e fatais foram computados para um período mais longo e tiveram seus custos estimados usando-se a metodologia do estudo Ipea/ANTP (2003). A Tabela 5.12 mostra que os acidentes adicionais causados pelas motocicletas resultaram em custos para a sociedade brasileira que chegam a R\$ 10,6 bilhões no período de 1998 a 2011. Esse valor corresponde a R\$ 662 por moto em circulação no período analisado e a 11% do valor médio de uma moto nova[1].

Tabela 5.11: Mortes e internações hospitalares adicionais causadas pelo aumento do uso da motocicleta no Brasil entre 1998 e 2006.

Tipo de evento	Eventos adicionais[1] (líquido)	Eventos/mil motos adicionais
Internações hospitalares SUS	53.338	2,7
Fatalidades	24.149	1,2

1: Eventos causados pelo aumento do número de motos em relação ao existente em 1998 e considerado crescimento vegetativo de 2% a.a. no período para as internações e mortes registradas em 1998.

Fonte: Brasil, MS – Datasus.

---

[1] Considerando uma frota média de 3,7 milhões de motos no período, e o valor de R\$ 5.330 para a moto nova.

Tabela 5.12: Custos dos acidentes adicionais causados pelo aumento do uso da motocicleta no Brasil entre 1998 e 2011.

Item	Eventos adicionais[1] (líquido)	Custo no período 1998-2011[2]
Internações hospitalares adicionais	226.945	3.114.312.697
Mortes adicionais	65.890	7.482.342.463
Total		10.596.655.160

1: Eventos causados pelo aumento do número de motos em relação ao existente em 1998 e considerado crescimento vegetativo de 2% a.a. no período para as internações e mortes registradas em 1998.

2: Considerando custos médicos, de perda de produção e conserto de veículos estimados no estudo Ipea-ANTP 2003; valores de dezembro de 2011, corrigidos pelo IPCA em relação a 2002; como os dados do Ipea-ANTP se referem aos custos totais dos acidentes (que na maioria dos casos envolve outro veículo), assumiu-se que 50% dos custos poderiam ser atribuídos às motocicletas.

Resultados para a saúde pública e a sociedade

Custos gerais

As únicas pesquisas abrangentes sobre os custos dos acidentes de trânsito no Brasil foram feitas em dois trabalhos conjuntos do Ipea (2003) e da ANTP (2006).

O primeiro, realizado em 2001, estimou os custos dos acidentes urbanos em 49 aglomerações urbanas, compostas de 378 municípios e o Distrito Federal, que continham 47% da população e 62% da frota de veículos do país. A partir de entrevistas domiciliares com proprietários de automóveis e motocicletas de Belém, Porto Alegre, Recife e São Paulo, identificou-se o índice de ocorrência de acidentes e seus resultados para os envolvidos. Uma pesquisa especial de custos hospitalares médios foi feita no Hospital das Clínicas de São Paulo com acidentados de trânsito. Estudos especiais foram feitos sobre os acidentes com ônibus e caminhões. Os dados médios foram projetados para toda a frota de automóveis e motocicletas, gerando estimativas nacionais. Os dados da Tabela 5.13 mostram que o custo total era de R$ 3,59 bilhões por ano, cabendo 73% dos custos à perda de produção dos envolvidos e aos danos à propriedade. A Tabela 5.14 mostra que os automóveis estavam ligados a 56% dos custos, embora correspondessem a 74% da frota de veículos. Já as motocicletas estavam relacionadas a 19% dos custos, quando sua frota era de apenas 11% dos veículos – demonstrando sua vulnerabilidade como forma de transporte. A Tabela 5.15 mostra que um acidente com morte chegava a um custo de R$ 144 mil, que um acidente com vítimas não fatais custava R$ 17.459 e que o custo médio de todos os acidentes era de R$ 8.783. É importante ressaltar que a metodologia não usou o conceito do valor estatístico da vida, que reflete a disposição das pessoas a pagar pela redução do risco e que, se aplicada, eleva muito o custo final. Isso ocorreu porque a metodologia ainda não estava desenvolvida adequadamente no Brasil, e a importação de valores de estudos europeus causaria grande distorção nas conclusões, dado que a realidade social e econômica brasileira é completamente diferente.

Tabela 5.13: Custos de acidentes nas aglomerações urbanas do Brasil por tipo de gasto em 2003.

Tipo de custo	R$ bilhões (abril de 2003)	% do total
Perda de produção[1]	1,54	42,8
Danos à propriedade[2]	1,08	30,0
Médico-hospitalares[3]	0,57	15,9
Outros[4]	0,41	11,3
Total	3,59	100

1: Tempo de inatividade e custos decorrentes.

2: Danos aos veículos e aos equipamentos públicos.

3: Resgate, tratamento médico e recuperação.

4: Judiciais, congestionamento, remoção de veículos, atendimento policial, agente de trânsito.

Fonte: Ipea/ANTP (2003).

Tabela 5.14: Custos de acidentes nas aglomerações urbanas do Brasil por tipo de veículo envolvido em 2003.

Tipo de veículo	R$ bilhões (abril de 2003)	% do total	% da frota
Automóveis	1,99	56	74
Motocicletas	0,68	19	11
Ônibus urbanos	0,46	13	1
Caminhões	0,40	11	4
Utilitários	0,05	1	10
Total	3,59	100	100

Fonte: Ipea/ANTP (2003).

Tabela 5.15: Custos de acidentes nas aglomerações urbanas do Brasil por tipo de acidente em 2003.

Tipo de acidente	R$ (abril de 2003)	
	Por acidente	Por vítima
Com morte	144.477	109.709
Com feridos	17.459	14.233
Sem vítimas	3.261	
Geral	8.783	28.643

Fonte: Ipea/ANTP (2003).

O custo das aglomerações urbanas, expandido para todas as áreas urbanas do país, gera o custo total de R$ 5,3 bilhões.

O segundo estudo, realizado em 2005, estimou os custos dos acidentes rodoviários. Ele usou metodologia diferente, que selecionou boletins de ocorrência de acidentes nas rodovias federais, analisou as características dos eventos e os custos envolvidos. Usando procedimentos estatísticos, expandiu os resultados para as rodovias estaduais e municipais. A Tabela 5.16 mostra que o custo total apurado em dezembro de 2005 era de R$ 22 bilhões.

Tabela 5.16: Custos de acidentes nas rodovias do Brasil por tipo de veículo envolvido em 2005.

Rodovias	R$ bilhões (dez/2005)	% do total
Federais	6,51	29,6
Estaduais	14,11	64,1
Municipais	1,40	6,4
Total	22,02	100,0

Fonte: Ipea/ANTP (2006).

Uma estimativa do custo atual está feita na Tabela 5.17. Foram feitas duas correções aos custos originais: primeiro, os custos originais foram majorados pelo crescimento do número de mortes (que se subentende vai se refletir na cadeia total de custos) entre o ano base do estudo e 2012; segundo, pela taxa de inflação desde o ano base do estudo até 2012. Observa-se que o custo atual (com novo número de mortes) seria de R$ 47,2 bilhões por ano, correspondente a 1,1% do PIB previsto do Brasil em 2012 (R$ 4,4 trilhões, IBGE) (Tabela 5.17).

O (DES)CONTROLE DOS IMPACTOS

Tabela 5.17: Custos de acidentes no Brasil por área de ocorrência em 2012.

Local	R$ bilhões (dez 2012)
Urbano	10,0
Rodoviário	37,2
Total	47,2

Fontes: adaptada de Ipea/ANTP (2003 e 2006); coeficientes de inflação INPC (Ipeadata) e aumento do número de mortes pelo MS-Datasus.

O trânsito como causa de mortes e a política pública

A Figura 5.13 mostra que os acidentes de transporte eram, em 2005, a quinta causa de morte no Brasil, sendo maiores que as mortes por neoplasias femininas e em decorrência da Aids.

Uma das formas de avaliar a relevância das políticas públicas para a sociedade é verificar a rapidez com que são tomadas medidas para enfrentar os problemas a elas relacionados. Um caso relevante é a comparação entre as mortes no trânsito e em decorrência da aids. Segundo dados do Ministério da Saúde, do período entre 1999 e 2005, a taxa de mortalidade no trânsito era de 18,8 mortes por 100 mil habitantes, o triplo da taxa de mortes em decorrência dessa doença (6,3). No caso da cidade de São Paulo, a Figura 5.14 mostra as mortes decorrentes dos dois motivos e pode-se observar que o aumento acelerado das mortes em decorrência da aids no período entre 1985 e 1995 foi revertido rapidamente, ao passo que a redução das mortes no trânsito ocorreu muito mais lentamente. O fenômeno mostra a diferença do tratamento de duas questões de saúde pública, uma (aids) vista como de interesse geral da sociedade, requerendo combate imediato, e a outra (trânsito) vista como algo natural e que diminuirá com o tempo.

A possibilidade de entender melhor o processo só apareceu de forma decisiva com o esforço feito a partir da década de 1970 pelos profissionais de medicina ligados às áreas da saúde pública e da violência. As revistas brasileiras especializadas nesses temas passaram a apresentar artigos sobre as lesões do trânsito desde 1972 (Laurenti et al., 1972) e, a partir da década de 2000, seguiram a decisão da Organização Mundial da Saúde de considerar a insegurança no trânsito como um problema de saúde pública. O impacto da motocicleta na sociedade foi tão dramático que abriu uma nova linha de pesquisa: entre 1970 e 2012 foram publicados 54 artigos científicos e 37 dissertações de mestrado e teses de doutorado apenas sobre o tema da motocicleta, que permitiram descrever em detalhes o problema em todo o país (Vasconcellos, 2013).

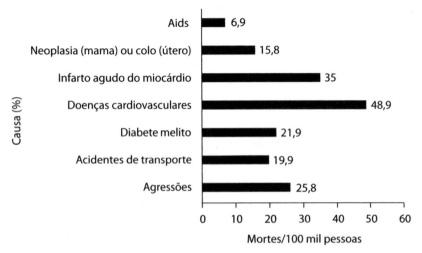

Figura 5.13: Mortes por causa principal no Brasil em 2005.
Fonte: Brasil, MS – Datasus.

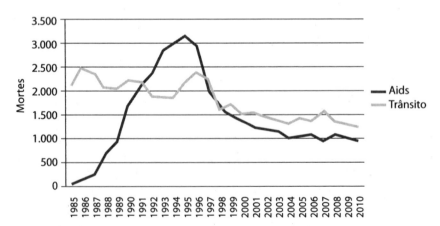

Figura 5.14: Mortes no trânsito e em decorrência da Aids na cidade de São Paulo.
Fontes: Brasil, MS – Datasus (dados de trânsito) e Secretaria Municipal de Saúde (2012). Dados da doença em 2012.

A organização institucional

Em toda sua história, com curtos períodos de exceção, o Denatran nunca liderou qualquer plano ou projeto nacional de grande impacto. Sua atuação foi quase que exclusivamente dedicada aos aspectos burocráticos e administrativos, além das questões legais envolvendo alterações na legislação de trânsito. Foi uma presença ausente. Desprovido de corpo técnico especializado, tornou-se foco de pressão para os grupos de interesse ligados às decisões sobre os equipamentos que são usados nos veículos e à sinalização de trânsito, setores de grande importância econômica em razão de seus volumes de produção e venda. Grande parte dos recursos sempre foi utilizada em campanhas caríssimas de educação de trânsito e de eficácia nunca comprovada.

A legislação de trânsito, aprovada em 1966, ficou praticamente intacta até 1991, quando, então, começou um processo para sua revisão e que resultou no novo código de 1997. Em junho de 1991, foi criada uma Comissão Especial, pelo Ministério da Justiça, para preparar um anteprojeto para revisão do Código de Trânsito. Para tanto, foram convidados representantes de organismos públicos federais, estaduais e da sociedade civil; dentro da ótica dominante, nenhum representante dos municípios foi convidado. Simultaneamente, era realizado em Fortaleza o VIII Congresso de Transporte Público e Trânsito pela Associação Nacional de Transportes Públicos (ANTP). Foram mobilizados a Frente Nacional de Prefeitos, o Fórum Nacional de Secretários de Transporte Público e Trânsito e a ANTP que, em conjunto, solicitaram a inclusão de um representante municipal ao presidente do Contran e ao Ministro da Justiça (MJ), sendo atendidos.

A Comissão Especial realizou seu trabalho, que foi disponibilizado para recebimento de sugestões da sociedade civil e dos organismos de trânsito. Foram enviadas aproximadamente 5 mil sugestões. De posse desse material, o MJ elaborou e encaminhou a proposta à Câmara Federal. De abril a dezembro de 1993, o Projeto de Lei tramitou com grande participação dos parlamentares, da sociedade civil e de representantes de organismos municipais, estaduais e federais, com mais de 500 propostas de emendas. Ele foi então encaminhado ao Senado, onde tramitou até o final de 1996, recebendo mais de 300 proposições de emendas. Muitas alterações foram incluídas no texto enviado pela Câmara, aprimorando-o. De volta à Câmara, foi aprovado com grande aceitação das emendas provindas do Senado e encaminhado para sanção presidencial em 23/09/97, tornando-se a Lei n. 9.503.

O Código de 1997

Disposições gerais

O Código de Trânsito Brasileiro de 1997 trouxe muitas inovações, aproximando-o da legislação que se encontra nos países mais bem-sucedidos em relação à segurança no trânsito, como os europeus. A seguir, estão ressaltados os capítulos e itens mais relevantes com relação às inovações incluídas para aumentar a segurança dos usuários, a qualidade da gestão do trânsito e a relação entre os órgãos públicos e a sociedade.

O Capítulo I – das Disposições Preliminares – define que o trânsito em condições seguras é um direito de todos e um dever dos organismos do Sistema Nacional de Trânsito (SNT). Além disso, responsabiliza os organismos do SNT por danos causados aos cidadãos e conclui esclarecendo a ordem de prioridade de suas ações: vida, saúde e meio ambiente. Esse é um dos grandes avanços desse código que altera a condição de não responsabilidade até então inexistente.

O Capítulo II – do Sistema Nacional de Trânsito – define que o SNT é responsável pela regulamentação das normas contidas no CTB, pelo estabelecimento de Diretrizes da Política Nacional de Trânsito, pela execução e controle dessa política.

Outros itens contêm definições essenciais para os propósitos inovadores do CTB, assim como para viabilizar a implantação de ações. Dentre elas destacam-se:

- A ampliação da participação da sociedade nas decisões.
- A obrigatoriedade de manutenção de programas permanentes de educação de trânsito em todo o sistema educacional.
- A criação do Fundo de Segurança e Educação de Trânsito (Funset), que reserva 5% do valor das multas aplicadas no país a programas nessas áreas.
- A municipalização do trânsito, com a transferência, para os municípios do poder de planejamento, operação e gestão de seu trânsito.

Em consequência dessa estruturação, foram desenvolvidas a Política Nacional de Trânsito (PNT) e o Programa Nacional de Trânsito. A PNT propôs ações de forma coordenada pelos três níveis de governo e pela sociedade, representando um rompimento com as políticas anteriores que limitavam a participação e que permitiam decisões fechadas e a concessão de privilégios injustificados. A

PNT definiu como principais problemas a serem enfrentados: o crescimento desordenado das cidades, a degradação da qualidade da vida urbana (queda na acessibilidade, aumento dos acidentes, da poluição e dos congestionamentos) e a impunidade generalizada. Elegeu como objetivos estratégicos finais: a preservação da vida e da saúde das pessoas, a melhoria da qualidade do ambiente urbano e da eficiência na circulação de pessoas e mercadorias. O Programa Nacional de Trânsito estabeleceu metas em três áreas: índices de segurança de trânsito, de qualidade da circulação e de qualidade da gestão. Estabeleceu prazos e incentivos para que as cidades possam atingir tais metas e, da mesma forma, definiu formas para financiamento de programas específicos que sejam considerados essenciais ao cumprimento dos objetivos projetados e aprovados.

Para o funcionamento adequado do SNT, o código criou bancos de dados essenciais: Registro Nacional de Veículos Motorizados (Renavam), o Registro Nacional de Carteiras de Habilitação (Renach) e o Registro Nacional de Infrações (Renainf). A precariedade ou a inexistência desses bancos de dados no Brasil foi um dos motivos mais importantes para o incentivo ao desrespeito às leis e à socialização da certeza da impunidade.

O tema da municipalização do trânsito

A municipalização do trânsito certamente foi uma das medidas mais importantes do Código de 1997. O CTB, em seu artigo 24, definiu as competências dos órgãos e entidades executivos de trânsito dos municípios, destacando-se as competências para planejar, projetar, regulamentar e operar, e para executar a fiscalização de trânsito, no exercício regular do poder de polícia de trânsito.

As mudanças entravam em conflito com interesses de dois grupos muito poderosos: o controle do planejamento do trânsito pelas autoridades estaduais (Detran) e a exclusividade da Polícia Militar de Trânsito sobre o policiamento dos usuários das vias. Essas duas medidas alteraram profundamente o cenário da gestão do trânsito urbano no Brasil, rompendo com o isolamento das autoridades municipais e dos habitantes das cidades em relação ao tema. Conforme será visto a seguir, a chamada municipalização do trânsito foi uma das ações mais revolucionárias que aconteceram na história desse tema no Brasil.

A integração do município ao Sistema Nacional de Trânsito foi tornada independente de seu tamanho, frota, população, receitas ou quaisquer outros fatores. É uma exigência legal, que compele o prefeito a assumi-la, mesmo considerando que o município pode optar por fazer convênio com autoridades estaduais.

No início do processo (1998) havia apenas 47 municípios formalmente integrados. Em 2005, esse número já havia subido para 717, o que representava 13% dos 5.560 municípios existentes. Embora o número de municípios seja reduzido, sua representatividade em termos de população e frota de veículos é muito alta: os municípios formalmente integrados tinham, em 2005, 62% da população urbana do país e 76% da frota nacional de veículos em circulação. Todas as capitais e cidades com mais de 250 mil habitantes – onde os problemas são mais graves – foram integradas. Nesses órgãos e entidades municipais, trabalhavam cerca de 43 mil pessoas nas áreas de engenharia, operação/fiscalização, educação, estatística, administração, além de 3 mil outras junto às Jaris – Junta de Recursos de Infrações (Denatran, 2005).

Impactos percebidos e mensurados

A segurança no trânsito melhorou muito no início da aplicação do CTB de 1997. Segundo estudo de Kume e Neri (2007), ocorreu uma redução estatisticamente significativa de 5,8% no número de mortes, e a queda para as mulheres foi quase duas vezes superior à dos homens. Uma análise do Ministério da Saúde (MS, 2004) mostrou que a taxa de mortalidade no trânsito caiu para homens e mulheres, em todas as faixas de idade, nas regiões sul, sudeste e centro-oeste, onde ocorre a maior quantidade de movimentação de veículos no país. Na região nordeste, os valores permaneceram iguais, e na região norte aumentaram.

Essas quedas foram mantidas por muitos anos, mas acabaram arrefecendo, principalmente em função do afrouxamento da fiscalização e do aumento exponencial no uso da motocicleta e em seu envolvimento em acidentes. Depois de longo período de estagnação, as mortes voltaram a cair em decorrência de uma nova lei sobre o limite tolerável de uso de álcool pelos condutores de veículos. Essa lei, apelidada de Lei Seca, entrou em vigor em 2008 e teve grande impacto imediato: na comparação entre os semestres anterior e posterior à validade da lei, houve uma redução de 28,3% nas internações hospitalares registradas pelo SIM-MS, relativas aos acidentes com transporte. O gasto dos serviços de saúde caiu 35,5% (Jorge e Koisumi, 2009). Com o passar do tempo, a fiscalização foi relaxada e começaram a ocorrer interpelações judiciais sobre o direito de recusa aos exames por parte dos motoristas parados pela fiscalização, o que a tornou ineficaz. Apenas em dezembro de 2012 a lei foi alterada para permitir que outras provas da eventual embriaguez do condutor pudessem ser usadas, como testemunho de policiais e cidadãos, e fotos e filmagem das pessoas envolvidas.

Em resumo, o CTB 1997 foi o primeiro código que conseguiu alterar para melhor as condições de segurança de trânsito no Brasil, mas seus efeitos benéficos foram reduzidos por ações e políticas contrárias à segurança de trânsito.

No tocante à municipalização do trânsito, a partir de 1998, seus impactos positivos podem ser vistos analisando o comportamento do número de mortes no trânsito em três grandes cidades do país – São Paulo, Belo Horizonte e Porto Alegre, com populações de 11, 2 e 1,5 milhões de habitantes, respectivamente. A Tabela 5.18 mostra os dados entre 1991 e 2005, e a Figura 5.15 mostra o índice de mortes por 100 mil habitantes.

Tabela 5.18: Mortes no trânsito em São Paulo, Belo Horizonte e Porto Alegre de 1991 a 2005.

Ano	Mortes no trânsito		
	São Paulo	Belo Horizonte	Porto Alegre
1991	2.626	374	201
1992	2.291	481	183
1993	2.436	551	176
1994	2.401	446	274
1995	2.278	508	270
1996	2.245	418	219
1997	2.042	383	248
1998	1.558	307	199
1999	1.683	392	198
2000	1.490	297	167
2001	1.526	315	141
2002	1.370	155	156
2003	1.268	238	170
2004	1.419	217	175
2005	1.505	177	162

Fontes: CET (2009), BHTRANS (2008) e EPTC (2008).

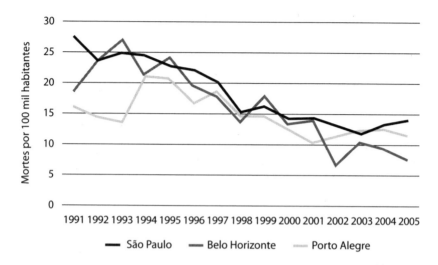

Figura 5.15: Índice de mortes por 100 mil habitantes em São Paulo, Belo Horizonte e Porto Alegre de 1991 a 2005.
Fontes: CET (2009), BHTRANS (2008) e EPTC (2008).

A Figura 5.15 mostra o número de mortos no trânsito de três grandes cidades brasileiras, São Paulo, Belo Horizonte e Porto Alegre. Observa-se que ocorre queda contínua no índice de mortes nas três cidades a partir de 1995.

Esses resultados foram consequência de um grande número de ações técnicas, de educação e de fiscalização, de forma continuada, que foi possibilitada pela existência de órgãos gestores dotados de recursos humanos e materiais adequados.

Arrecadação de recursos na PNT

Logo que começa o ano fiscal, o poder executivo faz um decreto contingenciando os recursos orçamentários propostos, com a finalidade de acompanhar a evolução da economia e adequar os gastos do governo. Ademais, o governo brasileiro tem de reter recursos para fazer frente ao pagamento de dívidas externas (superávit primário). Especialmente a partir do primeiro governo Lula (2003), a política de contingenciamento foi levada a extremo, refletindo nos recursos disponíveis para o Denatran. Esse contingenciamento prosseguiu até 2010, retirando do SNT uma grande quantidade de recursos.

O orçamento do Denatran é composto essencialmente dos recursos do Seguro Obrigatório (DPVAT) e do Funset. Os recursos do DPVAT são distribuídos entre o Fundo Nacional de Saúde (45%), para custeio do tratamento das vítimas de acidentes de trânsito, o Denatran (5%), para aplicação exclusiva em programas destinados à prevenção de acidentes de trânsito, e as companhias de seguro (50%). No caso do Funset, seus recursos são destinados a custear as despesas do Denatran relativas à operacionalização da segurança e da educação de trânsito. Constituem recursos do Funset, 5% do valor das multas de trânsito arrecadadas, as dotações específicas consignadas na Lei de Orçamento ou em créditos adicionais e as doações de patrocínios de organismos, entidades ou pessoas físicas e jurídicas nacionais, internacionais ou estrangeiras. Estando ligado à quantidade de multas, o valor recolhido tende a crescer ano a ano em razão do aumento do número de municípios integrados ao SNT.

Na Tabela 5.19 estão mostrados os dados de arrecadação das duas fontes, entre 1999 e 2007. A tabela mostra que ao final de 2007 continuavam em caixa cerca de R$ 1,26 bilhão, soma considerável para o desenvolvimento de programas voltados para a melhoria da segurança de trânsito no país.

Tabela 5.19: Funset e DPVAT – valores arrecadados/executado/saldo acumulado (milhões de R$).

Exercício	Recursos arrecadados	Orçamento executado	%	Saldo anual	Saldo acumulado
1999	73,4	39,3	53,5%	34,1	
2000	95,7	71,1	74,2%	24,7	34,1
2001	126,3	76,8	60,8%	49,5	58,8
2002	160,2	66,5	41,5%	93,7	108,2
2003	193,8	37,6	19,4%	156,2	201,9
2004	198,1	42,8	21,6%	155,2	358,1
2005	241,0	54,8	22,7%	186,2	513,4
2006	328,8	65,4	19,9%	263,4	699,6
2007	387,7	85,9	22,2%	301,7	963,0
Total	1.805	540,3	29,9%		1.264,8

Fonte: Denatran (várias datas).

Aplicação dos recursos

Os recursos do Funset e do DPVAT que foram liberados pelo orçamento do governo federal foram gastos, em parte, nas próprias atividades administrativas daquele órgão ou em atividades nitidamente burocráticas. Se desconsideradas essas atividades, é possível verificar que os recursos que não foram destinados ao contrato do Serpro (manutenção do banco de dados de veículos e de carteiras de habilitação) financiaram algumas ações de educação e prevenção de acidentes, mas que poderiam ser muito mais volumosas caso os recursos não fossem contingenciados. Analisando especificamente os dados da arrecadação do Funset – pouco mais de R$ 900 milhões – conclui-se que, se eles correspondem a 5% do valor das multas de trânsito aplicadas, então estas últimas representaram uma arrecadação no país de R$ 18 bilhões (Tabela 5.20). Todavia, apesar da expressiva quantidade de projetos executados pelo Denatran voltados para a finalidade prevista na legislação, quando se verifica o volume de recursos efetivamente aplicados, conclui-se que eles foram irrisórios. Se considerarmos todos os recursos liberados nos anos de 2001 a 2007, em média apenas 32,6% deles foram gastos com atividades-fim. Nos últimos 4 anos do período, observam-se taxas menores ainda.

Tabela 5.20: Orçamento executado, Denatran, de 2001 a 2007 (milhões de R$).

Ano	Orçamento executado	Despesas de funcionamento do próprio Denatran	Contrato Serpro (informática)	Líquido para as atividades-fim	Participação das atividades-fim (%)
2007	85,9	2,3	70,7	12,9	15,0%
2006	65,4	1,8	48,4	15,2	23,3%
2005	54,8	1,7	39,9	13,2	24,1%
2004	42,9	0,6	36,2	6,1	14,1%
2003[1]	37,6	0,75	31,4	5,4	14,4%
2002[1]	66,5	0,63	29,1	36,8	55,3%
2001[1]	76,8	0,38	26	50,5	65,7%
Total	429,9	8,2	281,7	140,1	32,6%

1: Nesses anos, os valores gastos com o próprio Denatran encontram-se diluídos nos demais programas.

Obs.: foram suprimidos os anos de 1999 e 2000 em razão de os Relatórios de Gestão desses anos não fazerem discriminação dos recursos aplicados por projeto.

Fonte: Denatran (vários anos).

O (DES)CONTROLE DOS IMPACTOS

A análise dos gastos realizados nas atividades-fim, usando os recursos do Funset e do DPVAT, mostra que eles foram extremamente reduzidos (Tabela 5.21). De 2001 a 2007, somente 8,6% de todos os recursos arrecadados foram aplicados na finalidade para a qual foram previstos. A porcentagem de utilização dos recursos chega a ser irrisória nos últimos anos.

Tabela 5.21: Comparação entre recursos aplicados nas atividades-fim e recursos arrecadados pelo Funset e DPVAT (milhões de R$).

Ano	Recursos arrecadados	Valores aplicados em atividades-fim	Participação das atividades-fim (%)
2007	387,7	12,9	3,3%
2006	328,9	15,2	4,6%
2005	241,0	13,2	5,5%
2004	198,1	6,1	3,1%
2003[1]	193,8	5,4	2,8%
2002[1]	160,2	36,8	23,0%
2001[1]	126,3	50,5	40,0%
TOTAL	1.636,0	140,1	8,6%

1: Nestes anos, os valores gastos com o próprio Denatran encontram-se diluídos nos demais programas.

Obs.: Os relatórios de gestão de 1999 e 2000 não discriminam os gastos por tipo de atividade.

Fonte: Denatran (várias datas).

Quadro 5.1: A insensatez da retenção dos recursos para a segurança de trânsito

A insensatez da retenção dos recursos dedicados à segurança viária pode ser verificada por dois exemplos simples de medidas de redução dos acidentes de trânsito comprovadamente baratas e de alto impacto: a minirrotatória e a iluminação de faixas de pedestre. A minirrotatória, instalada no centro de interseções que não justificam a implantação de semáforos e que têm problemas de acidentes, custa cerca de R$ 8 mil. Sua aplicação na cidade de São Paulo levou a uma redução de 78% nos acidentes (período de um ano após a implantação), e a velocidade média de aproximação dos veículos caiu de 60 para 35 km/h. A iluminação de faixas de pedestre custa cerca de R$ 1.800, tendo sido feita em locais de baixa iluminação noturna e com grande ocorrência de atropelamentos. Em estudo realizado com 107 faixas que foram iluminadas, verificou-se uma redução de

(continua)

Quadro 5.1: A insensatez da retenção dos recursos para a segurança de trânsito. (continuação)

50% no número de atropelamentos noturnos (período de um ano após a implantação). A aplicação de uma parte mínima dos recursos bilionários contingenciados do Funset-DPVAT traria grandes benefícios de segurança de trânsito. Considerando que um acidente de trânsito custa em média R$ 10 mil no Brasil (2012) (Ipea/ANTP, 2003) e que a implantação de uma minirrotatória custa R$ 2.500 por acidente evitado, a relação custo/benefício é muito favorável. No caso da iluminação de faixas de pedestre, o tempo de retorno do gasto é um ano e meio, também muito favorável. Os valores falam por si e desnudam a insensatez que predomina na consideração do tema da segurança de trânsito no Brasil.

Quadro 5.2: Projetos específicos de impacto – o caso do "Paz no Trânsito" em Brasília.

Dentro destas condições adversas poucos projetos independentes de melhoria das condições de segurança no trânsito tiveram êxito no país.

O projeto abrangente mais marcante do período anterior ao Código de Trânsito de 1997 foi o "Paz no Trânsito", implantado em Brasília. O projeto foi lançado em fevereiro de 1995, no governo de Cristovam Buarque, que tinha como Secretário de Transportes Nazareno Stanislau Affonso, urbanista com atuação intensa na área de transportes e trânsito. O programa tinha vários objetivos relacionados à educação para a segurança, à infraestrutura viária e de sinalização, à fiscalização, à manutenção dos veículos e à priorização da circulação de pedestres e ciclistas. Conforme aponta Rodrigues (2007), a iniciativa surgiu em um ambiente político favorável à redução das mortes no trânsito e contou com o apoio de mais de 50 instituições da sociedade civil. Adicionalmente, o programa contou com apoio decisivo do principal jornal local – o *Correio Brasiliense* – assim como da Polícia Militar de Trânsito. No decorrer do programa houve mobilizações expressivas da sociedade, tendo havido em 15 de setembro de 1996 uma caminhada de apoio ao programa que contou com 25 mil pessoas e, quatro dias depois, uma caminhada de estudantes da rede pública com 18 mil participantes. Por vários motivos ligados ao ambiente da cidade e às expectativas das organizações que apoiavam o projeto, a ação específica de aumentar o respeito pelos pedestres por parte dos condutores de automóveis foi a que alcançou maior êxito e durabilidade. De fato, não se havia visto no Brasil nada parecido e nem mais tarde isto voltou a se repetir em outras cidades na escala do que ocorreu em Brasília. Em poucas semanas, o respeito aos pedestres que atravessavam as vias elevou-se ao nível "euro-

(continua)

> **Quadro 5.2:** Projetos específicos de impacto – o caso do "Paz no Trânsito" em Brasília. (continuação)
>
> peu", surpreendendo toda a comunidade técnica brasileira que havia lutado por isso infrutiferamente por muito tempo. Nos três primeiros anos do programa (1995-97) verificou-se uma redução de 29% no número de mortes no trânsito.
>
> Este movimento social de apoio ao tema voltaria a se manifestar em muitas cidades do Brasil, mas de forma muito mais modesta, dentro de um processo lento de aumento da relevância do tema na perspectiva da sociedade.

MEIO AMBIENTE: USO DE ENERGIA E CONTAMINAÇÃO DO AR

A preocupação com o problema ambiental urbano surgiu no Brasil a partir do crescimento das cidades e de sua frota de veículos motorizados. Até a década de 1970, esse problema não existia para a maioria da população ou para o governo.

Há duas políticas que devem ser avaliadas quanto às relações entre mobilidade e meio ambiente: o controle da emissão de poluentes pelos veículos e a definição das formas de energia para seu uso. Ambas têm enorme impacto nas condições de qualidade da vida urbana, de saúde pública e de economia do transporte.

A emissão de poluentes pelos veículos motorizados

O uso intensivo do automóvel aumentou muito a emissão de poluentes locais, em razão da baixa qualidade da gasolina e da elevada emissão dos motores dos veículos. A contaminação atmosférica na região metropolitana de São Paulo atingiu níveis críticos na década de 1970. Muitos estudos feitos pelo setor de saúde pública mostraram a gravidade da situação. Em 1998, foi produzido o primeiro estudo brasileiro sobre o impacto do material particulado (MP) emitido pela combustão dos veículos e que fica suspenso no ar, com dados da região metropolitana de São Paulo. No estudo, foi definida a relação positiva entre o grau de concentração do MP e o aumento da probabilidade de morte, que confirmou as conclusões de vários estudos internacionais semelhantes (Saldiva, 1998). Infelizmente, não foram realizados estudos em outras grandes áreas urbanas do Brasil, que teriam mostrado resultados semelhantes (guardadas as diferenças de frota e mobilidade).

No caso das emissões, o início de uma tomada de decisão por parte do poder público ocorreu com o Programa de Controle da Poluição do Ar por Veículos Automotivos (Proconve), inaugurado em 1986. As informações disponíveis mostram que a política de limitação das emissões veiculares no Brasil nasceu em função de duas motivações principais: o início do processo nos Estados Unidos, em 1974, e a existência no Brasil (especialmente em São Paulo) de um grupo de técnicos de alto escalão preocupados com as questões de energia e do meio ambiente e que tinham acesso a pessoas de alto poder político, que poderiam viabilizar as ideias por meio de ações concretas. A partir dos avanços na legislação norte-americana e do interesse desses técnicos e instituições no Brasil, foi-se formando uma massa crítica interessada no tratamento do problema. Além disso, a indústria automobilística, já em estágio avançado de internacionalização, percebeu que o Brasil poderia ser um local de produção para exportação, o que requeria que os veículos aqui produzidos tivessem uma qualidade ambiental melhor, exigida no plano internacional. Conforme lembra Guimarães (1989), em 1972, o governo brasileiro começou a implantar mecanismos de facilitação das exportações de veículos, baseado na hipótese de tendência de descentralização das exportações pelas multinacionais e da possibilidade do Brasil ser um polo relevante em âmbito mundial como exportador para outros países em desenvolvimento. Mais tarde, em 1985, ocorreu o lançamento do carro mundial, como estratégia da indústria internacional, e suas subsidiárias no Brasil engajaram-se rapidamente ao esforço. Fazia parte do esforço a fabricação de veículos que pudessem ser exportados, tornando sua qualidade ambiental um requisito indispensável.

O processo interno ao país avançou mais no estado de São Paulo, onde se localizava a indústria automobilística brasileira e onde a cidade de São Paulo passou, a partir da década de 1960, a enfrentar congestionamentos crescentes associados ao aumento da poluição ambiental. Tanto a Secretaria de Meio Ambiente do Estado de São Paulo, quanto seu órgão associado – Companhia de Tecnologia e Saneamento Ambiental (Cetesb)– tiveram papel essencial no deslanche da política no plano nacional[2].

---

[2] A Cetesb obteve em 1976 o poder legal para ser a autoridade na área. Leis federais posteriores, como a Política Nacional do Meio Ambiente (Lei n. 6.938/81) confirmaram e complementaram as atribuições da Cetesb como órgão integrante do Sistema Nacional de Meio Ambiente (Sisnama) (Liége e Aguiar, 2000). No início, a atuação da Cetesb foi fortemente centrada no problema do saneamento e da poluição da água; mas a partir da década de 1980 ela começou a participar ativamente do problema da poluição do ar.

O Proconve

Em meados de 1980, à época da discussão da proposta de regulamentação nacional de controle da poluição do ar por veículos automotores novos no Brasil, a Cetesb estimou a participação da frota de veículos leves nas emissões totais em 84% do total das fontes para o monóxido de carbono (CO), 41% para os hidrocarbonetos (HC) e 18% para os óxidos de nitrogênio (NO_x) (Branco, 1985). Essa constatação, aliada às centenas de ultrapassagens anuais do padrão de qualidade do ar na região metropolitana de São Paulo (RMSP) para CO observadas pelo órgão ambiental paulista, deu a medida da necessidade de urgente implantação de políticas públicas destinadas ao controle das emissões veiculares, no rastro dos programas de países desenvolvidos.

Após intensa negociação entre a Cetesb, os fabricantes de veículos, a Secretaria Especial do Meio Ambiente (Sema) do governo federal e o Ministério da Indústria e Comércio, o Proconve foi aprovado, em 1986, pelo Conselho Nacional de Meio Ambiente (Conama). Assim, foi instituído de forma pioneira nos países em desenvolvimento o controle das emissões dos veículos novos comercializados no país, tanto daqueles produzidos localmente como dos importados. A Lei federal n. 8.723 de 29 de outubro de 1993 consolidou o Proconve, definindo os limites de emissão para veículos leves e pesados novos, entre outros requisitos.

O Proconve seguiu a experiência dos países desenvolvidos, exigindo que os veículos e motores novos atendessem a limites máximos de emissão em ensaios laboratoriais padronizados. O programa estabeleceu o licenciamento ambiental dos protótipos de todos os modelos produzidos e comercializados no país. A Cetesb foi designada como órgão executivo delegado pelo Instituto Brasileiro de Meio Ambiente e Recursos Naturais Renováveis (Ibama) para a coordenação técnica do programa em âmbito nacional. Os veículos leves foram priorizados pelo Proconve quanto ao atendimento de limites máximos de emissão, por serem os maiores responsáveis pelos altos índices de CO na atmosfera, em virtude de sua maior presença na frota circulante (cerca de 92% em meados dos anos 1980). Representavam, assim, o maior problema ambiental a ser enfrentado nos grandes centros urbanos.

A grande importância da primeira fase foi o ingresso efetivo do país no controle da poluição veicular, por meio do treinamento de seus engenheiros nesse tema e da montagem da infraestrutura em laboratórios, os quais se tornaram mandatórios.

A primeira fase do Proconve (1988 a 1991) começou no ano em que foram produzidos os primeiros veículos com os novos padrões, que se caracterizaram tecnologicamente pelo carburador melhorado. Na segunda fase (1992 a 1996), para o atendimento dos limites mais restritivos do Proconve, foram adotados os primeiros sistemas de injeção eletrônica, portando um nível intermediário de desenvolvimento. Nessa fase, surgiram também os primeiros catalisadores, alguns deles instalados em conjunto com o carburador, o que não se mostrou uma configuração muito eficiente, embora atendesse aos limites máximos de emissão do programa. Em 1997, começou a terceira fase, com nova restrição dos limites legais do Proconve. Nessa fase tecnológica, os sistemas de injeção multiponto, já bem mais desenvolvidos, foram melhorados para equipararem as emissões dos veículos comercializados no Brasil com aquelas dos produzidos nos países desenvolvidos.

Como a qualidade do combustível e a tecnologia do motor são os principais fatores que influenciam as emissões dos poluentes, a gasolina teve sua especificação melhorada ao longo do Proconve, com a redução do teor de enxofre de 1.000 ppm em 2002, para 400 ppm em 2007, e para 80 ppm em 2009. A retirada completa do chumbo tetraetila da gasolina ocorreu em 1991, viabilizando a introdução dos conversores catalíticos. O Brasil foi o primeiro país a utilizar gasolina sem chumbo em escala nacional, sem a necessidade de uma fase transitória de implantação progressiva, graças à adição de 22% de etanol anidro, utilizado para aumento da octanagem por causa de suas propriedades antidetonantes. A adição de etanol à gasolina trouxe imediatamente reduções expressivas na emissão de CO da frota antiga (carburada) dos veículos, da ordem de 30%.

Graças ao programa, os veículos leves apresentavam em 2008 uma redução média de 95% na emissão de poluentes em relação ao período pré-Proconve. As emissões médias de HC dos veículos leves novos foram reduzidas em cerca de 30 vezes, e as emissões de NO_x em 15 vezes.

Uma das maiores dificuldades enfrentadas nessa fase refere-se aos catalisadores implantados nos veículos para reduzir as emissões. Eles começaram a equipar a frota brasileira em escala significativa em 1992, quando cerca de 60% dos veículos eram produzidos com esse componente. Esse percentual aumentou linearmente até 1997, quando toda produção adotou essa ferramenta como item indispensável para atender os limites de emissão cada vez mais restritivos do Proconve. Pesquisas realizadas pela Cetesb com veículos mostraram que 4% eram equipados com falsos catalisadores (peças semelhantes ao original, que não cumprem a função de catálise), 20% tiveram os catalisadores retirados ou apenas seu núcleo cerâmico retirado e 13% das peças genuínas se apresentavam inope-

O (DES)CONTROLE DOS IMPACTOS

rantes. Dessa forma, 24% dessa amostra se encontrava em situação irregular (sem catalisador) e 37% não controlava suas emissões, por ausência ou inoperância dos catalisadores. O elevado índice de veículos com emissões não controladas indicado por essa pesquisa representa um impacto ambiental relevante, especialmente em regiões com grandes frotas.

Veículos com motores a diesel

Em 1986, a participação na frota brasileira dos veículos a diesel era de apenas 8%. Embora contribuíssem com uma parcela relevante das emissões totais de MP e NO_x da frota circulante, sua contribuição com as emissões de CO e HC sempre foram muito baixas quando comparadas aos veículos leves carburados. Além disso, à época do início do Proconve, as montadoras ainda não estavam suficientemente equipadas com laboratórios para medição dos gases de escapamento conforme o método dos 13 pontos, utilizado na Europa para certificação ambiental de motores a diesel.

Diferentemente dos veículos leves equipados com motores do ciclo Otto, o Proconve adotou para os veículos a diesel os procedimentos e limites europeus, pois os investimentos em laboratórios seriam muito menores do que o necessário para a adoção dos métodos norte-americanos. Além disso, a maioria dos fabricantes de motores a diesel instalados no Brasil tem origem europeia e já estava habilitada a implantar esses procedimentos com agilidade no país.

A evolução histórica dos limites do Proconve para veículos e motores pesados a diesel mostra limites progressivamente mais restritivos em suas diversas fases. Um dos temas mais relevantes sempre foi o teor de enxofre contido no diesel – dada sua periculosidade para a saúde humana – cujos valores no Brasil eram muito superiores aos dos países desenvolvidos. A fase P6 do Proconve, de atendimento de novos limites e que passaria a vigorar a partir de 2009 para os veículos pesados, não foi cumprida, em razão do conflito que envolveu a Agência Nacional do Petróleo, Gás Natural e Biocombustíveis (ANP), a Petrobras e a Associação Nacional dos Fabricantes de Veículos Automotores (Anfavea). A ANP não regulamentou a tempo a especificação do diesel S50 (com 50 ppm de teor de enxofre), e a Petrobras não disponibilizou esse combustível em quantidade suficiente para a realização de testes de desenvolvimento de motores, alegando que a ANP ainda não havia especificado o S50; por sua vez, a Anfavea não desenvolveu os motores, catalisadores e filtros para o atendimento dos novos limites máximos de emissão em 2009, justificando-se pela ausência de prazo suficiente para o desenvolvimento dos motores, muito embora a especificação do combustível de referência constasse da diretiva europeia adotada pelo Conama enquanto não fossem expedidos os documentos normativos brasileiros. A ANP somente definiu a especificação do diesel S50 em outubro de 2007, mediante forte pressão dos órgãos ambientais e da opinião pública.

Dado o prejuízo à qualidade do ar em novembro de 2008, o Conama aprovou a Resolução n. 403/2008, que institui a fase P7, com novos limites máximos de emissão de poluentes para os motores do ciclo diesel destinados a veículos automotores pesados novos e com a definição das características básicas do óleo diesel S50 a serem seguidas. Ademais, a ANP e produtores, importadores, distribuidores e revendedores de combustíveis foram responsabilizados pela apresentação de um plano de abastecimento do diesel S50 e S10 em todo território brasileiro para atendimento das novas disposições, dando ampla publicidade a seu conteúdo, especialmente aos Ministérios do Meio Ambiente e de Minas e Energia.

Emissão de poluentes por motocicletas – o Promot

Em 1994, as motocicletas contribuíam com menos de 2% da emissão de CO e HC na atmosfera na RMSP. Em 2008, sua participação nas emissões totais nessa região já era de 17% para CO e 16% para HC, em função do aumento exponencial do número de motocicletas. Para efeitos de poluição do ar, deve-se levar em conta, ainda, a intensidade de uso das motos: enquanto o automóvel roda em média 16.000 km/ano, uma motocicleta roda de 20.000 a 25.000 km.

Uma vez que a tecnologia empregada nos veículos de duas rodas (carburador) não acompanhou a evolução da tecnologia de motores, da injeção eletrônica de combustível e dos sistemas de pós-tratamento de gases aplicados aos automóveis, seus fatores de emissão por km (ou por litro de combustível) ainda se encontravam em patamares equivalentes aos veículos leves pré-Proconve, sendo de 10 a 20 vezes maiores que os veículos de quatro rodas da época. A Cetesb e o Ibama, junto com as principais montadoras de motocicletas instaladas no Brasil, elaboraram uma proposta para o controle das emissões, que resultou no estabelecimento do Programa de Controle da Poluição do Ar por Motociclos e Veículos Similares (Promot), baseada na legislação da União Europeia. A Resolução 297 do Conama, de fevereiro de 2002, estabeleceu uma redução significativa nas emissões (limites equivalentes a Euro II) para vigorar a partir de janeiro de 2006. Em seguida, foram definidos limites equivalentes a Euro III para os motociclos produzidos a partir de 2009.

Para atender à legislação, a indústria teve de fazer adaptações nos motores e instalou catalisadores em alguns modelos. O sistema de injeção eletrônica só foi adotado em motos de 600 cilindradas e em modelos para a exportação, na segunda fase do Promot. Por causa desse esforço tecnológico, ocorreu ainda na segunda fase do Programa uma redução de 2/3 da emissão de CO em relação aos modelos anteriores sem controle de emissão. No que concerne às motocicletas novas, o Brasil ficou em uma situação favorável, mas esse controle foi se perdendo pela rápida deterioração das condições mecânicas dos veículos e por não haver um programa abrangente de inspeção anual de veículos em uso que inclua as motos.

Fiscalização e controles: inspeção veicular de emissões

A idade média da frota brasileira de automóveis em 2008 era de 9,1 anos, e a maioria dos veículos ultrapassava os 100.000 km rodados. Por outro lado, a idade média da frota brasileira de caminhões em 2010 era de 18 anos (Anfavea, 2011). O problema reside no precário estado mecânico desses veículos e na manutenção deficiente, que aumenta o consumo de combustível e a emissão dos gases do efeito estufa.

A inspeção sistemática das emissões de fumaça pelos veículos, induzindo à manutenção regular dos motores, pode trazer uma economia significativa no consumo de diesel, principalmente no caso de veículos mais antigos que apresentam manutenção precária. O CTB de 1966 já reconhecia a necessidade da inspeção veicular obrigatória. O novo Código de Trânsito, de 1997, também estabeleceu a obrigatoriedade da inspeção de segurança, implantada pelos órgãos estaduais executivos de trânsito, e ainda integrou os itens de segurança aos ambientais.

Somente a partir do CTB de 1997 foram tomadas algumas iniciativas oficiais dos governos estaduais no sentido da implantação dos programas de inspeção técnica veicular (ITV). Entretanto, pela instabilidade do sistema regulatório, ninguém ainda realiza a inspeção de segurança veicular no território brasileiro. Até 2013, o Contran ainda não havia estabelecido os requisitos e procedimentos essenciais para execução dos programas da ITV de segurança.

Impactos médios nas emissões dos veículos

A Tabela 5.22 apresenta a comparação dos resultados obtidos pelo Proconve, ao longo de sua existência, em relação aos veículos modelo 1985 que ainda eram fabricados sem controle de emissão. A tabela também apresenta os fatores médios dos veículos *flex-fuel*, ensaiados com gasolina C e com álcool hidratado puro. Em 2007, foi descontinuada a produção dos veículos dedicados exclusivamente ao álcool, dado que os modelos *flex-fuel* atingiram cerca de 90% do total da produção de leves.

Os dados mostram que as emissões de CO pelos veículos novos diminuíram drasticamente a partir de 1990, como resultado das determinações do Proconve. Os poluentes HC e NO_x apresentaram reduções mais modestas. Em 2005, os veículos novos fabricados no Brasil já emitiam pequenas quantidades de poluentes locais, em níveis equivalentes aos dos veículos europeus e norte--americanos.

Tabela 5.22: Fatores médios de emissão de veículos leves novos[1].

Ano	Combustível	Emissões g/km		
		CO	HC	NO_x
1980	Gasolina C[2]	54	4,7	1,2
1985	Gasolina C	28	24	1,6
	Álcool	16,9	1,6	1,2
1990	Gasolina C	13,3	1,4	1,4
	Álcool	10,8	1,3	1,2
1995	Gasolina C	4,7	0,6	0,6
	Álcool	4,6	0,7	0,7
2000	Gasolina C	0,73	0,13	0,21
	Álcool	0,63	0,18	0,21
2005	Gasolina C	0,34	0,10	0,09
	Álcool	0,82	0,17	0,08
	Flex c/ gasolina C	0,45	0,11	0,05
	Flex c/ álcool	0,39	0,14	0,1

1: Média ponderada de todos os modelos de acordo com a quantidade produzida no ano.

2: Gasolina com 22% de álcool (em volume).

Fonte: Cetesb (2008).

POLÍTICA DE ENERGIA VEICULAR

A análise do Proconve não ficaria completa se não fosse acompanhada de uma análise dos projetos de alteração das formas de energia utilizadas pelos veículos brasileiros, assim como das alterações tecnológicas dos veículos nacionais.

Transporte individual

O caso mais importante, por seu enorme impacto, foi o do pró-álcool. O Brasil já havia utilizado o álcool na forma de combustível misturado à gasolina desde a década de 1920, em programas limitados. O passo definitivo foi dado com a criação do Pró-álcool, em 1975, em resposta ao primeiro choque do petróleo. Nessa época, o Brasil importava cerca de 80% do petróleo consumido, sendo a gasolina a causa principal dessa demanda. De 1973 para 1974, os custos de importação de combustível passaram de US$ 600 milhões para mais de US$ 2 bilhões. Coincidentemente, naquela época o setor sucroalcooleiro passava por problemas em razão da liberação dos preços do açúcar no mercado internacional, que caía intensamente, tornando mais rentável reverter a produção nas usinas de açúcar para o etanol. O álcool surgiu então como alternativa viável à gasolina. O governo brasileiro, com apoio do Banco Mundial, criou mecanismos de financiamento para aumento de áreas cultivadas com cana-de-açúcar e construção de novas usinas, e investiu no desenvolvimento dos conceitos de projeto do motor a álcool. Por outro lado, as negociações com as multinacionais fabricantes de veículos foram muito difíceis, mas graças a uma forte determinação do governo brasileiro, as autoridades estabeleceram normas compulsórias para o dimensionamento dos motores a álcool hidratado e tornou-se possível a introdução do carro a álcool.

O etanol anidro foi misturado à gasolina como aditivo antidetonante, em substituição ao chumbo tetraetila, e seu teor na mistura foi fixado em 20%, que era o teor máximo aceitável pelos motores daquela época sem que houvesse aumento de consumo. Esse índice veio a variar ao longo do tempo, atendendo necessidades específicas de controle do preço do álcool.

Em 1979, ocorreu o segundo choque do petróleo, o preço do barril de petróleo triplicou, e este passou a representar cerca de 45% das importações brasileiras. Em 1980, a mistura com teor máximo de 20% de álcool foi adotada em todo o país, ainda com oscilações, exceto na RMSP, por solicitação da Cetesb para o combate ao monóxido de carbono. A Lei federal n. 8.723 de 1993 consolidou a adição de 22% de álcool anidro à gasolina. Mais tarde, esse volume foi alterado para 20 a 25% pela Lei n. 10.696 de 2003.

Em 1979, foi publicado o Decreto n. 83.700, que estabeleceu metas de produção e consumo de álcool. Desde então, passou-se a investir no álcool hidratado puro para veículos movidos exclusivamente a álcool. Em 1984, eles já representavam cerca de 95% da produção das montadoras, em virtude de uma política que remunerava o produtor de álcool e fixava a relação entre os preços do álcool e da gasolina. O preço do álcool era então até 40% inferior ao da gasolina. O desenvolvimento dos motores a álcool no Brasil também trouxe uma grande independência tecnológica das montadoras instaladas no país, elevando--o à condição de líder mundial nessa tecnologia.

Em 1986, ocorreu uma grande queda no preço do petróleo, de US$ 12 para US$ 4, o que levou a uma queda dos preços internacionais do álcool e à consequente desaceleração de todos os programas de energia alternativa no mundo. Esse período coincidiu com a escassez de recursos governamentais, inclusive para subsídio do Pró-álcool, resultando no descompasso entre o estímulo, com menores impostos à produção de veículos a álcool e à oferta desse combustível. A diferença relativa dos preços do álcool e gasolina na bomba foi diminuindo até reduzir-se à metade do que era antes. O carro a álcool já não representava mais uma grande vantagem econômica para os consumidores. O ano de 1985 marcou o início de uma nova fase. A participação dos carros a álcool nas vendas caiu para 88% em 1988, 61% em 1989, 20% em 1990 e 0,3% em 1996.

Em 1989, um forte desabastecimento ocorreu em algumas regiões do país, o que reduziu a confiança da população no Pró-álcool. No final dos anos 1990, a frota remanescente a álcool puro era de cerca de 4 milhões de veículos. Nessa fase de declínio do carro a álcool, observou-se o aparecimento das conversões de motores a álcool para gasolina em grande escala, com total descaso das exigências do Proconve. Ao adotar procedimentos e equipamentos de má qualidade, a conversão dos motores trouxe danos ao meio ambiente, por adulterar o projeto original dos motores.

Embora a grande crise de 1989 não tenda a se repetir, permanecem instabilidades na produção da cana-de-açúcar e em sua utilização entre o açúcar de mesa e o álcool para combustíveis. Adicionalmente, os impostos sobre combustíveis variam dentro do país, criando regiões com maior e menor atratividade para o etanol. Os sinais emitidos pelas autoridades governamentais sobre seu apoio ao programa não são claros, e tem havido grande oscilação nos preços do etanol para os usuários, levando a um consumo maior de gasolina. A descoberta das reservas do "pré-sal" aumentou as incertezas.

Ao contrário do que muitos argumentam, não se trata da falta de áreas para plantação, nem da suposta competição com a produção de alimentos: entre 1976 e 2007, a produção de cana-de-açúcar aumentou de 100 para 500 milhões de toneladas, ao passo que a produção de gêneros agrícolas experimentou aumentos exponenciais (Abramovay, 2009). Além disso, a área ocupada pelo cultivo de cana-de-açúcar era, em 2008, apenas 7% daquela dedicada ao cultivo de grãos. Por outro lado, o cultivo tanto da cana-de-açúcar quanto dos principais grãos, como soja, milho e arroz, teve aumento constante de produtividade, reduzindo a necessidade de áreas.

O veículo flex

Os primeiros estudos desenvolvidos no Brasil com o motor *flex-fuel* foram realizados em 1990 pela Bosch, mas seu lançamento ocorreu em março de 2003. Daí em diante, as vendas de veículos flex no Brasil não pararam de crescer, conforme mostra a Figura 5.16. A partir de 2003, as vendas cresceram exponencialmente e, em 2010, já representavam 95% do total comercializado no país, superando a marca de 11 milhões de unidades acumuladas. O sucesso reflete a ampla disponibilidade do etanol hidratado em todo território brasileiro, com a possibilidade de os consumidores escolherem livremente abastecer seus veículos com gasolina ou álcool. Apesar da forte influência da questão ambiental global em uma possível expansão planetária do uso do álcool automotivo, um significativo aumento da participação nas vendas de carros flex pode ser um instrumento de equilíbrio de preço entre o álcool e a gasolina em função das variações internacionais do preço do petróleo, açúcar e álcool.

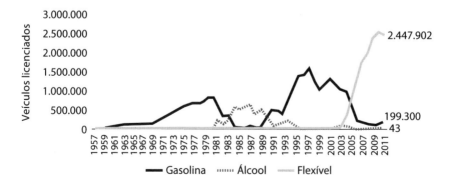

Figura 5.16: Licenciamento de automóveis por tipo de combustível.
Fonte: Anfavea (2012).

Transporte coletivo

Há muitas décadas, o diesel é o combustível utilizado na maioria dos ônibus no Brasil, ao passo que a energia elétrica é usada na maioria dos sistemas urbanos sobre trilhos. Em nossa história, tivemos também outras formas de energia de uso mais limitado, especialmente o ônibus elétrico, a gás natural, com biodiesel e híbrido.

O uso da energia elétrica no transporte coletivo é antigo no Brasil, tendo iniciado com os bondes e os trens urbanos no século XX. Apenas na metade do século é que foi iniciado um processo de usar essa forma de energia nos ônibus, por meio dos trólebus. Este começou a ser usado no Brasil em 1949, em São Paulo, com veículos usados importados dos EUA. Em 1953, foi implantado em Belo Horizonte, seguindo-se seu uso em outras 15 cidades (Tabela 5.23). Ao todo, 14 sistemas entraram em funcionamento, mas em nenhum ano todos operaram simultaneamente: o ano com maior número de sistemas em operação foi 1965 (dez sistemas) (Figura 5.17).

Tabela 5.23: Sistemas de trólebus no Brasil.

Abertura	Cidade	Término	Anos de vida até 2012
1949	São Paulo	Em operação	64
1953	Belo Horizonte	1969	17
1953	Niterói (RJ)	1967	15
1957	Campos (RJ)	1967	11
1958	Salvador	1969	12
1959	Araraquara (SP)	1999	41
1960	Recife	2001	42
1962	Rio de Janeiro	1971	9
1963	Santos (SP)	1996	34
1963	Porto Alegre	1969	7
1967	Fortaleza	1971	5
1979	Ribeirão Preto (SP)	1999	21
1986	Rio Claro (SP)	1993	8
1988	RMSP - ABD	Em operação	25

Fontes: Stiel (2001) e Basani (2010).

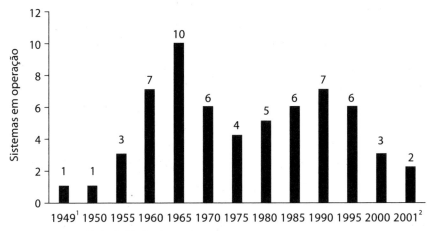

1: Apenas na cidade de São Paulo.
2: Apenas na cidade de São Paulo e no corredor ABD, que cruza quatro cidades da RMSP (São Paulo, Santo André, São Bernardo do Campo e Diadema).

Figura 5.17: Sistemas de trólebus em operação no Brasil.
Fontes: Stiel (2001) e Basani (2010).

Quatro sistemas duraram menos que 10 anos. Os mais duradouros foram os de Araraquara (41 anos), Recife (42 anos) e São Paulo (64 anos e ainda em operação em 2012) (Figura 5.18).

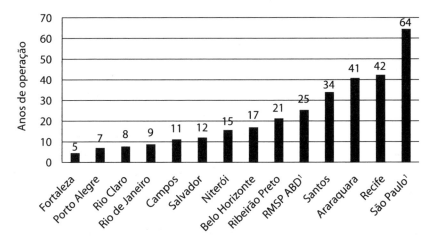

1: O sistema permanecia em operação em 2013.

Figura 5.18: Tempo de operação dos sistemas de trólebus.
Fontes: Stiel (2001) e Basani (2010).

O pico da demanda ocorreu na metade da década de 1980. Em 1985, os cinco sistemas existentes transportaram 147 milhões de passageiros, distribuídos entre São Paulo (96,7 milhões), Araraquara (18,5 milhões), Recife (14,2 milhões), Ribeirão Preto (8,7 milhões) e Santos (9 milhões) (Stiel, 2001). Mesmo considerando os valores expressivos de São Paulo, a participação dos trólebus sempre foi muito reduzida no contexto do transporte público urbano no Brasil. As frotas variaram de 9 veículos (Niterói, Campos, Porto Alegre, Fortaleza) a 199 veículos no Rio e 500 veículos em São Paulo.

A indústria nacional começou a fabricar trólebus em 1958 (Grassi/Villares) e, em 1962, a empresa Caio iniciou a produção, usando também equipamentos Villares. Em 1963, a Massari lançou um veículo elétrico monobloco que obteve grande sucesso no mercado, em uma época de demanda crescente (Basani, 2010). No entanto, os veículos eram muito mais caros que os ônibus convencionais movidos a diesel e dependiam de importação de peças. Com a desativação do sistema em várias cidades, a indústria nacional viu o mercado encolher e encerrou a produção. Em São Paulo, a gravidade da situação fez o governo municipal passar a fabricar trólebus entre 1963 e 1969, além de recuperar veículos mais antigos. Esses esforços chegaram inclusive a reativar parte da indústria na década de 1970, que chegou a fabricar trólebus articulados, usados em várias cidades brasileiras.

A frota de trólebus atingiu seu pico em 1967, com 728 veículos, dos quais apenas 71 eram de fabricação nacional. Após uma queda de 40% na frota, voltou a um patamar alto em 1994, com 725 veículos em operação, e 68% deles eram de fabricação nacional (Moraes, 1996).

Com o crescimento da discussão ambiental a partir da década de 1970, as entidades ambientalistas e órgãos públicos, como o Ministério de Minas e Energia e a Cetesb de São Paulo, colocaram na pauta o tema dos ônibus elétricos. Muitos relatórios foram produzidos sobre o tema, e a cambaleante situação dos trólebus no Brasil teve uma oportunidade de mudança. No entanto, as dificuldades não foram vencidas, os incentivos à indústria nacional foram sendo eliminados e o sistema brasileiro de trólebus continuou a reduzir sua participação: a partir de 2002, apenas o sistema da cidade de São Paulo e o corredor ABD na região metropolitana de São Paulo continuavam operando, mas com uma quantidade muito reduzida de veículos e de passageiros em relação ao sistema geral de transporte público por ônibus.

Biodiesel

O biodiesel no Brasil é feito a partir da soja. A Lei federal n. 11.097/05 definiu a adição de 2% (B2) em 2008 e 5% (B5) em 2013, mas, a partir de julho de 2008, o teor aumentou para 3% (B3). Como o Brasil consome anualmente cerca de 40 bilhões de litros de diesel por ano, eram necessários, em 2008, 800 milhões de litros de biodiesel (teor de 2%) e mais de 2 bilhões de litros (teor de 5%) em 2013. Para suprir o mercado, mais de 80 plantas de produção de biodiesel, entre as já autorizadas e em processo de autorização, estavam em operação ou em fase de construção em 2008. O biodiesel com 5% de teor (B5) foi testado em 3.500 ônibus no Rio de Janeiro em 2008, tendo confirmado estudos de laboratório de que as emissões caem em relação ao diesel convencional, à exceção do NO_x, que aumenta (Conceição, 2010). Em 2009, seis ônibus do novo corredor "Linha Verde" de Curitiba foram os pioneiros no uso de biodiesel 100% (B100). Em 2012, 26 ônibus biarticulados estavam operando no corredor. Estudos mostraram que a frota de veículos B100 emite 63,7% menos material particulado (fumaça), 46% menos monóxido de carbono, 100% menos óxido de enxofre e 65% menos hidrocarbonetos totais, quando comparada a uma frota de veículos a diesel comum (Urbs, 2012). Apesar dessas iniciativas, o uso do biodiesel avançou lentamente no Brasil. O principal conflito está ligado à forma de produção: enquanto a política social do governo propõe que o biodiesel seja uma alternativa para o pequeno produtor rural, a necessidade do controle de custos e de qualidade no produto final requer uma produção mais concentrada em propriedades maiores. Além disso, o custo do biodiesel tem sido maior do que o do diesel normal.

Gás natural veicular

Embora amplamente reconhecido como um combustível mais limpo se comparado ao diesel, a maior penetração do gás natural veicular (GNV) no Brasil esbarra na arraigada cultura do transporte a diesel. Além disso, o uso do gás ainda sofre restrições de ordem logística, econômica e operacional, dado que toda a maior parte da infraestrutura de abastecimento do país está organizada em torno da gasolina, do álcool e do diesel. Essa condição é particularmente desfavorável à difusão do uso automotivo, pela falta de abastecimento em determinadas regiões e dificuldade de venda de ônibus urbanos usados com motores dedicados ao uso do GNV, de grandes centros urbanos para cidades menores no interior, que seriam o destino natural desses veículos se não fosse escassa a presença do gás.

Ademais, apesar da instituição da regulamentação do licenciamento ambiental de *kits* de conversão de motores para a utilização de gás natural pelo Conama, as vantagens do uso desse combustível, em termos de menor emissão de poluentes atmosféricos, não têm se confirmado no que diz respeito aos veículos leves bicombustível (gasolina-gás ou álcool-gás), dada a falta de adequação tecnológica dos *kits* de conversão e de fiscalização por parte do Inmetro e da autoridade ambiental.

A experiência brasileira com ônibus movidos a GNV operando por um longo tempo é limitada ao caso da cidade de São Paulo. Conforme descreve Conceição (2006), a tentativa de usar o GNV nos ônibus da cidade começou em 1983, quando se tentou usar biogás de aterros sanitários para mover cerca de dez ônibus, tendo a experiência terminado em 1986. A Companhia Municipal de Transportes Coletivos (CMTC) reiniciou os testes em 1989 e chegou a adquirir 60 ônibus a gás em 1991. Na área tecnológica, a fabricante ativa no processo foi a Mercedes Benz do Brasil (MBB), que já tinha experiência acumulada em outras partes do mundo e que permaneceu interessada nas décadas seguintes. O esforço foi ampliado pela aprovação da Lei municipal n. 10.950 de 1991, que determinou que todo o sistema de ônibus da cidade passasse a usar o GNV no prazo de 10 anos. Apesar da privatização da CMTC, o projeto continuou sendo apoiado pela MBB e por uma empresa de transporte da cidade. Todavia, nas palavras de Conceição:

> Em fins de 1996, quando apenas a primeira geração de motores da MBB estava disponível, somente cerca de uma centena de veículos era alimentada com gás natural na cidade de São Paulo, indicando a falta de competitividade para a implementação do programa.

As dificuldades de abastecimento e a baixa qualidade dos veículos aumentaram muito o descrédito dos operadores no novo veículo. Em 1996, a lei foi alterada, prorrogando o prazo de uso integral do GNV de 2001 para 2007, mas afinal ela foi revogada em 2001, dando fim aos esforços para a utilização do GNV na cidade.

Ônibus híbridos

Os ônibus híbridos diesel-elétricos nunca tiveram apoio relevante do governo nem da iniciativa privada. A única experiência mais longa foi realizada na RMSP, no corredor de ônibus ABD, que cruza os municípios de São Paulo, Santo André, São Bernardo do Campo e Diadema. O primeiro híbrido diesel-elétrico foi desenvolvido em 1996, pela empresa Eletra, e usado pela Metra, operadora do corredor, tendo sido colocado em operação em 1999. Em 2002, foram testados quatro modelos de ônibus híbridos, mas seu desempenho irregular e às vezes deficiente levou à suspensão do projeto. Em fevereiro de 2011, a Secretaria Municipal de transportes de São Paulo iniciou um projeto de experimentação de várias formas de energia – o programa Ecofrota – que voltou a incluir o ônibus híbrido como alternativa na cidade (SMT, 2012). Em 2012, o sistema de Curitiba passou a contar com veículos híbridos biodisel-elétricos fabricados no Brasil. Apesar da inconstância na consideração desse tipo de veículo, o BNDES continuou a incentivar sua fabricação por meio de apoio de financiamento do Fundo Clima.

CONCLUSÕES

Organização institucional e formulação da política

As informações disponíveis mostram que a política de limitação das emissões veiculares no Brasil nasceu em função de três fatores principais: o início do processo nos EUA, em 1974, a existência no Brasil (especialmente em São Paulo) de um grupo de técnicos de alto escalão preocupados com as questões de energia e do meio ambiente e a visão do Brasil, pela indústria automobilística, como um importante local de produção de veículos para exportação. Todavia, um fator adicional foi extremamente relevante: a migração do tema do ambiente do *status* de problema para o *status* de questão, mobilizando o governo, a sociedade e a iniciativa privada de modo semelhante ao que estava ocorrendo há tempos nos países desenvolvidos. De fato, esse fenômeno aconteceu rapidamente no Brasil, de forma contrária a outro tema objeto desse estudo – a segurança de trânsito – que permanece presa a ideais de preço inevitável do progresso e de fatalidade. Ao ser visto de forma crescente como questão social, o tema ambiental aumentou a aceitação das medidas de controle e melhoria das condições ambientais, mesmo que envoltas em conflitos de interesse de grande repercussão financeira para muitos dos envolvidos.

Resultados da política de redução das emissões

Poluentes locais

A política de redução das emissões veiculares no Brasil por meio de mudanças tecnológicas nos veículos, iniciada em 1986, alcançou seus objetivos no que tange aos veículos leves. Estes veículos atualmente saem da fábrica com níveis de emissões muito baixos, semelhantes aos níveis de países europeus e dos EUA. Dado que a frota anterior era muito poluente, o veículo médio que circula nas vias ainda emite quantidades altas de poluentes (embora muito abaixo das de décadas atrás), mas isso será bastante reduzido nos próximos 10 anos.

No tocante aos veículos pesados, a distância entre os objetivos e os resultados já obtidos é maior, e apenas na década de 2020 poderão ser atingidos os níveis desejáveis.

Com relação às motocicletas, dado que seu programa específico (Promot) só entrou em vigor em 2003, os resultados ainda são tímidos.

Apesar dos avanços, ainda haverá problemas sérios a serem enfrentados, relativos às emissões de NO_x (ligadas ao uso do diesel) e à formação de ozônio nas grandes cidades. O uso do diesel também implica emissões elevadas de material particulado, que somente se reduzirão de maneira substancial quando o teor de enxofre no diesel for sensivelmente reduzido.

Há opções que vêm sendo tentadas. O biodiesel obteve apoio oficial do governo – tornando seu uso obrigatório, em quantidade crescente – mas, aparentemente, seu impacto na redução de poluentes só é significativo para altas porcentagens de biodiesel, o que implica a necessidade de adaptar os motores para aumentar sua capacidade de fazer valer os possíveis benefícios. Outro ponto importante é que a qualidade do biodiesel influencia muito no resultado final e, ao que parece, o programa brasileiro está baseado em pequenos agricultores e vários tipos de plantas, podendo gerar um produto de qualidade muito variável.

Por outro lado, a utilização de *retrofit* nos motores a diesel (filtros especiais) pode trazer muitas reduções de emissões com custo relativamente baixo, mas, novamente, isso depende muito da qualidade do diesel utilizado e da frequência com que será feita a limpeza dos filtros.

Gases do efeito estufa

No que diz respeito aos gases do efeito estufa, o Brasil encontrou no etanol um caminho para a redução drástica de CO_2, uma vez que seu ciclo completo da produção e uso é neutro em termos de carbono (o processo de crescimento da cana absorve grande parte do CO_2 emitido no uso do veículo). Dado que há pouca terra ocupada pelas atuais plantações de cana, pode-se imaginar que haverá espaço para a produção necessária à operação da frota *flex-fuel* que deverá dominar o país nos próximos 20 anos. Permanece, no entanto, a perspectiva de elevadas emissões de CO_2 pelo uso da gasolina (nos próximos 10 anos) e do diesel (indefinidamente).

Inspeção veicular

Um dos pontos do programa ambiental brasileiro que não obteve sucesso é a inspeção veicular. Ao contrário do Proconve, a discussão sobre a inspeção veicular foi objeto de intensos conflitos de competência, principalmente entre as autoridades federais e estaduais. Além disso, o programa foi influenciado pela discussão sobre a conveniência de agregar a inspeção de segurança de trânsito, prevista no Código de Trânsito Brasileiro de 1997. O conflito foi resolvido pela Lei federal n. 10.203/2001, que definiu o controle da segurança veicular como atividade federal e formalizou a inspeção ambiental no município de São Paulo (ao passo que as demais serão feitas pelos órgãos ambientais estaduais). Assim, apenas a inspeção ambiental da cidade de São Paulo está em andamento, conforme os preceitos técnicos mais amplos, e será a primeira fonte de informação disponível no Brasil (a inspeção feita no estado do Rio de Janeiro há alguns anos tem características diferentes).

Impactos do Proconve

Um estudo do impacto do Proconve foi realizado para a região metropolitana de São Paulo (Coppe-UFRJ, 1999). As emissões reais ocorridas na RMSP (influenciadas pelo Proconve) foram comparadas às emissões que aconteceriam sem esse programa. No caso, foram imaginados dois cenários sem Proconve. O primeiro, chamado pessimista, assume que não haveria muito desenvolvimento tecnológico nos motores e em equipamentos de controle de emissão (os veículos não seriam equipados com conversores catalíticos). O segundo cenário, chamado otimista, assume que os sistemas de injeção eletrônica teriam sido implantados de qualquer forma, reduzindo as emissões médias por veículo no período. Para os cálculos, foram utilizados os fatores de emissão fornecidos anualmente pela Cetesb, bem como os parâmetros de distâncias anuais rodadas por veículo-modelo e de deterioração nas emissões, em função da idade do veículo. Para a estimativa da frota rodante, utilizaram-se os dados da Cetesb, ajustados por curvas de sucateamento de veículos com a idade e de tendências de vendas no mercado interno.

Resultados

As Figuras 5.19 a 5.21 mostram a estimativa de emissões de três tipos de poluentes para o cenário com Proconve e para os cenários sem Proconve (otimista e pessimista).

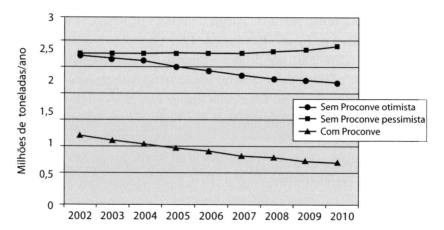

Figura 5.19: Emissões de CO com e sem Proconve, de 2002 a 2010.
Fonte: Coppe-UFRJ (1999).

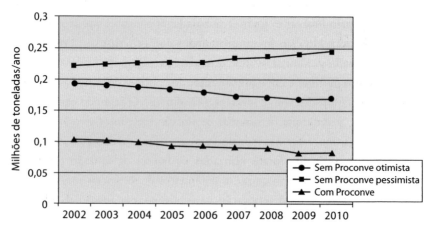

Figura 5.20: Emissões de HC com e sem Proconve, de 2002 a 2010.
Fonte: Coppe-UFRJ (1999).

O (DES)CONTROLE DOS IMPACTOS

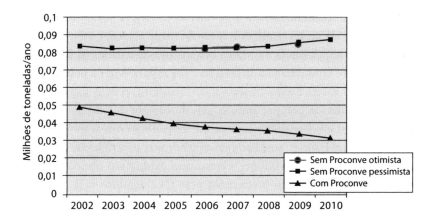

Figura 5.21: Emissões de NO$_x$ com e sem Proconve, de 2002 a 2010.
Fonte: Coppe-UFRJ (1999).

Observa-se, pelas Figuras 5.19 e 5.20, que as emissões de CO e HC na RMSP sem Proconve seriam, em 2010, entre duas e três vezes superiores do que o cenário com Proconve. As emissões de NO$_x$ (Figura 5.21) seriam três vezes superiores.

A Tabela 5.24 mostra o total de poluentes emitidos a menos em 2010. Observa-se que a redução anual estimada na emissão de CO em 2010 é de 1,5 milhão de toneladas. As reduções anuais de HC e NO$_x$ são de 131 mil e 55 mil toneladas, respectivamente.

Tabela 5.24: Poluentes emitidos a menos pela existência do Proconve, de 2002 a 2010.

Ano	Redução de emissões (ton)[1]		
	CO	HC	NO$_x$
2002	1.295.000	108.500	34.000
2003	1.335.000	111.500	36.000
2004	1.375.000	113.000	39.000
2005	1.395.000	118.500	42.000
2006	1.410.000	116.500	44.000
2007	1.435.000	119.000	45.500
2008	1.460.000	122.000	47.000
2009	1.515.000	127.000	51.000
2010	1.560.000	131.000	55.000

1. Média dos cenários otimista e pessimista sem Proconve.
Fonte: Coppe-UFRJ (1999).

Os ganhos econômicos para a população da RMSP foram também estimados no caso de crianças até dois anos de idade e idosos com mais de 64 anos (Tabela 5.25). A tabela mostra os benefícios acumulados na RMSP até o ano de 1999. Foi considerada a disposição a pagar para evitar a poluição, transferindo valores internacionais para o caso brasileiro, com o uso dos valores relativos de poder de compra entre o país de origem dos dados (no caso, os Estados Unidos) e o Brasil. Observa-se que os ganhos com as mortes evitadas atingem US$ 2,8 bilhões, ao passo que os ganhos com a redução das despesas médicas atingem US$ 29 milhões. Os maiores ganhos são obtidos com a redução dos eventos médicos provocados pelo CO, seguidos pela redução das mortes ligadas ao NO_2.

Tabela 5.25: Estimativa de benefícios do Proconve para a saúde em São Paulo, para crianças (0-2 anos) e idosos (mais de 64 anos)

Poluente	Benefícios (US$ milhões até 1999)		
	Morbidade	Mortalidade	Total
NO_2		819,68	819,68
MP_{10}	11,84	460,64	472,48
SO_2	6,95	-333,64	-326,69
CO	10,01	1.906,06	1.916,07
Total	28,8	2.852,74	2.881,54

Fonte: adaptada de Coppe-UFRJ (1999).

Formas alternativas de energia veicular

Embora o uso do automóvel conte, agora, com uma opção ambientalmente melhor na forma do etanol, o uso dos ônibus ainda está baseado em uma forma de energia – o diesel. Adicionalmente, a baixa qualidade do diesel disponível no Brasil, responsável por altas emissões de material particulado, demorou muito a ser melhorada. Formas anteriores foram abandonadas – como os trólebus – e novas formas, como o biodiesel, o gás natural e o veículo híbrido ainda estão sendo testados, não tendo ainda gerado nenhum programa significativo de uso em larga escala.

A PARTICIPAÇÃO DA SOCIEDADE

6

FORMAS DE AÇÃO

O desenvolvimento das políticas analisadas gera uma pergunta essencial: como foi a participação da sociedade na discussão dos temas e na formação da questão? Entendendo essa participação como ação organizada de grupos que lutam por um ideal comum e pressionam o Estado para o atendimento de seus interesses (Castells, 1983; Cardoso 1994), existiram os movimentos sociais urbanos de trânsito e transporte, de forma semelhante aos movimentos de habitação e saneamento, amplamente documentados na sociologia? A resposta, aparentemente simplista, é clara. À exceção do movimento contrário ao aumento das tarifas até a década de 1980 não houve mobilização popular relevante com relação aos problemas da mobilidade, no período analisado nesse estudo. No entanto, houve intensa mobilização de entidades civis e de associações de defesa de interesses específicos.

Essas ações podem ser classificadas em três tipos básicos. O primeiro, mais comum, é o da reclamação nas seções de cartas dos leitores dos jornais, em que problemas localizados – falta de semáforos, estacionamento irregular – são descritos, solicitando-se as "providências das autoridades". O segundo tipo de ação é mais rico para a análise da influência popular na formação da questão, embora também não possa ser considerada como um movimento social de trânsito. Trata-se das reclamações e pedidos encaminhados diretamente à autoridade de trânsito. Essa especificidade é importante, pois caracteriza uma tentativa de pressão mais direta, envolvendo uma espécie de diálogo entre o usuário e o Estado, o que pressupõe, por parte daquele, algum nível de conscientização sobre a cidadania, e, por parte deste, uma predisposição – ao menos teórica – de sofrer a pressão direta. O terceiro tipo de ação aproxima-se um pouco mais daquilo que se poderia classificar como movimento social, mas sua irregularidade e suas formas de manifestação impedem que a ela se dê o *status* de movimento social de trânsito. Trata-se dos protestos ou reivindicações pontuais, feitas por grupos de interesse comum, em torno de problemas conjunturais.

Em todo o período analisado, houve muitas manifestações merecedoras de destaque, como movimentos de comerciantes contra ou a favor de planos de trânsito que poderiam afetar suas atividades. No caso da cidade de São Paulo, nas décadas de 1960 e 1970, dois exemplos podem ser mencionados: a longa disputa entre os moradores do bairro de Vila Maria e os proprietários de pequenas empresas de transporte de carga (que ali organizaram um grande negócio), cujos caminhões, por falta de lugar para estacionamento dentro das empresas, ficavam estacionados ao longo do meio-fio das ruas, levando a frequentes conflitos com requisição de intermediação policial; e a implantação, em 1965, no bairro da Lapa, de um plano de circulação que retirou os ônibus da principal rua comercial, a Nossa Senhora da Lapa, o que levou os comerciantes a fecharem as portas em forma de protesto, fazendo com que os ônibus retornassem.

Ações que podem ser identificadas como movimentos sociais de trânsito começaram a ocorrer na década de 1980. Na cidade de São Paulo, elas ocorreram na forma de mobilizações violentas de moradores contra os acidentes de trânsito em suas ruas, gerando as aberturas de valetas para interromper o trânsito. Mesmo assim, o caráter transitório do problema não permitiu que eles se transformassem em movimentos definitivos.

A seguir, são descritas as formas de participação da sociedade na discussão dos temas relativos à mobilidade. A descrição está organizada segundo as formas de transporte e os impactos negativos da mobilidade.

A análise da participação da sociedade será feita considerando ações individuais e coletivas, empreendidas de forma esporádica ou sistemática. Serão analisadas as ações referentes aos papéis desempenhados no trânsito e aquelas realizadas por entidades representativas de interesses específicos.

No caso das ações relacionadas aos diferentes papéis ativos e passivos desempenhados no trânsito – morador, pedestre, usuário de transporte público etc. – é importante lembrar que sua natureza não permite a organização de movimentos sociais permanentes, pelo fato de que os papéis mudam no tempo e no espaço, alterando consequentemente os interesses envolvidos (Vasconcellos, 1983). Assim, aqui é descrita a participação por tipo de papel, considerando que as pessoas, em função de suas características sociais e econômicas, exercem com mais frequência alguns papéis que fazem com que tendam a reagir a problemas enfrentados especificamente quando os exercem. Esse é o caso, por exemplo, das pessoas de renda mais baixa que caminham muito e usam o transporte público, ou das pessoas de renda mais alta que estão frequentemente no papel de motorista de automóvel.

CAMINHAR E PEDALAR PELAS VIAS

O uso das vias públicas pelas formas de transporte mais simples – caminhar ou usar a bicicleta – sempre foi intenso no Brasil, como em qualquer sociedade. No entanto, são raros os movimentos individuais ou sociais na defesa dos interesses de pedestres ou ciclistas.

O movimento de defesa dos interesses dos pedestres sempre foi inexistente na prática. Salvo movimentos pontuais, causados por situações específicas (por exemplo, protestos pela interrupção de circulação em áreas de obras), nada de relevante aconteceu em relação a uma atuação política concreta e permanente por parte dos usuários de calçadas.

O abandono dos interesses dos pedestres está ligado a alguns fatores. Inicialmente, ao fato de que andar não é considerado transporte pela engenharia de tráfego tradicional, que dá ênfase aos movimentos com veículos. Em segundo lugar, à atribuição da responsabilidade pela calçada ao proprietário do lote, o que livra o poder público de responsabilidade de algum problema (embora o poder público deva fiscalizar a qualidade das calçadas). Finalmente, ao fato de que a maioria dos pedestres é formada por pessoas de renda baixa e média, que têm baixo poder de pressão sobre o governo. É um caso claro de autoadmissão de cidadania de segunda classe, como se isso fosse natural e justo: para isso, basta lembrar que o pedestre no Brasil, quando atravessa a rua sobre uma faixa de pedestres, agradece o motorista que o deixa passar.

Institucionalmente, existe apenas uma organização permanente – a Associação Brasileira de Pedestres (Abraspe) – fundada em São Paulo, em 1981, por profissionais liberais ligados à engenharia. Em seu manifesto inicial, estavam esclarecidos os problemas enfrentados pelos pedestres, que motivavam a criação da organização:

Cada dia que passa, torna-se mais difícil cruzar nossas vias públicas, seja pela ausência de sinalização e obras adequadas, seja pela falta de respeito mútuo entre pedestres e motoristas [...] nossas calçadas são mal construídas e pessimamente conservadas [...] é comum o estacionamento de automóveis e motocicletas em calçadas [...] é frequente a transformação das calçadas em áreas particulares onde se depositam mercadorias, materiais e entulhos, ou se exercem atividades que prejudicam o trânsito de pessoas [...] na periferia de nossas cidades não existem calçadas, tendo os pedestres de [...] arriscar sua vida na disputa de espaço com veículos que ali transitam em altas velocidades. (Abraspe, 1983, p. 96)

A Abraspe sempre teve uma atuação extremamente limitada, não tendo conseguido gerar uma representatividade abrangente e permanente, nem organizar formas efetivas de mudar a agenda pública a favor dos pedestres. Tem sido uma lutadora isolada, o que está diretamente ligado ao fato de a maioria das pessoas que depende muito da caminhada não ter poder político para influenciar as políticas públicas.

O movimento de defesa dos interesses dos ciclistas foi igualmente muito limitado. O uso das vias com bicicleta foi feito diariamente de forma silenciosa, em todas as cidades do Brasil, usando os espaços disponíveis e majoritariamente por motivo de trabalho. A negação dessa mobilidade por parte do poder público não foi seguida de movimentos de protesto, mas sim de um uso intenso, disperso e silente. O movimento só se tornou ativo quando a classe média se interessou por ele e foi mais atuante, porque esses grupos sociais têm melhores condições de exercer pressão sobre o governo. Especialmente a partir da década de 1990, aumentou muito a participação social para reivindicar a instalação de ciclofaixas nas cidades, e surgiram muitas organizações de usuários de bicicleta, algumas com atuação muito intensa. Conforme relatado por Xavier (2007), aparentemente, o movimento de maior impacto começou em 1984, quando foi realizada no Rio a primeira bicicleata, que foi da praia do Flamengo até o Leblon. Desde então, várias entidades lideraram o processo, como a Associação Transporte Ativo, o Instituto Pedala Brasil e a União de Ciclistas do Brasil. A principal motivação sempre foi o uso para o lazer, o que limitou seu campo de atuação e reduziu as pressões sobre o poder público, que pode responder com soluções mais simples e modestas. A partir da década de 2000, esses movimentos passaram a ser apoiados técnica ou financeiramente por organizações não governamentais estrangeiras, baseadas em países nos quais o uso da bicicleta é intenso, como o Institute for Transport and Development Policy (ITDP), com base nos EUA e com atuação em todo o mundo. Esse apoio fez parte do movimento ambientalista internacio-

A PARTICIPAÇÃO DA SOCIEDADE

nal, no sentido de reduzir o consumo de energia e a emissão de poluentes por veículos nas cidades. Um pouco mais tarde, a partir de 2005, o esforço incorporou o argumento de saúde pública, relacionando o uso da bicicleta aos cuidados com a saúde individual (Sarmiento et al., 2010). Por esses motivos, cresceu muito a oferta de infraestrutura especial para ciclistas no Brasil. No caso de São Paulo, a quantidade de vias com algum tipo de preferência para os ciclistas (desde preferência aos domingos até ciclovia completa) aumentou de 7,5 km em 2007 para 153 km em 2011 (CET, 2012). No entanto, o movimento ainda não conseguiu inserir a bicicleta na agenda de forma concreta, e usar a bicicleta nas cidades do Brasil continua sendo uma atividade perigosa e desconfortável.

USAR O TRANSPORTE PÚBLICO

Os movimentos sociais que exigem melhores condições de transporte coletivo surgiram dentro do contexto da urbanização acelerada no Brasil, a partir do final da II Guerra Mundial e o término do Estado Novo de Getúlio Vargas. Os movimentos pela democratização do sistema político aliaram-se aos graves problemas enfrentados pelos moradores das grandes cidades do país, gerando pressões crescentes sobre a qualidade e o custo dos serviços públicos. Isso ocorreu em virtude da contínua negação dos direitos básicos de moradia, fornecimento de água, coleta de esgoto e oferta de transporte público, caracterizando várias formas de exclusão, que, em seu conjunto, representaram uma grande espoliação dos grupos sociais mais pobres (Kowarick, 1979).

O primeiro evento notável na área do transporte público foi o "quebra--quebra" dos ônibus e bondes, em agosto de 1947, na cidade de São Paulo (Duarte, 2005). A revolta começou quando a tarifa dos bondes e dos ônibus foi aumentada em até 150% para os bondes e 100% para os ônibus, em função do início da operação, no mês anterior, da nova empresa pública de transporte por ônibus, a Companhia Municipal de Transporte Coletivo (CMTC). Essa mudança na operação do sistema ocorreu em meio à grande expansão física da cidade e à deterioração da qualidade dos bondes da empresa canadense Light, que ainda atendiam a 65% da demanda. A grande quantidade de protestos e abaixo-assinados feitos em muitos bairros da cidade por usuários de linhas de transporte e por associações de moradores reclamava das deficiências dos serviços e dos transtornos causados pelas mudanças de itinerários, frequências e localização de pontos de parada. A municipalização dos ônibus pretendia reorganizar a oferta na sua quantidade e qualidade, tentando atender a essas demandas crescentes nas novas áreas periféricas. Os manifestantes invadiram e depredaram as instalações da CMTC e atacaram o prédio da Light. Manifestações ocorreram em vários bairros da cidade. Dentre os 600 ônibus existentes, 94 (15%) foram depredados ou incendiados. Dentre os 550 bondes, 247 (45%) tiveram destino semelhante. Após os tumultos, a oferta de veículos de transporte foi reduzida em 30%, piorando a situação.

Esse episódio, pelo que se sabe, foi o primeiro de grande impacto na discussão do papel do Estado nos serviços de transporte coletivo. Os operadores privados que foram destituídos de seus equipamentos denunciaram a estatização dos serviços, e muitas pessoas influentes criticaram a municipalização tanto por ter sido feito com a aquisição de veículos velhos quanto pelo o argumento de que a CMTC já nascia deficitária. Outro aspecto muito importante para a história do transporte urbano no Brasil é que esse protesto incluiu claramente a denúncia de que as medidas favoreceriam os ricos, que moravam na parte central da cidade, em detrimento dos pobres, que moravam nos bairros distantes, dado o acréscimo diferente no valor das respectivas tarifas. Um fato paralelo ocorrido no dia 9 de julho confirma essa hipótese: os ônibus velhos da parte mais rica da cidade – o Jardim América – foram substituídos por dez veículos novos da Coach GM (General Motors), comprados nos Estado Unidos. O argumento era de que nessa área da cidade as vias estavam em ótimas condições de uso. Determinou-se que os ônibus velhos passassem a circular em áreas mais periféricas da cidade. No relato de Duarte (2005, p. 41):

> A cerimônia de entrega dos novos ônibus foi cercada de pompa. Às dez horas da manhã do dia 9 houve uma singela cerimônia, na qual os convidados seguiram em dois ônibus, fazendo o percurso das respectivas linhas. Em seguida, todos os convidados foram levados ao Esplanada Hotel, onde a direção da General Motors ofereceu um lauto coquetel. Em seu discurso, o superintendente da CMTC, João Gonçalves da Foz, justificou os novos ônibus na linha Jardim América: "devido à excelente pavimentação das ruas que servem ao seu itinerário [...] os antigos ônibus daquela linha, em número de 16, depois de reparados serão distribuídos por várias zonas da capital, principalmente, as em que é mais densa a população operária". O que determinava a operação da linha Jardim América era a excelente condição da pavimentação de um dos bairros mais caros da cidade e não a necessidade gerada pelo adensamento populacional. Isso era a expressão mais cabal de um infausto círculo vicioso em que os privilégios atraíam mais privilégios, enquanto as carências engendravam novas carências.

Um aspecto fascinante desse relato é que esse tipo de cerimônia formal e elogiosa de entrega de um novo tipo de ônibus não é mais concebível no Brasil.

A PARTICIPAÇÃO DA SOCIEDADE

O segundo momento crucial dos movimentos populares ligados ao transporte coletivo ocorreu no Rio de Janeiro e em São Paulo e esteve ligado ao sistema de trens de subúrbio. Moisés e Martinez-Alier (1977) mostram uma longa sequência de eventos críticos, que começou em 1951, chamados "os desastres da Central". Na sequência de dez eventos, entre 1951 e 1975, os autores registraram 327 mortos e 1.165 feridos. Nunes (1982) registrou 50 "quebra--quebras" nas duas áreas metropolitanas, entre 1974 e 1981.

As interrupções e os desastres nos serviços dos trens foram frequentemente seguidos de protestos dos usuários, muitos deles de grande violência. Os autores relacionam essas revoltas às péssimas condições de transporte das pessoas que viviam nas áreas periféricas e que dependiam dos trens para ir ao trabalho. Eles também mencionam a aparente contradição entre a essencialidade da presença física dos trabalhadores em seus empregos e o pouco interesse das classes dominantes em pressionar o governo a melhorar as condições de transporte. Mas observam que provavelmente o nível de lucratividade obtido, por exemplo, pela indústria automobilística é, em geral, satisfatório, não requerendo pressão de mudança no sistema de transporte. Além disso, parecia haver facilidade na substituição da mão de obra eventualmente impedida de chegar aos locais de trabalho. Os autores mostram o grande aumento na insatisfação e nos protestos no período entre 1974 e 1976, quando o regime militar começou a ser menos fechado. O momento definitivo na mudança de postura do governo foi os protestos de julho de 1975, que levaram à depredação de nove estações no dia 11, seguida pelo desastre na estação Magno no dia 18 – com 14 mortos e 370 feridos – que, finalmente, fez o presidente Ernesto Geisel tirar o governo federal do imobilismo. Ele foi ao Rio de Janeiro, em pessoa, no mesmo dia, e anunciou que queria soluções imediatas, determinando a realização de dois planos, um de implantação imediata (segurança na operação) e outro para implantação a médio e longo prazos (ampliação e melhoria da qualidade).

Essa atitude por parte do regime militar pode ser considerada o ponto de inflexão no tratamento do transporte público nas grandes cidades do Brasil. Ele representou, pela primeira vez, a admissão por parte das elites de que as condições de transporte nas grandes cidades eram inaceitáveis. Embora a história tenha mostrado que os cuidados com o transporte público não foram muito além de medidas básicas, o episódio da estação Magno da Central do Brasil no Rio de Janeiro evitou que ela fosse pior ainda.

Na década de 1970, ocorreu também um grande aumento nas manifestações contra o custo elevado e as más condições do serviço de ônibus nas cidades. Considerando os elevados índices de inflação no país e os baixos salários recebidos pelos trabalhadores do setor formal, o peso das tarifas nos deslocamentos cotidianos era frequentemente insuportável para grande parte dos usuários, que precisavam sacrificar outras necessidades para conseguir pagar os custos do transporte.

No período, os movimentos ocorreram de forma isolada, espontânea, mas também de forma organizada. Eles trabalharam apenas com o tema do transporte ou, então, de forma coordenada com os temas da habitação e da carestia. Foi intenso o movimento das Associações de Bairro e da Igreja Católica, assim como dos sindicatos. Na frente política mais direta, foi criado o Movimento Reivindicativo de Transportes Coletivos (MRTC) e a Associação Nacional das Lutas dos Transportes (ANLUT) (Affonso, 1986).

O movimento de protesto contra o custo elevado e as más condições do transporte público foi muito forte em alguns períodos, mas o transporte coletivo foi paulatinamente perdendo espaço no atendimento dos deslocamentos das pessoas. Uma das principais causas foi a criação do vale-transporte (VT) em 1985, e sua obrigatoriedade em 1987, que eliminou a enorme pressão que havia sobre os usuários em decorrência do aumento contínuo das tarifas.

Em relação à qualidade, embora o veículo utilizado no Brasil tenha melhorado muito – sendo, em muitos casos, de boa qualidade – o nível de serviço geral do sistema permaneceu precário, com raras exceções, em períodos específicos.

Quanto aos movimentos coordenados por um coletivo de instituições, o principal deles ocorreu a partir de 2004, com a criação do Movimento Nacional pelo Direito ao Transporte Coletivo com Qualidade para Todos (MDT). Tendo como apoiadoras várias entidades de grande expressão na área[1], o movimento propôs, em seu início, os seguintes objetivos e metas:

- Destinar 25% dos recursos da contribuição "Cide" (advinda da área do petróleo) para o transporte público.
- Criar política de estímulo ao uso de energias menos poluentes.
- Conceder prioridade ao transporte público nas ruas e avenidas.

---

[1] Dentre outros, estão: Associação Nacional de Transportes Públicos (ANTP), Associação Nacional das Empresas de Transportes Urbanos (NTU), Associação Brasileira da Indústria Ferroviária (Abifer), Confederação Nacional dos Trabalhadores em Transporte (CNTT/CUT), Fórum Nacional dos Secretários de Transportes Urbano e Trânsito, Fórum Nacional da Reforma Urbana (FNRU) e a Associação Nacional dos Fabricantes de Carroçarias para Ônibus (Fabus).

- Dar tratamento tributário diferenciado ao transporte público, equiparando-o aos gêneros alimentícios de primeira necessidade para fins de tributação e alíquotas especiais para o setor.
- Desonerar os custos da folha de pagamento das operadoras de transporte, tributando o faturamento e não os salários.
- Manter somente as gratuidades que garantam inclusão social e criar fontes extratarifárias de custeio (o custo das gratuidades não pode ser incluído nas tarifas).
- Desonerar os principais insumos do setor, reduzindo ou eliminando impostos sobre energia/combustíveis, veículos e peças de reposição.
- Fortalecer, fiscalizar e ampliar o vale-transporte para quem não tem emprego registrado em carteira.

A partir dessa agenda, o MDT iniciou uma intensa atividade de arregimentação e esclarecimento, organizando centenas de debates e discussões sobre o tema, junto à sociedade e ao poder legislativo. Ao final de 2011, nenhum dos objetivos havia sido atingido, em razão dos obstáculos colocados pelas políticas públicas nas áreas de economia, energia e transportes. Essas políticas negaram sistematicamente as propostas de alteração das condições inadequadas do transporte coletivo no Brasil. A única proposta que foi atendida se refere à desoneração da folha de pagamento das empresas de ônibus que, no entanto, ocorreu em 2012 por causa da crise do crescimento do país e das tentativas do governo federal de reduzir custos do setor privado.

USAR A MOTOCICLETA

A motocicleta era um veículo de uso quase exclusivo de um pequeno grupo social de renda alta até os anos 1980. Por isso, não fazia parte relevante do trânsito e não era objeto de intervenção por parte do Estado.

Na década de 1990, a produção, aquisição e uso da motocicleta foram fortemente incentivados pelo Estado, e seu uso cresceu aceleradamente, a princípio no serviço de entrega de mercadorias de pequeno porte (motoboys) e, mais tarde, entre pessoas de renda baixa e média. Especialmente na cidade de São Paulo, com o elevado grau de congestionamento de trânsito, o crescimento exponencial dos motoboys formou as bases para um movimento social, pois eles se viram como objeto de preconceito por parte dos condutores de automóveis, ônibus e caminhões e formaram uma consciência de classe, agrupando-se em torno de seus interesses e defendendo-os com determinação. Por várias vezes, eles foram capazes de bloquear alterações na legislação do trânsito que lhes pareciam contrárias a seus interesses, obrigando o governo a negociar, como no caso das mudanças no valor do seguro obrigatório e nos equipamentos de segurança em 2008. Na prática, esse movimento tornou-se uma forma de desobediência civil das leis do trânsito e das exigências legais para o uso da motocicleta, e que, em alguns momentos, resvalou para a violência aberta. Fez parte de um movimento de afirmação de classe e de defesa de interesses, em um ambiente agressivo que rejeitava os motoboys e os associava negativamente aos moradores jovens das periferias da cidade (Silva, 2011).

Nenhuma autoridade pública conseguiu implantar medidas gerais e permanentes de ordenamento do uso da motocicleta que levassem a uma queda significativa dos acidentes e mortes. Os novos usuários da motocicleta, pessoas de classe média que a utilizam para ir ao trabalho ou para a escola, nunca se envolveram em movimentos sociais coordenados. O processo de assimilação da motocicleta e dos interesses de seus usuários ainda está em curso no Brasil.

USAR O AUTOMÓVEL

O uso do automóvel nunca contou com um movimento social organizado. Isso se deve a dois motivos principais.

Em primeiro lugar, o Estado fez o trabalho que um movimento social poderia fazer, assumindo que o automóvel era um desejo natural universal e que sua aquisição e uso deveriam ser permanentemente apoiados. Essa ação de apoio desdobrou-se nos três níveis de governo, na medida em que as autoridades federais, estaduais e municipais incorporaram a mesma visão da essencialidade do automóvel e agiram de acordo com ela.

Se não houve um movimento social nem pressões objetivas sobre o Estado, porque ele se organizou para apoiar o uso do transporte individual? A chave para a explicação está no conceito de Gramsci sobre os intelectuais como vínculo orgânico entre a estrutura socioeconômica e a superestrutura política. Gramsci estuda as relações existentes entre elas, ou melhor, o vínculo que realiza sua unidade, e conclui que esse vínculo é orgânico e, portanto, correspondente a uma situação social concreta. Mais ainda, esse vínculo é visto como sustentado por grupos sociais que operam no âmbito superestrutural (e não no âmbito econômico), os quais Gramsci chama de intelectuais. É importante salientar que não se trata do conceito vulgar de intelectual (no sentido de erudito ou de pensador afastado da realidade), que é rejeitado por Gramsci, mas de um novo sentido, como os agentes cuja função é elaborar a ideologia da classe dominante, dando-lhe "consciência de seu papel e transformando-a (a ideologia) em concepção do mundo, que impregna todo o corpo social" (Portelli, 1977, p. 87). O grupo dirigente cria, então, várias camadas de intelectuais que se especializam em um aspecto da ideologia desse grupo, envolvendo o direito, a economia, as artes e a ciência. Assim, é possível afirmar que as decisões das políticas públicas, principalmente em contextos politicamente autoritários, como foi o brasileiro por um longo período, são tomadas pelas elites dirigentes dentro e fora do Estado, e apoiadas pelo conjunto de intelectuais que traduzem e difundem a ideologia dominante. Em nosso caso específico, é a extensa gama de profissionais ligados à engenharia que vai constituir-se em uma das camadas de intelectuais de que fala Gramsci, no sentido de darem sustentação teórica ao projeto da classe dominante no novo período de modernização capitalista. Assim, o novo padrão de desenvolvimento, que diversifica as atividades, aumenta os deslocamentos no espaço urbano e acelera a acumulação, precisa de um nível compatível de velocidade de circulação que não pode mais ser conseguido com a estrutura administrativa e operacional existente. Os profissionais da engenharia vão, assim, constituir-se no veículo propagador da ideologia da modernização e da velocidade da circulação urbana. Usarão seus instrumentos técnicos e científicos para planejar, projetar e implantar novos esquemas de mobilidade, baseados principalmente no uso crescente do transporte individual, associando-se aos grupos econômicos e políticos dominantes. Serão combatidos por outro tipo de intelectuais, os quais proporão caminhos alternativos, mais ligados ao transporte coletivo. Entretanto, como ocorreu no caso exemplar da cidade de São Paulo, vencerão e definirão as características da política de mobilidade.

Assim, a implantação de medidas de incentivo ao automóvel por 50 anos produziu, de uma forma consistente na sociedade brasileira, o sentimento de naturalidade, como se isso fosse uma política que todo governo deveria seguir sempre. Isso substituiu a necessidade de um movimento aberto de defesa do automóvel.

A ideologia do automóvel como um bem imprescindível também contaminou fortemente o processo de educação para o trânsito. A maioria dos órgãos responsáveis por essa área organiza o processo de educação para preparar o motorista do futuro, o que está claramente exposto nas opções pedagógicas que orientam o processo de aprendizado. Por seu lado, a atuação do policiamento de trânsito é claramente voltada à proteção dos condutores de veículos, antes de preocupar-se com as pessoas que caminham ou usam bicicletas. Esses comportamentos estão impregnados na ação desses agentes. Por outro lado, o corpo técnico que planeja e opera o trânsito sempre organizou seu raciocínio em torno do objetivo da fluidez do automóvel, o que revela claramente a opção ideológica que o vê como essencial. Tanto a tecnocracia quanto a burocracia do Estado com poder de decisão provêm de camadas médias e altas da sociedade, que têm automóveis e a eles se associam naturalmente, daí decorrendo as decisões técnicas que são favoráveis a seu uso intensivo. Assim, o apoio generalizado ao automóvel foi construído com sucesso ao longo de décadas e opera sem a necessidade de um movimento social típico. Ele constitui, na verdade, uma das partes centrais do Estado brasileiro, que funciona automaticamente em todos os níveis de decisão e em todo o espaço.

No campo do projeto da cidade e do sistema de mobilidade, tanto o sistema viário como a organização das edificações têm obrigatoriamente definições técnicas para a incorporação dos automóveis. As ruas têm uma largura maior do que a necessária e as edificações têm vagas para estacionar os automóveis que serão usados por moradores ou clientes.

O segundo motivo para que o automóvel tivesse sucesso sem a ocorrência de movimentos sociais foi que ele contou com o apoio permanente e intenso da indústria automobilística, que sempre alocou recursos vultosos para promover a ideologia do automóvel como essencial para a vida. Sua presença nos meios de comunicação é uma onipresença avassaladora, constituindo um movimento social em si. No Brasil, não é possível assistir à televisão ou ler jornais e revistas sem deparar-se com a propaganda sobre automóveis. Dados do Ibope para o ano de 2011 (Ibope-monitor, 2012) mostraram que os sete maiores fabricantes de veículos no Brasil gastaram R$ 5,67 bilhões em propaganda, representando 7% de todos os gastos nessa atividade no país. Naquele ano, essas montadoras venderam 2,9 milhões de veículos nacionais e importados (Anfavea, 2012). O gasto médio com publicidade foi de R$ 2.061 na venda de cada veículo, o que representa cerca de 7% do valor médio da venda.

Apesar desse apoio estrutural, o uso do automóvel no Brasil não ficou livre de problemas e conflitos. Isso ocorreu especialmente nos protestos de grupos de classe média sobre o congestionamento das vias das cidades de grande porte. Esses protestos raramente se materializaram na forma de movimentos físicos nas ruas, mas o fizeram de forma indireta, por meio da imprensa e da classe política.

A PARTICIPAÇÃO DA SOCIEDADE

Uma das consequências dessa visão é que o discurso político da necessidade de ampliação permanente do sistema viário ganhou enorme força e elegeu centenas de prefeitos no país, que, em grande parte, gastaram enormes recursos públicos para obter resultados limitados ou simplesmente nulos.

SEGURANÇA NO TRÂNSITO

Movimentos populares

A insegurança no trânsito urbano do Brasil começou quando iniciou o uso de veículos motorizados, que entraram em conflito fatal com pedestres e ciclistas. Em São Paulo, os jornais da década de 1930 já tratavam o tema com detalhe, processo que cresceu muito na década de 1950 (artigos de Álvaro Altieri no *Diário de São Paulo*) e na década de 1960 (artigos de Arruda Campos, ou "Matias Arrudão", no *Estado de São Paulo*). Esses artigos ajudaram a colocar o tema na agenda da sociedade letrada e iniciar movimentos de alteração das condições do trânsito da época (embora o futuro viesse a mostrar que o problema se agravaria enormemente não apenas em São Paulo, mas em todo o país) (Vasconcellos, 1999).

Além de jornalistas sensíveis ao tema, poucas pessoas ou organizações se envolveram de forma decisiva e sistemática com o problema da segurança de trânsito. Principalmente a partir da década de 1980, começaram a surgir movimentos organizados por parentes de vítimas de acidentes de trânsito, sob o rótulo geral de "defesa da vida". Carecendo de recursos e de acesso à mídia, esses movimentos sempre se mantiveram modestos, sendo continuados principalmente pela determinação e pelo trabalho de seus fundadores. Nenhum desses movimentos conseguiu subir ao nível de uma entidade que fosse chamada para opinar e influenciar efetivamente as discussões mais importantes sobre a política de trânsito.

A revolta urbana contra os atropelamentos nas cidades

O aumento do trânsito nas cidades do Brasil a partir da década de 1970 fez crescer muito o conflito entre condutores de veículos e pedestres ou moradores. Condutores de automóveis começaram a transitar sem cuidados e em velocidade elevada em vias de grande movimento de pedestres. Dadas as limitações de sinalização das vias e a precariedade da fiscalização, aumentaram muito os atropelamentos, que causaram um grande movimento de protesto. Na maior parte dos casos, o protesto ocorria na forma de bloqueio da via, feito com pneus ou móveis velhos, seguindo-se a reivindicação para instalar obstáculos físicos (lombadas) que obrigassem à redução da velocidade pelos condutores de veículos.

Em São Paulo, o movimento aumentou exponencialmente no início da década de 1980, levando a uma grande pressão sobre as autoridades de trânsito. A maioria dos casos ocorreu em áreas periféricas. Entre 1982 e 1984, a quantidade de bloqueios de vias aumentou de 2 para 37 por semestre. Entre 1980 e 1984, a solicitação para a implantação de obstáculos físicos aumentou de 38 para 119 por mês (Vasconcellos e Piovani, 1985). Em decorrência disso, a autoridade municipal de trânsito legalizou a implantação de obstáculos pela própria comunidade, mas sujeita à análise técnica dos órgãos de trânsito. Houve, em seguida, um conjunto amplo de implantações espalhadas por várias regiões da cidade. Na medida em que os obstáculos foram sendo instalados, as autoridades de trânsito foram aperfeiçoando as técnicas de projeto e a implantação, e reduzindo os pontos de conflito com a população. Isso levou a um amortecimento do movimento social.

Atuação de instituições não governamentais

Sempre houve, no período analisado, uma discussão permanente do problema da segurança de trânsito, principalmente nos meios de comunicação. No entanto, essa discussão se caracterizou por ser episódica e relacionada, na totalidade dos casos, à ocorrência de acidentes graves que chamaram a atenção do público. Passada a emoção, a realidade se impôs e a insegurança no trânsito continuou a fazer uma enorme quantidade de vítimas.

Foram poucas as entidades ou movimentos sociais que conseguiram exercer alguma influência nas decisões das políticas públicas relacionadas à segurança no trânsito. Na maioria das situações, a influência foi indireta, no sentido de oferecer dados e opiniões sobre como poderiam ser melhoradas as condições de segurança no trânsito. Ou seja, nenhuma entidade teve algum poder decisivo, no sentido de colocar sobre o governo uma pressão inescapável, que o fizesse atuar para mudar o quadro de insegurança no trânsito.

A única entidade de grande porte que exerceu um papel mais decisivo foi a Associação Brasileira de Medicina de Tráfego (Abramet), fundada em 1980. Formada por profissionais da saúde que trabalham com a preparação de condutores de veículos e com o tratamento de feridos, essa associação contou naturalmente com o domínio de um conhecimento específico do problema, que passou a se traduzir em documentos e pareceres técnicos que formaram uma base de apoio para várias decisões na área de segurança de trânsito. Devido ao fato de a Abramet pertencer a uma rede internacional de médicos de segurança de trânsito, seu conhecimento também incorporou informações de países desenvolvidos, nos quais o tema é muito mais estudado e a segurança de trânsito é muito melhor que no Brasil. A rigor, a Abramet, por essas características, foi a única entidade a ter poder de exercer pressão sobre autoridades governamentais, não de natureza política (não é uma entidade governamental), mas na forma de pressão técnica que precisa ser respeitada.

Outras entidades menores também conseguiram, de alguma forma, influenciar indiretamente o processo. A mais antiga foi organizada pela Volvo, por meio do Programa Volvo de Segurança no Trânsito (PVST). Criado em 1987, o PVST rapidamente tornou-se uma referência, à medida que passou a premiar várias instituições e indivíduos que haviam desenvolvido projetos e ideias para reduzir os acidentes de trânsito no Brasil: órgãos municipais, empresas, motoristas profissionais, imprensa e estudantes universitários. O papel do PVST sempre foi de um catalisador e, após a fase inicial, passou a atuar de forma mais agressiva, tentando mobilizar entidades governamentais e dos poderes legislativo e judiciário, além de entidades civis. Passou também a organizar um fórum de discussão e chegou a desenvolver um programa abrangente de educação de trânsito para o ensino médio. As premiações permitiram divulgar no país medidas mais eficazes para melhorar a segurança viária. Foi a atuação mais consistente, dentro das possibilidades de uma organização não governamental.

Uma segunda organização importante, embora de curta duração, foi o Instituto Nacional de Segurança no Trânsito (INST), criado em 1991. A proposta de criação surgiu em um dos eventos relacionados ao Programa Volvo, e a organização foi criada com o apoio de entidades de grande porte e poder econômico, como a Shell, a Rede Globo, a Volvo e a Itaú Seguros. Foi a primeira tentativa no Brasil de organizar um centro independente de estudos e de propostas que pudesse suplementar a capacidade (limitada) do poder público na área da segurança de trânsito. Era dirigido por Roberto S. Scaringela, um dos líderes no tema do trânsito no Brasil e contava com especialistas renomados. Considerando as limitações de recursos dos órgãos públicos para arcar sozinhos com programas de redução dos acidentes de trânsito, o INST tentou buscar o apoio da iniciativa privada para financiar seus projetos educativos, focando, com prioridade, aqueles relacionados à redução dos índices de acidentes com vítimas. Em seus 10 anos de atividade, o INST realizou uma série de estudos e projetos relevantes, dentre os quais podem ser destacados:

- Inspeção de Segurança Veicular (ISV) – O INST iniciou no Brasil a discussão sobre a necessidade do estabelecimento de um sistema de inspeções periódicas na frota circulante, de modo a assegurar condições adequadas de manutenção e de segurança. Realizou uma série de levantamentos em amostras da frota em várias regiões do país, a fim de verificar as condições dos veículos em circulação, e sediou e coordenou os trabalhos da Comissão de Estudos da ABNT para a elaboração das normas técnicas sobre o assunto.

- Auditoria de Segurança Viária (ASV) – O INST introduziu no Brasil o conceito da Auditoria de Segurança Viária tanto para novos projetos viários como para a verificação das condições de segurança em vias já em operação. Nessa área, o INST realizou trabalhos em vias urbanas e em sistemas rodoviários.

Diante das dificuldades de continuar recebendo apoios adequados, o INST encerrou suas atividades em 2001. Independentemente da avaliação da qualidade de seus projetos – na maioria bem aceitos pela comunidade técnica – ou da consideração de eventuais problemas internos, o encerramento do INST e o vazio que foi deixado até hoje mostra claramente que existe uma limitação estrutural profunda no tratamento do tema da segurança rodoviária no Brasil. Não há, na sociedade brasileira, o conceito de que a insegurança no trânsito pode ser evitada por ações coordenadas e sistemáticas, permanecendo o conceito de que o problema é custo inevitável do progresso, culpa de motoristas irresponsáveis, fatalidade ou destino. Essa visão tende a retardar, ou até impedir, medidas estruturais que realmente mudem as condições nas quais as vias públicas são utilizadas, reduzindo consideravelmente a quantidade e a gravidade das lesões no trânsito. A lentidão das mudanças também trabalha contra os possíveis apoiadores, uma vez que resultados concretos de larga escala demoram a se mostrar claramente.

Movimento social amplo: a exceção do Código de Trânsito de 1997

O único movimento social mais amplo que foi verificado no Brasil em relação à segurança no trânsito esteve ligado aos 6 anos de discussão do Código de Trânsito Brasileiro, promulgado em 1997. Nesse caso, a discussão envolveu dezenas de entidades civis, associações, sindicatos e organizações não governamentais e teve um impacto real nas decisões tomadas. Dentre os principais par-

A PARTICIPAÇÃO DA SOCIEDADE

ticipantes não governamentais estavam a Associação Nacional de Transportes Públicos (ANTP), a Associação Brasileira de Medicina de Tráfego (Abramet), o Instituto de Engenharia de São Paulo e a Anfavea.

ACESSIBILIDADE

O movimento para que as pessoas portadoras de deficiência tivessem melhores condições de circulação só foi politicamente forte a partir do final da década de 1980, quando a nova Constituição do Brasil consagrou seu direito ao acesso à cidade. Antes, apenas os que tinham acesso a automóveis particulares tinham algum apoio, na forma da definição de equipamentos que melhorassem suas condições como condutores dos veículos, por parte das autoridades de trânsito. Isso atendia uma parte mínima da população brasileira, que poderia ter acesso ao transporte individual. A maioria continuou totalmente ignorada até a década de 1990.

A partir dessa época, houve uma grande movimentação social por parte de representantes das pessoas com limitações. Esses movimentos cresceram de forma exponencial, passando a influir na definição da agenda pública relativa à construção dos equipamentos públicos e privados e à organização dos sistemas de transporte. As Leis federais n. 10.048 e n. 10.098, de 2000, e sua regulamentação em 2004, começaram a mudar essa situação ao definirem as obrigações referentes à adaptação e à adequação de equipamentos públicos e do sistema de transporte, de forma a atender adequadamente essas pessoas.

O movimento teve grande sucesso, quando comparado aos outros movimentos citados. A legislação introduziu o conceito de desenho universal como ferramenta básica na construção de políticas públicas de acessibilidade das pessoas com mobilidade reduzida. Foram definidos, por exemplo, o rebaixamento de guias junto às travessias de pedestres, a colocação de rampas e equipamentos auxiliares para o acesso a terminais de embarque e desembarque, e a instalação de semáforos especiais para pedestres com deficiência visual. Por outro lado, foi iniciado o processo de adaptação dos veículos de transporte público, baseado em normas técnicas para fabricação dos veículos e dos equipamentos de transporte coletivo, com um cronograma de execução. Esse processo teve vários momentos críticos, principalmente o referente à renovação da frota de ônibus, que se mostrou muito cara. No entanto, os novos documentos legais levaram também à melhoria geral da qualidade dos ônibus, pois passaram a exigir mais qualidade dos novos veículos saídos da fábrica.

QUALIDADE AMBIENTAL

A ação da sociedade em relação ao tema da qualidade ambiental relacionada à mobilidade se expressou de duas formas. Inicialmente, por meio dos movimentos de reação a alterações propostas ou implantadas na circulação de veículos. Esses movimentos foram conduzidos por dois tipos de agentes, os moradores de áreas exclusivamente residenciais e os comerciantes de áreas com predominância de atividades comerciais.

No caso dos moradores, as ações ocorreram quando a circulação nas vias por eles usadas foi alterada, gerando fluxos indesejados de veículos. Isso ocorreu no caso de permissão de circulação de ônibus e caminhões em vias com tráfego de características locais ou no caso de abertura de vias locais para um tráfego geral mais volumoso. No primeiro caso, a oposição ocorreu por receio dos impactos de ruído, emissão de poluentes e vibração das edificações; no segundo caso, a esses motivos juntou-se o tema da segurança pública. Isso gerou um movimento mais ambicioso de tentar isolar as áreas afetadas por meio de controles de entrada, colocando em risco a natureza pública do sistema viário e colaborando para a formação de guetos de classe média. Hoje, as áreas urbanas brasileiras ocupadas por setores da classe média alta já têm muitos empreendimentos com uma configuração de isolamento.

No caso dos comerciantes, em geral, a reação foi no sentido contrário, de protestar contra o impedimento ou a criação de dificuldades para o acesso dos clientes dos estabelecimentos, com o temor de queda de receitas. Esses foram os casos de proibição de estacionamento de automóveis em áreas com clientes de renda mais alta e de limitação ou proibição das operações de carga e descarga feitas por caminhões.

Em ambos os casos – moradores e comerciantes –, a participação foi reativa, no sentido de evitar a transformação do ambiente de circulação em uma direção que poderia prejudicar seus interesses. Por esse motivo, nunca assumiram o *status* de movimento social.

A segunda forma de afloramento do tema ambiental na discussão da mobilidade ocorreu por meio das ações de defesa do meio ambiente em seu sentido mais tradicional, relativo aos recursos naturais, como o ar. Do ponto de vista sociológico, até o final da década de 1970 não houve movimento social em torno da questão ambiental no Brasil. A discussão do tema esteve restrita a grupos pequenos em universidades e institutos de pesquisa e à ação de algumas pessoas de alto poder de influência e que a ele se dedicaram. A partir da década

A PARTICIPAÇÃO DA SOCIEDADE

de 1990, o crescimento do movimento internacional passou a interferir na discussão ambiental no Brasil, principalmente por meio de organismos internacionais de grande destaque e influência, como o Greenpeace e o World Wildlife Fund (WWF), assim como de órgãos ligados à ONU. A discussão sempre esteve centrada nos temas originais do movimento ambientalista, ligados aos recursos naturais, como a terra, a água e a energia. Por extensão, os movimentos passaram a discutir a atividade agrícola no país, centrando-se no problema da destruição da Amazônia e de áreas de grande valor ambiental (Goldemberg, 1998).

Na área do transporte e, mais diretamente, da organização do espaço urbano, as movimentações foram mais tardias. É difícil encontrar algum documento escrito antes de 1980 discutindo a poluição causada pelos veículos. Apenas a partir da década de 1990 é que começaram a aparecer textos e documentos mais aprofundados, muitos deles baseados em estudos estrangeiros e que começaram a formar um conhecimento brasileiro sobre o tema. Nessa área, destacam-se os movimentos de ciclistas e de ambientalistas que propuseram a limitação do uso de automóveis e que promoveram ações como o "Dia sem meu carro" – movimento internacional de grande expressão e que, no Brasil, é realizado em setembro. O movimento conseguiu mobilizar muitas cidades no país, mas permanece limitado em seu poder de alterar o padrão existente de mobilidade.

INSTITUIÇÕES NÃO GOVERNAMENTAIS COM ATUAÇÃO AMPLA

A instituição não governamental com a atuação mais ampla no setor é a Associação Nacional de Transportes Públicos (ANTP). Ela foi fundada em 1977 em meio à discussão sobre a crise do transporte urbano no Brasil. Formada inicialmente por iniciativa do corpo técnico do metrô de São Paulo, rapidamente transformou-se em entidade nacional com várias representações regionais. A ANTP organizou várias comissões técnicas, que atuaram intensamente na discussão de problemas do transporte público, lançou a *Revista de Transportes Públicos* – a maior da área no país – e passou a organizar congressos bianuais, que se tornaram os mais relevantes no país. Ela teve participação direta nas discussões e propostas relativas ao ônibus "Padron" em 1978, ao processo de regulamentação do sistema de ônibus, ao Código de Trânsito Brasileiro de 1997 e à Lei da Mobilidade Urbana promulgada em 2012.

Outra instituição relevante foi formada na área acadêmica em 1986. A Associação Nacional de Pesquisa e Ensino em Transportes (Ampet) passou a reunir a produção acadêmica no setor de transporte urbano e de cargas, e rapidamente alcançou representatividade nacional, ancorada principalmente nos cursos de transportes das universidades públicas. Lançou a única revista acadêmica brasileira na área – a revista *Transportes* – na qual passou a se concentrar a produção do conhecimento científico do setor.

CONCLUSÕES

A conclusão mais importante sobre os movimentos sociais na área da mobilidade é que eles não ocorreram de forma permanente e sistemática no Brasil. O único movimento que teve maior expressão foi o de protesto pelas más condições do transporte coletivo e pelo conflito entre a tarifa e a renda dos usuários. Esse movimento esteve atuante por várias décadas – entre 1940 e a metade dos anos 1980 – até que a criação do vale-transporte obrigatório, em 1987, eliminou a principal causa de protestos, o custo da tarifa. Com a redução no uso do transporte ferroviário no Rio de Janeiro (usuários transferidos para os ônibus) e a melhoria das condições dos serviços ferroviários em São Paulo, a principal causa das reações violentas dos usuários contra a má qualidade de serviço também foi amortecida, limitando-se às más condições dos ônibus nas áreas mais periféricas. No entanto, essa divisão do problema entre um grande número de áreas periféricas também colaborou para fazer refluir o movimento, tornando mais difícil sensibilizar a sociedade e o governo, da mesma forma que havia ocorrido com a série de desastres do transporte de trilhos nas duas grandes cidades.

Na área do trânsito, as ações mais importantes foram limitadas a reações violentas contra acidentes graves que resultavam em mortes, especialmente de crianças. Esses movimentos reivindicaram a instalação de dispositivos de controle da velocidade dos veículos que, uma vez instalados, faziam o movimento refluir e estagnar. Os movimentos de moradores contra o aumento do fluxo em suas vias, e dos comerciantes contra a limitação do acesso dos clientes também foram esporádicos, ligados a casos específicos. O movimento dos usuários de motocicleta limitou-se aos motoboys, que se organizaram para defender seus interesses em um ambiente hostil de trânsito, desenvolvendo táticas de protesto que variaram entre a civilidade e a violência. Finalmente, deve ser ressaltado o movimento de defesa das pessoas com deficiência, que foi bem-sucedido por ter conseguido organizar um amplo arco de alianças, dentro e fora do setor público.

A mobilização da sociedade em torno dos dois principais impactos negativos da mobilidade – a insegurança no trânsito e a deterioração do meio ambien-

A PARTICIPAÇÃO DA SOCIEDADE

te – ocorreu por meio de entidades não governamentais, nacionais e também de origem estrangeira. No entanto, nenhuma delas conseguiu construir propostas estruturais que mudassem a agenda pública.

Finalmente, o movimento mais relevante ocorreu na defesa do uso do automóvel. Ele não foi um movimento social, porque foi feito pelo próprio Estado, comandado pelas elites econômicas e políticas, e operacionalizado pela burocracia e pela tecnocracia dos órgãos públicos com responsabilidade direta e indireta pela mobilidade. O movimento obteve o apoio de dois setores muito relevantes – o de construção de infraestrutura viária e o de construção civil – com interesses claros em relação à sociedade do automóvel. Partindo do princípio de que o automóvel é essencial para a sociedade e a economia, além de ser um símbolo de progresso, o Estado e seus agentes diretos e indiretos atuaram automática e permanentemente na defesa das ações de incentivo e proteção ao uso do automóvel. Ao mesmo tempo, desvalorizaram o caminhar, o uso da bicicleta e o transporte coletivo.

O FIM DO CICLO DE MOTORIZAÇÃO PRIVADA DA SOCIEDADE – EFICÁCIA SELETIVA E INIQUIDADE

CARACTERÍSTICAS GERAIS

O projeto de motorização privada da sociedade foi implantado com sucesso. A viabilização do uso de modos concorrentes ao transporte coletivo foi realizada em duas etapas. No período entre 1960 e 1993, a política pública voltou-se para a viabilização do automóvel. A partir de 1994, foi viabilizada a universalização do uso da motocicleta. Essas ações foram implantadas principalmente pelo governo federal, que detém o poder de definir as políticas tecnológica, industrial, fiscal e de financiamento de infraestrutura urbana. Paralelamente, o apoio aos modos individuais de transporte motorizado foi garantido por instrumentos legais, como os códigos de trânsito, e por medidas tomadas no âmbito regional e local, notadamente as relativas à organização do sistema viário e do trânsito. Por outro lado, o apoio permanente ao uso do táxi também carreou para grupos sociais de renda alta parte dos recursos públicos, na forma de subsídios.

O sistema viário dedicado ao automóvel cresceu de forma exponencial, enquanto o sistema dedicado aos ônibus permaneceu ínfimo. A criação de periferias distantes dos centros de empregos, com baixa densidade urbana, tornou o transporte coletivo gravoso e muitas vezes inviável, alijando milhões de pessoas do acesso a serviços adequados.

A precariedade constante dos serviços criou uma imagem negativa do ônibus que, depois, se consolidou como cultura. A sociedade foi ensinada a desgostar do transporte público e passou a vê-lo como um mal necessário, enquanto não era possível mudar para o automóvel ou a motocicleta.

Um processo longo e complexo como esse não pode ser resumido com simplicidade. Uma das formas de buscar uma descrição adequada é separar o conjunto de ações em políticas públicas que representem as características gerais do processo. Nesta obra é descrito o processo tendo como linha central a conjunção de três políticas de grande alcance: transporte urbano, segurança de trânsito e mobilidade e meio ambiente.

A política de transporte urbano é analisada em relação às ações praticadas na definição da qualidade e do custo das formas de transporte disponível, desde andar até usar um automóvel.

A política de segurança viária é analisada em relação às ações ou inações para a garantia de uma circulação segura para as pessoas.

A política ambiental é analisada em relação às ações para a acomodação dos vários modos de deslocamento no ambiente urbano, às ações para a redução da emissão de poluentes por veículos motorizados e ao uso de diferentes formas de energia.

Cada uma das três políticas públicas analisadas tem um teor rico e diversificado, resultante de múltiplos processos políticos de negociação e decisão em vários momentos da história do Brasil. Embora aparentemente desconectadas a princípio, elas têm vários condicionantes semelhantes que resultam de condições sociais, políticas e econômicas específicas experimentadas pela sociedade brasileira. Por exemplo, as políticas de controle da poluição veicular e de incentivo ao transporte público da década de 1970 foram relacionadas à primeira crise do petróleo, que restringira muito a capacidade do país de adquirir combustível no exterior.

Este capítulo explora as relações que existiram entre as três políticas, apoiando-se na hipótese de que, apesar de suas diferenças e especificidades, as políticas foram formuladas e aplicadas seguindo uma coerência estrutural que muitas vezes fica escamoteada diante de tantos eventos históricos. Essa coerência está ligada ao plano de desenvolvimento do país definido e implantado pelas elites econômicas e políticas na década de 1930, e acelerado após a II Guerra Mundial, baseado no desenvolvimento capitalista com concentração de renda e ampliação do mercado interno. No plano do transporte de pessoas, as decisões e ações se concentraram na expectativa de crescimento do transporte rodoviário em geral e do uso do automóvel em particular. Em um ambiente de fragilidade das instituições e da democracia, de enormes desigualdades sociais e de exclusão da maioria da população da possibilidade de influenciar a agenda pública, ocorreram as consequências inevitáveis do aumento acelerado dos custos sociais e ambientais e da iniquidade no acesso ao espaço por parte dos grupos e classes sociais.

A análise conjunta das três políticas é feita principalmente em torno dos condicionantes econômicos, sociais e políticos que estão por trás das decisões tomadas. Para cada política, são enfatizadas as decisões que tiveram maior poder transformador e aquelas que tiveram relação com as outras políticas analisadas.

A POLÍTICA DE TRANSPORTE URBANO

A política de transporte urbano baseou-se em três pilares: a constituição de um sistema de transporte público por ônibus urbano e interurbano, que foi em grande parte informal nas décadas de 1940 a 1960, e que foi reorganizado e formalizado nas décadas de 1970 e 1980; a introdução do automóvel, por meio da implantação da indústria automobilística na década de 1960; e a introdução da motocicleta na década de 1990, por meio da organização de uma indústria brasileira, com direito a subsídios no processo de produção e venda.

O sistema de transporte público surgiu no início do século XX, da mesma forma como em outros países, por meio de indivíduos que operavam pequenos veículos, sem regulamentação por parte do poder público. Eram serviços baseados na demanda crescente de transporte em decorrência da urbanização da população. Nas maiores cidades havia também o serviço de bondes ou ferrovias. Nessa fase, o transporte inter-regional era incipiente e servido por ferrovias.

O transporte público urbano continuou baseado na operação conjunta de bondes e pequenos veículos até a década de 1950. Nesse período, o grande crescimento populacional exercia grandes pressões sobre a baixa oferta de transporte. Começaram, nessa época, as tentativas de promover uma reorganização do transporte público. O primeiro fator relevante foi a nascente indústria automobilística, que passou a produzir ônibus. Nos últimos anos da década de 1950, 8.923 ônibus já haviam sido produzidos (Anfavea, 2010). Isso propiciou o uso desses novos veículos em serviços urbanos e regionais, começando a alterar profundamente o padrão de mobilidade dentro do país.

A década de 1970 marca o término do processo de reorganização do transporte coletivo, por meio de duas medidas essenciais: a definição de regras para a prestação dos serviços e o agrupamento dos operadores individuais em empresas de transporte coletivo. Essas duas medidas modificaram definitivamente o transporte público no Brasil, tornando-o um dos maiores sistemas do mundo. Embora houvesse empresas públicas em algumas cidades – como a CMTC, em São Paulo – o mercado foi sendo crescentemente privatizado. Já na década de 1980, havia 667 empresas operando nas capitais e em cidades das regiões metropolitanas, com cerca de 42 mil ônibus (Ministério dos Transportes, 1985). As empresas ampliaram os serviços com rapidez, para captar a demanda crescente nas cidades do Brasil. A principal consequência foi a garantia de uma oferta ampla no espaço – a maior parte dos habitantes urbanos de grandes cidades que precisava de ônibus podia encontrá-lo andando 15 minutos. Novas regras impostas pelo governo levaram à melhora da qualidade dos veículos, e os direitos trabalhistas dos empregados no serviço foram respeitados. Todavia, a qualidade do atendimento, a quantidade de passageiros dentro dos veículos e os tempos de espera e de viagem permaneceram inadequados e, em algumas áreas periféricas de grandes cidades, constituíam um serviço de péssima qualidade geral.

A organização desse grande sistema viabilizou a constituição de uma grande indústria de ônibus, que, no início da década de 1980, já fabricava 14 mil veículos por ano (Anfavea, 2010). A escala dessa indústria em um país com uma enorme população urbana permitiu sua internacionalização a partir da década de 1990, quando as exportações chegaram a 7 mil ônibus por ano, especialmente pela maior empresa do setor – Marcopolo (Anfavea, 2010; Fabus, s.d.).

Esse grande crescimento do sistema permitiu um enorme crescimento em sua arrecadação pelos operadores privados. Nas oito maiores áreas metropolitanas do país, eram transportados por ano na década de 1990 cerca de 10 bilhões de passageiros, propiciando uma receita de US$ 5 bilhões. Análises dos custos médios de prestação dos serviços e sua comparação com as receitas auferidas e a quantidade presumível de passageiros permitem concluir que ocorreu um enorme processo de acumulação de capital por parte dos operadores privados. No período entre 1960 e 2009, a arrecadação nas oito áreas pode ser estimada em US$ 174 bilhões.

O sistema organizado formal veio a enfrentar três problemas estruturais. O primeiro ocorreu com o crescimento da inflação no Brasil na década de 1970. Esse crescimento criou enormes e permanentes conflitos entre autoridades, usuários e operadores, que dominaram as agendas locais de forma sufocante. A incapacidade dos usuários de pagar as tarifas foi se tornando óbvia e sem alternativa, a ponto de inviabilizar o sistema formal. Isso obrigaria o governo a permitir a volta do sistema informal, operando com veículos menores, com qualidade mais baixa e com perda da cobertura espacial. A saída encontrada foi o vale-transporte (VT), criado em 1985. Sem ele, o sistema teria entrado em colapso e a história deste livro seria outra.

O segundo problema estrutural enfrentado pelo sistema formal ocorreu a partir de meados da década de 1990, quando a economia entrou em fase de mudança, por meio de um grande processo de desregulamentação, que atingiu o transporte público por ônibus nas cidades. O predomínio do sistema regular foi ameaçado, pela primeira vez, pela entrada de milhares de operadores individuais ilegais, que chegaram a captar 20% da demanda (ANTP, 2000). Após 7 anos de conflitos, os operadores ilegais foram incorporados ao sistema regular, com operadores em áreas periféricas ou com linhas alimentadoras de linhas troncais nas grandes avenidas.

O terceiro problema estrutural ocorreu com a solidificação do apoio do Estado ao uso do automóvel e da motocicleta em 1993, por meio de duas decisões cruciais: o apoio à criação do automóvel 1.0, de baixo custo, e a organização de uma indústria de motocicletas capaz de grande produção de veículos, que foram vendidos a preços tornados acessíveis a uma grande parte da população.

A CRIAÇÃO DO TRANSPORTE INDIVIDUAL MOTORIZADO

O transporte individual motorizado foi criado por duas medidas separadas por 40 anos: a criação da indústria automobilística na década de 1950 e a indústria de motocicletas na década de 1990.

A indústria automobilística, desde o início, tornou-se uma prioridade para o governo federal, dentro da visão de que só se faz desenvolvimento com a produção de automóveis. Convidada a se instalar no Brasil pelo governo Kubitscheck, essa indústria experimentou processos de grande crescimento, permeados por crises episódicas. Seu sucesso pode ser atestado pelo crescimento de sua produção: de 133 mil veículos em 1960, a 1,1 milhão em 1980 e a 3,3 milhões em 2012. A constituição dessa indústria ocorreu com a definição de uma elevada carga de impostos federais da ordem de 30%, bem maior do que se verifica nos países industrializados – 13 a 16% na Europa, 9% no Japão e 6% nos EUA (Anfavea, 2010). Essa forma de política fiscal trouxe muitos recursos para o governo brasileiro, mas tornou-o sócio e refém da indústria, pelo fato de depender dela para obter grande parte de seus recursos e de sofrer grandes pressões em épocas difíceis para a indústria, que ameaçava demitir funcionários caso não fosse apoiada. Com isso, o governo federal tornou-se apoiador permanente da indústria, tendo feito todos os esforços para que ela permanecesse forte e para que sua produção crescesse. As demonstrações mais objetivas desse aprisionamento foram a criação de facilidades de aquisição dos veículos pelas pessoas e a redução ou eliminação dos impostos federais sobre os veículos particulares. Tendo ocorrido em várias ocasiões desde a criação da indústria em 1956, o apoio teve uma expressão contundente quando se instalou a crise financeira internacional de 2008, pela eliminação de impostos dentro de um governo historicamente definido como de esquerda. É importante salientar que esse aprisionamento ocorreu dentro de um ambiente ideológico definido pelas elites econômicas e políticas, que sempre privilegiaram o transporte individual e desprestigiaram o transporte coletivo.

A indústria de motocicletas foi formalmente implantada no Brasil em 1994, quando foram criadas as condições para sua localização na Zona Franca de Manaus para que se beneficiasse de subsídios. Seu sucesso foi ainda mais rápido que o da indústria de automóveis, tendo aumentado sua produção de 166 mil motos em 1986, para 1,1 milhões em 2006 e para 2 milhões em 2011.

Do ponto de vista da segurança na circulação, o importante é salientar que o automóvel penetrou em uma sociedade recém-transformada em sociedade de consumo, como um brinquedo novo, que passou a ser utilizado pelas camadas médias ávidas do sonho da ascensão e da modernização. Ele foi então consumido de uma forma violenta e predadora, instaurando um novo tipo de negociação do espaço. A violência no trânsito tornou-se uma realidade cotidiana que muitas vezes, mais do que qualquer outra forma de violência urbana, foi se transformando em banalidade, vivenciada pelas pessoas como algo incorporado ao novo estilo de vida (Portugal e Sequeira, 1991). Essa relação singular, tipicamente brasileira, reflete-se no trânsito, principalmente ao nível do confronto dos papéis conflitantes, como o de motorista e de pedestre. Embora o Código Nacional de Trânsito estabeleça claramente a prioridade do pedestre sobre o veículo nas interseções, na prática ela é "brasileiramente" negada pelo exercício cotidiano do poder da força e da negação da cidadania: quem está a pé é inferior e, portanto, deve esperar. Essa relação – que não está presente na maioria dos países capitalistas avançados – expõe com toda a clareza o padrão brasileiro terceiro-mundista de desenvolvimento: conforme salienta Cardoso (1977, p. 38), formam-se "cidades sem cidadãos", em que a força física traduzida pela posse eventual de um veículo é o elemento que decide a ocupação do espaço. O papel de motorista – e, mais especificamente, da classe média como motorista – é o papel privilegiado que transforma algumas pessoas em "mais cidadãs" do que outras.

O processo traumático da expansão do uso do automóvel no Brasil, entre 1960 e 1990, foi reativado com o incentivo irresponsável ao uso da motocicleta no início da década de 1990, e que não apenas eliminou os ganhos de segurança de trânsito que foram obtidos pelo Código de Trânsito Brasileiro de 1997, mas fez crescer exponencialmente o número de mortos e de pessoas que se tornaram irremediavelmente inválidas.

No entanto, essa reordenação da circulação no espaço não beneficiou todas as mercadorias que circulam no espaço urbano. Se, por um lado, não existe um ator único no trânsito, que consequentemente pressione o Estado na defesa de seus interesses – uma vez que as pessoas desempenham vários papéis no trânsito conflitantes entre si, que mudam no tempo e no espaço –, houve um ator privilegiado pela intervenção estatal: esse ator é a classe média como motorista. Esse privilégio não tem apenas raízes socioculturais, no sentido do automóvel como símbolo de *status* e de poder, nem apenas raízes econômicas ligadas à importância crucial da indústria automobilística na economia, mas também, e principalmente, razões macroeconômicas associadas ao novo papel destinado às classes médias emergentes: o sistema precisa produzi-las em quantidade, pois elas serão o sustentáculo ideológico e econômico do regime. Elas surgem impondo um novo estilo de vida urbana, caracterizado por uma série de novos consumos, cuja realização precisa de um patamar mínimo de velocidade, que só pode ser garantido pelo automóvel. Assim, ocorre uma simbiose entre as classes médias e o automóvel na medida em que um não pode viver sem o outro: se a indústria precisa das classes médias para realizar o valor de seu produto, estas precisam do automóvel para existir e reproduzir-se como classe.

Quanto aos outros papéis desempenhados no trânsito, a principal transformação se refere ao passageiro de transporte público, no caso o transporte majoritário que corresponde ao ônibus. Inicialmente beneficiado pelo aumento geral da macroacessibilidade e da fluidez, esse meio de transporte vai perdendo aos poucos esses ganhos, seja pela periferização causada pelo desenvolvimento urbano capitalista – que aumenta as distâncias e os tempos de percurso – seja pelo abandono do sistema de ônibus à sua própria sorte, e que é operado majoritariamente por empresas privadas. Controladas por um Estado hostil e débil, o transporte público precisa disputar o espaço com os demais veículos, sem nenhum tipo de priorização efetiva.

Assim, as classes trabalhadoras que dependem do ônibus circulam à mesma velocidade da década de 1940, mas o fazem em uma outra cidade, em condições mais desfavoráveis, e devendo vencer distâncias mais longas, fazendo com que os níveis de serviço reais sejam muito baixos. Em termos macroeconômicos, torna-se claro que a solução do problema do transporte dos trabalhadores não é fundamental para o capital, dada a existência de um grande exército industrial de reserva e ao nível (presumível) de lucratividade do sistema, da forma como ele opera.

A ampliação do sistema viário, aliada a sua integração generalizada por meio de ajustes e conexões, abre a cidade para a penetração dos veículos, rompendo o tecido existente, destruindo a rua como espaço de convívio humano e instaurando a nova ordem do andar motorizado. A cidade é ocupada pelas classes médias e seus automóveis em circulação ou estacionados, sendo o papel de motorista desempenhado de uma forma predatória e violenta, na corrida pela ascensão social. O novo modo de vida produz então milhares de feridos e mortos por ano, a maioria dos quais desempenhando o papel de pedestre, que se torna o mais vulnerável dos papéis no trânsito, não só física como politicamente. A partir da década de 1990, um novo ator entra em cena de forma trágica: o motociclista vem para aumentar dramaticamente a violência no trânsito, elevando-a rapidamente a níveis nunca antes vistos. É um novo grupo social, distinto da classe média que moldou a política no período de 1970 a 1990 e que ganha espaço na mobilidade pagando um preço elevadíssimo.

A ESTRATÉGIA DOS OPERADORES DE TRANSPORTE PÚBLICO

Independentemente da complexidade da questão do transporte público, existe um ponto de partida que opera como elemento básico de orientação das decisões de política pública. Ele se refere a como o transporte público é visto na sociedade. Existem duas visões possíveis.

Primeiro, o transporte é visto como um problema de mercado ou seja, um serviço que deve ser fornecido de acordo com as regras do mercado, como a fabricação de roupas ou o conserto de sapatos. Os fabricantes de roupas decidem qual produto oferecer, onde implantar a fábrica, como fazer a propaganda do produto e qual preço cobrar. Os interessados em consertar sapatos decidem onde ter a loja, a que horas abri-la para os fregueses e quais preços cobrar. Esses dois negócios estão geralmente livres de qualquer controle externo de autoridades públicas, exceto aqueles referentes ao uso do solo em seu local de atividade, a obrigações de impostos e taxas e de direitos trabalhistas. Essa visão se transfere para o transporte público na feliz formulação de Rogério Belda:

O FIM DO CICLO DE MOTORIZAÇÃO PRIVADA DA SOCIEDADE – EFICÁCIA SELETIVA E INIQUIDADE

Esta visão dos empresários não percebe o setor como serviço público operado por permissão pela iniciativa privada, portanto, absolutamente regulamentado e sob fiscalização. A empresa é vista como um negócio econômico e as linhas de ônibus como uma propriedade. (Belda, 1995, p. 39)

Segundo, o transporte é visto como uma questão pública, ou seja, um serviço que deve ser ofertado de acordo com regras emanadas de um consenso público referentes aos interesses e às necessidades da sociedade. Nesse caso, regras limitantes da atividade relativas à natureza do serviço, bem como controle e monitoração por parte da autoridade pública, são consequências inevitáveis. Se assumirmos a primeira visão – o transporte como problema de mercado – então os serviços devem ser desregulamentados, preservando (se as forças políticas acharem necessário) apenas a definição de condições mínimas de segurança dos veículos (como aconteceu no Chile nos anos 1980). A consequência dessa visão é que aqueles que podem pagar pelo serviço serão atendidos e aqueles que não podem pagar não serão atendidos. Nesse caso, a integração do sistema, as relações entre uso do solo e transporte e as considerações sociais e ambientais tornam-se sem sentido; o papel das autoridades de transporte público limita-se a emitir permissões para dirigir os veículos.

Ao contrário, se adotamos a segunda visão – do transporte como um assunto público – então a regulamentação é necessária, e a única flexibilidade possível refere-se ao nível da regulamentação e do controle que serão definidos. A discussão segue pelo caminho sempre complexo da análise ética e filosófica de qualquer questão pública e torna-se um desafio para todas as pessoas envolvidas. A esse respeito, considerações sobre a eficiência do serviço tornam-se essenciais; todavia, condicionantes sociais podem requerer o uso de subsídios e a adoção de enfoques que não se enquadram nas leis de mercado.

Consequentemente – e esse é o ponto central do debate sobre o transporte regular ou informal – todos os agentes envolvidos na oferta do transporte precisam aceitar a prevalência do controle público, uma condição que nunca é aceita pelo setor informal (a menos que ele esteja procurando induzir o Estado a protegê-lo de uma competição indesejada, em vez de resolver o problema com suas próprias mãos, como ocorre em geral). É importante notar que, nesse aspecto, eles não são diferentes de qualquer empresa capitalista que procura defender seus interesses; a diferença reside na capacidade do Estado e da sociedade de definir limites para esse comportamento e de proteger o interesse público.

Três conclusões essenciais emergem claramente. Em primeiro lugar, mercados regulados baseados na aceitação do princípio do interesse público podem acabar contradizendo este interesse se ocorrer incompetência, corrupção ou cooptação. Segundo, mesmo mercados desregulamentados acabam regulamentados de alguma forma, seja pelas cooperativas dos operadores, seja por máfias que definem limites geográficos e de mercado para serem desfrutados por aqueles que aceitam as regras. Assim, não existe um mercado desregulamentado no sentido preciso do termo. Terceiro, depois dos primeiros transportadores informais interessados terem conquistado a entrada no mercado, lutando contra os transportadores regulares, o direito dos novos pretendentes é cinicamente negado para proteger os direitos recentemente adquiridos; a competição, como fundamento ideológico, não pode enfrentar a realidade e retorna às páginas dos livros-texto dos cursos de economia e administração.

O entendimento do transporte público pode então ser visto como derivado de duas visões diferentes: coletiva e pública. O transporte coletivo é aquele serviço disponível ao público sob as regras do mercado; o transporte público é aquele serviço disponível ao público sob regras sociais definidas pela sociedade. O mercado pode ofertar transporte coletivo, não o transporte público; apenas um sistema planejado e controlado publicamente pode ofertar transporte público como um serviço essencial à sociedade.

Quando se analisa a estratégia adotada pelos operadores de transporte público por ônibus no Brasil, podem ser identificados quatro períodos principais e duas formas de ação.

O primeiro período é o que ocorre a partir da década de 1930, em que os serviços de transporte coletivo ocorrem na forma desregulamentada, com grande liberdade de atuação por parte dos provedores e pouca ou nenhuma interferência do Estado (salvo no controle das tarifas). Nesse período o sistema brasileiro se assemelhou ao que ocorre em todos os países em desenvolvimento, com a atomização da oferta em milhares de provedores individuais.

Uma primeira grande transformação ocorreu com o aumento acelerado da população urbana e, consequentemente, da demanda por transporte coletivo. Na ausência de concorrência, o transporte regular por ônibus – agora regulamentado pelo poder público – passou por grande crescimento: a demanda diária de passageiros nas grandes metrópoles passou de 14 milhões em 1960 para 38 milhões em 2000. Isso levou a um grande aumento da frota e da arrecadação do sistema, formando-se um dos maiores sistemas de transporte urbano por ônibus do mundo. Embora o sistema tenha sido regulamentado – com a criação de monopólios geográficos dentro das maiores áreas metropolitanas –, a fiscalização dos serviços sempre foi precária, daí resultando uma liberdade de organização (por meios legais ou ilegais) por parte dos operadores que lhes permitiu aumento da rentabilidade do negócio. Formou-se, a partir dessas condições, um dos maiores processos de acumulação de capital verificados no setor privado brasileiro: a arrecadação anual estimada do sistema de ônibus nas grandes metrópoles passou de US$ 1 bilhão, na década de 1960, para quase US$ 2 bilhões, na década de 1970.

O segundo período correspondeu ao tempo da inflação elevada entre 1975 e 1992. Os altos índices de inflação levaram a conflitos permanentes (mensais) sobre o valor das tarifas. A escalada dos índices de preços gerou movimentos sociais e sindicais permanentes e colocou pressões insuportáveis sobre o sistema, ameaçando sua sobrevivência. O valor da tarifa chegou a fazer parte da lista de preços controlados pelo governo federal, por meio do Conselho Interministerial de Preços (CIP). A saída encontrada foi a criação do VT em 1985, que contou com o apoio decisivo da recém-criada Associação Nacional de Empresas de Transporte Urbano (NTU). Transferindo a conta dos aumentos para os empregadores, o VT reduziu as tensões e esvaziou os movimentos sociais, pois seus constituintes – os trabalhadores do sistema formal – não iriam mais pagar pela parte maior dos aumentos das tarifas. Apenas os trabalhadores do setor informal continuariam a pagar pelos aumentos tarifários, mas eles, por sua natureza, não tinham condições de opor resistência ou reivindicar sua inclusão no programa do VT. Por outro lado, a existência do VT aumentou a liberdade de reajustes das tarifas. Com isso, foi possível pagar os custos de melhorias no sistema – como a extensão dos serviços para áreas periféricas. Mas o aumento do valor médio das tarifas, quando comparado à evolução geral dos preços, mostra que a arrecadação do sistema subiu mais do que os custos gerais, abrindo a hipótese de superfaturamento por parte dos empresários. Assim, o processo de intensa acumulação de capital verificada na primeira fase (anterior ao período de alta inflação) pode retomar seu curso. O faturamento anual nas grandes metrópoles atingiu US$ 5 bilhões na década de 1990.

O terceiro período notável ocorreu após o Plano Real, quando a economia se estabilizou e passou a ocorrer um intenso movimento de negócios informais no país. Um dos maiores negócios que cresceu no período foi o transporte alternativo, majoritariamente ilegal. A esse movimento, correspondeu uma reação rápida e coordenada dos operadores de ônibus a partir da NTU. Esse movimento foi bem-sucedido, visto que alguns anos depois a maioria dos operadores ilegais havia sido incorporada ao sistema regular por meio de contratação pelas empresas regulares ou pelo governo.

O último período corresponde à época entre o final da década de 1990 e o final da década de 2000. Nesse período, a demanda do transporte coletivo continuou a cair (ANTP, 2013). A continuidade dessa tendência não levou a nenhuma reação estrutural por parte dos operadores de transporte por ônibus para defender seu mercado. Apesar de todas as análises e discussões promovidas pelas universidades e por organismos não governamentais, como a Associação Nacional de Transportes Públicos (ANTP), as empresas continuaram apegadas a seus contratos e relações habituais. Apenas em meados da década de 2000 surgiram ações tímidas, sem o poder de pressão necessário para mudar os fatores de risco.

A primeira constatação importante é que o sistema brasileiro fez a transição do regime desregulado e atomizado para um regime regulado e operado por empresas. Isso não ocorreu, por exemplo, na maioria dos demais países latino-americanos, que continuou com sistemas prioritariamente desregulamentados. Essa transição brasileira proporcionou a organização de um sistema complexo e de grande porte.

O que pode explicar o comportamento verificado? Cinco hipóteses podem ser aventadas: a lucratividade continuou alta, em virtude da segurança dos contratos, tornando desnecessária qualquer ação para barrar os efeitos de redução da demanda; as empresas de ônibus estavam ligadas a outros negócios (por exemplo, revendedoras de ônibus), cuja lucratividade compensava a perda de receitas no transporte de passageiros; alguns empresários acharam que permaneceria a forma tradicional de dialogar e negociar com o Estado; conflitos internos sobre as ações que deveriam ser tomadas não obtiveram consenso e o setor continuou trabalhando da mesma forma; houve dificuldade de adaptação a um ambiente mais competitivo.

A análise desses quatro períodos mostra duas características essenciais e combinadas da estratégia dos operadores: a busca natural da lucratividade em um negócio e o descaso com a qualidade do serviço. De um lado, a busca da lucratividade foi feita por meio da organização e da otimização dos serviços prestados, mas também por procedimentos irregulares quanto à oferta de transporte, ao pagamento de impostos e à legislação trabalhista. Por outro lado, o descaso com a qualidade foi possível pela confluência de duas condições essenciais: a ausência de competição pelo mercado e a impossibilidade de os usuários canalizarem seus anseios por meio de uma organização política ou sindical eficaz. Assim, a maior parte do sucesso empresarial do transporte urbano por ônibus no Brasil foi caracterizada pela conjugação de demanda crescente, proteção do Estado e ausência de competição real. Foram três fatores altamente favoráveis que só foram seriamente ameaçados na segunda fase pelo processo inflacionário, e na terceira fase pela entrada do transporte informal na competição pelo mercado. Essas duas ameaças foram neutralizadas pelo Estado, permitindo ao setor recuperar o elevado nível histórico de acumulação de capital.

Na quarta e mais recente fase – quando o sucesso do processo de motorização privada consolidou-se e passou a atender a maior parte da demanda usando automóveis e motocicletas –, a falta de movimentação estrutural por parte do empresariado aparentemente mostra que o setor não vê mais possibilidade de retomar a liderança no transporte das pessoas e está se preparando para uma mudança. Esta transformação já está ocorrendo na forma da concentração de propriedade em empresas grandes, que atuarão nos maiores centros urbanos, nos quais haverá a possibilidade de organizar novos sistemas integrados de transporte de média e alta capacidade, como grandes corredores de ônibus e sistemas sobre trilhos, apoiados por uma tecnologia moderna de operação e controle, e que permitirão alta rentabilidade. Embora a ocorrência da Copa do mundo da Fifa tenha acelerado o processo, ele já havia sido iniciado antes, com a concentração das discussões de projeto em torno dos BRT desde o final da década de 2000 (corredores de ônibus). Isso significará uma forma de elitização do transporte público, predominantemente nas áreas centrais das grandes cidades. Uma das consequências dessa mudança será a aceleração da redução da oferta de transporte por ônibus nas cidades de menor porte, apressando a desmobilização do que historicamente foi um sistema de grandes proporções. Se até os anos 1990 apenas as cidades com menos de 30 mil habitantes não tinham serviço público de ônibus, esse patamar já subiu para 50 mil habitantes e provavelmente ainda subirá para 80 mil habitantes.

Embora a estratégia do setor tenha sido compatível com sua natureza de negócio privado, é importante salientar que o Estado não fez nada para mudar o *status* político do transporte coletivo, que poderia ter alterado as condições do transporte público em todo o país, mudando a participação do setor empresarial. A ideologia predominante desvalorizou permanentemente o transporte coletivo e privilegiou o transporte individual, colaborando assim para a queda da importância do setor. O Estado se mobilizou de forma concreta e firme apenas quando a oferta de transporte coletivo esteve ameaçada estruturalmente, o que seria inaceitável para a economia do país e para a vida das pessoas. Passadas as crises, o Estado sempre voltou a devotar pouquíssima atenção aos interesses dos usuários do transporte coletivo.

COMO OCORRERAM OS CONSUMOS PRINCIPAIS

O consumo de espaço para as vias de circulação seguiu o padrão de crescimento urbano descontrolado. Como as quadras permaneceram, em geral, com 100 m de largura, o padrão viário decorrente (ortogonal) é de cerca de 20 km por cada km^2 de território. O problema é que a baixa densidade populacional que resulta desse crescimento para a periferia leva a uma baixa produtividade de atendimento da circulação por quilômetro de via: as vias ficam vazias na maior parte do tempo. Essa enorme ociosidade tem um custo elevadíssimo para a sociedade, que pagou para construir as vias, e tem um impacto na iniquidade uma vez que na prática grande parte do sistema é usada para permitir o estacionamento gratuito por proprietários de automóvel (ver "O automóvel: a mobilidade incentivada, potegida e adulada", na p. 129).

No campo da energia, o sistema de mobilidade motorizada no Brasil começou dependente dos derivados de petróleo, principalmente a gasolina e o diesel. Entre 1935 e 1956 (antes da implantação da indústria automobilística), o Brasil importou 65 milhões de barris de petróleo (3 milhões por ano). Após a implantação da indústria, e até 2007, o país importou 9 bilhões de barris (174 milhões por ano) (Ipeadata, 2012)[1]. Em 1999, a importação começou a cair, por causa do aumento da produção nacional e do uso do etanol, mas permaneceu significativa principalmente pelo aumento no consumo de diesel e da irregularidade na oferta do etanol. Em 2007, a importação foi de 415 mil barris de petróleo por dia. O preço do barril de petróleo variou de US$ 2/barril (até 1973) a US$ 140/barril (em picos de crise). Assumindo um valor conservador de US$ 20 a 25 por barril no período de 1957 a 2007 (Agência Nacional do Petróleo, Gás Natural e Biocombustíveis, 2012), o gasto mínimo do Brasil com a importação de petróleo foi de US$ 200 bilhões.

O uso da energia elétrica, até certo ponto elevado nas cidades com grandes sistemas de bondes, ficou mais tarde limitado aos sistemas ferroviários e a alguns sistemas de ônibus elétricos (ver Capítulo 4). Essa dependência do petróleo trouxe não apenas custos muito elevados em vários períodos como também causou muitas situações de incerteza no abastecimento. Apenas na década de 1970 apareceu uma alternativa importante à gasolina, na forma do etanol, e que viria a atender na década de 2000 uma parte significativa da energia de movimentação dos veículos individuais. Contudo, a grande dependência do óleo diesel para movimentar caminhões e ônibus permaneceu a mesma. No campo do transporte

---

[1] Entre 1907 e 1934, o país importou 23 milhões de barris de gasolina (dados do Ipea).

coletivo, o sistema continuou dependente do óleo diesel, e apenas na década de 2010 começaram a ser testadas de forma organizada opções de energia, como no caso do ônibus híbrido diesel-elétrico, do biodiesel e do álcool. No uso cotidiano, a frota de automóveis, que transporta menos pessoas que os veículos de transporte coletivo, consome cerca de 80% de toda a energia usada na mobilidade.

Na área do transporte particular, o lançamento do carro *flex* foi um extraordinário sucesso, tendo atingido 95% das vendas de automóveis em 2010. No entanto, a política dúbia e incerta do governo federal em relação à produção do etanol criou crises sistemáticas de abastecimento, causando desconfiança na sociedade e aumento do consumo da gasolina. Isso causou um grande custo de importação de gasolina no período após 2010.

O consumo do tempo para deslocar-se apresentou padrões diferentes, conforme o modo de transporte utilizado. Para a grande maioria das pessoas, nas cidades com mais de 60 mil habitantes, o ônibus transformou-se em uma forma essencial de locomoção, considerando as distâncias médias envolvidas. Nas cidades de maior porte, a precariedade do sistema viário, a falta de prioridade para o transporte público e o aumento acelerado do número de automóveis nas vias levaram a um aumento dos tempos de percurso dos ônibus. Nas cidades de magnitude metropolitana, como São Paulo e Rio de Janeiro, os congestionamentos tornaram-se permanentes e muito grandes, aumentando o tempo de percurso das pessoas em todos os dias: estima-se que 27 milhões de horas por dia eram consumidas na década de 2000 pelos usuários de ônibus das oito maiores áreas metropolitanas do país. Pode-se estimar, de forma conservadora, que 20% (5,2 milhões de horas) resultavam do congestionamento provocado pelo uso excessivo do automóvel. No caso do automóvel, a situação foi diferente. Na maior parte das cidades, o sistema viário tinha espaço para acomodar esses veículos, assegurando que pudessem circular a velocidades que lhes garantissem tempos diminutos de percurso: mesmo em uma grande cidade como São Paulo, 70% das viagens de automóvel levavam menos de 25 minutos em 2007 (CMSP, 2007). Com os programas de sincronização de semáforos instalados na maior parte das cidades médias e grandes a partir de meados da década de 1980, esse desempenho foi ainda melhorado.

No campo da economia, o investimento público na infraestrutura de mobilidade privilegiou claramente o uso do automóvel. O padrão urbano brasileiro foi impregnado, em qualquer projeto de construção de vias, nas cidades de todos os tamanhos, pela construção de vias com largura muito maior do que a necessária para escoar o tráfego de veículos. Isso decorre da ideologia de que o automóvel é essencial para a sociedade, de que todos um dia terão seu veículo e de que um país baseado no uso intensivo do automóvel será um país rico. O patrimônio de vias nas cidades com mais de 60 mil habitantes era de R$ 714 bilhões em 2011, dos quais R$ 260 bilhões representam o desperdício causado pela construção da área excessiva. Dada a subutilização da maioria das vias, as faixas junto ao meio-fio sempre foram usadas para estacionamento de automóveis, representando um enorme subsídio para uma parcela da população. Na região metropolitana de São Paulo, o subsídio anual pode ser estimado em R$ 3,7 bilhões. Portanto, na prática, a propriedade de um automóvel no Brasil inclui o direito de estacionar de graça nas vias, embutido nas normas de construção de infraestrutura e na liberalidade da política de estacionamento. Nos anos 1990 o Estado preparou um pacote de medidas de apoio à motocicleta. A primeira, e mais importante de todas, foi permitir a instalação da nova indústria de grande escala na Zona Franca de Manaus, o que permitiu que o custo final para o consumidor fosse 25% mais baixo. Além disso, o governo permitiu a formação de consórcios e de sistemas de financiamento que permitiam chegar a prestações mensais de R$ 150. O governo federal criou, dentro dos dois maiores bancos públicos – Banco do Brasil e Caixa Econômica Federal –, programas específicos de financiamento de motocicletas, com juros mais baixos. Um dos programas tinha uma propaganda que associava a aquisição da motocicleta à libertação da pessoa da necessidade de usar o transporte coletivo.

O transporte coletivo não recebeu o mesmo tratamento. Ele foi considerado um componente do tráfego geral, que deveria circular à direita da pista para facilitar as manobras de parada nos pontos para acesso dos passageiros. Nenhum cuidado especial foi adotado para garantir a circulação adequada dos ônibus que, historicamente, transportaram a grande maioria das pessoas. Dentro desse modelo, os ônibus passaram a enfrentar o estacionamento irregular dos automóveis, o desgaste excessivo do pavimento na faixa por eles utilizada, a falta de prioridade nos semáforos e as más condições de embarque e desembarque dos passageiros. Investimentos mais volumosos em infraestrutura especial, como faixas e corredores exclusivos, ocorreram de forma coordenada e persistente apenas durante a crise do petróleo dos anos 1990, em função do aumento exponencial dos gastos com a importação de petróleo no país. Passada a crise, os corredores não foram operados adequadamente nem modernizados, tendo alguns deles desaparecido precocemente. A rede de preferência para os ônibus nas vias brasileiras é ínfima (menos de 1% das vias públicas disponíveis), comprovando "fisicamente" que o país nunca levou a sério esse projeto.

Do lado dos usuários, as tarifas de ônibus transformaram-se em um grande problema para a maior parte da população, na medida em que sofriam aumentos constantes pela ocorrência de inflação. A obrigatoriedade da compra do VT pelos empregadores suavizou muito o problema para os trabalhadores do mercado formal, mas deixou os trabalhadores do mercado informal sem proteção. Foram eles que pagaram a conta que se seguiu após os aumentos constantes da tarifa acima da inflação no período posterior ao Plano Real em 1994 (Carvalho et al., 2013; NTU, 2012). Da mesma forma, os descontos dados aos estudantes, aos idosos e a outros usuários foram descarregados na tarifa paga pelos demais passageiros.

No campo do transporte individual, os custos de ter e usar um automóvel (licença anual, seguro obrigatório, IPVA) foram mantidos sempre muito baixos em relação ao valor dos veículos e aos custos sociais e ambientais por ele causados. Ademais, a liberdade de estacionar o automóvel gratuitamente na via pública constitui um privilégio na forma de um enorme subsídio para um grupo social específico. Embora seu impacto não possa ser expresso claramente em termos monetários, a precariedade da fiscalização de trânsito permitiu uma grande desobediência à legislação, que, no fundo, é uma forma de subsídio para reduzir o custo de usar os veículos. Em épocas de crise econômica, o automóvel sempre contou com o apoio do governo federal, especialmente na forma de descontos no IPI, que na soma de todas as renúncias representou dezenas de bilhões de reais de subsídios. As regras sobre a formação de consórcios e para financiamento dos veículos estiveram sempre presentes para apoiar a disseminação da propriedade; em algumas situações, foi permitido o financiamento com até 84 meses de prazo. O substituto mais direto do automóvel – o táxi – também foi sempre protegido pelo Estado, principalmente na forma de descontos no IPI, no ICMS e no IPVA e na garantia de espaço gratuito de estacionamento nas vias.

Em termos de movimentação econômica, dentre os quatro setores empresariais que tiveram participação essencial no processo, três experimentaram uma acumulação significativa de capital, tendo se desenvolvido de forma extraordinariamente bem-sucedida: a indústria de automóvel, a indústria de motocicleta e os operadores de transporte coletivo em ônibus. Apenas a indústria de fabricação de ônibus passou por várias crises, tendo testemunhado o fechamento de algumas empresas de grande porte. No caso das três atividades bem-sucedidas, seu faturamento pode ser estimado em US$ 1,9 trilhão para a indústria automobilística (1966-2011), US$ 95 bilhões para a indústria de ônibus (1957-2012) e US$ 294 bilhões para os operadores de transporte coletivo por ônibus nas cidades com mais de 60 mil habitantes (1960-2009).

COMO OCORRERAM E FORAM GERENCIADOS OS IMPACTOS NEGATIVOS

Os principais impactos negativos da motorização no Brasil foram tratados de formas muito díspares, embora geralmente precárias. Nenhum dos impactos negativos da motorização foi tratado de forma adequada, seja para reduzi-los fortemente, seja para circunscrevê-los dentro de limites menos prejudiciais.

O crescimento das cidades foi deixado totalmente a cargo do mercado, uma vez que poucas cidades tinham leis e organização pública para impor algum tipo de orientação ou de restrição. O uso e a ocupação do solo tiveram um pouco mais de controle, mas de modo geral ocorreram também segundo os interesses individuais e do mercado. Com isso, formaram-se áreas de baixa funcionalidade, com potencial para gerar problemas ambientais e de circulação. A destruição do tecido urbano nunca foi controlada em nenhuma cidade brasileira média ou grande. Esse tecido foi rasgado por vias alargadas ou novas e passou a ser apenas um canal de passagem de veículos motorizados, circulando a velocidades incompatíveis com a segurança de pedestres e ciclistas e com a qualidade de vida dos moradores e usuários locais. As ruas das cidades do Brasil perderam sua característica de espaço coletivo para se transformarem em um espaço dominado pelas pessoas que têm acesso a veículos individuais motorizados. A lógica da otimização do ganho privado gerou um processo ilógico de incentivo ao crescimento da frota de veículos, sem a análise de seus impactos na estrutura da cidade e da capacidade dessa estrutura de suportar mais tráfego veicular (Malta, 2003). Nenhuma cidade brasileira dispôs ou dispõe de mecanismos efetivos de limitação da expansão do trânsito frente aos limites da capacidade de suporte do sistema viário, do sistema de transportes públicos e dos equipamentos públicos. O uso crescente do automóvel foi incentivado como se o espaço fosse infinito. A insanidade verificada na cidade de São Paulo é um testemunho cruciante desse processo de alienação coletiva, apoiada com entusiasmo pelas elites políticas e econômicas, e que, desde o princípio dos anos 2000, vem se espalhando pelas maiores cidades do país.

A insegurança no trânsito foi entendida majoritariamente como culpa individual ou como custo inevitável do progresso, e recebeu um tratamento extremamente limitado em termos de recursos orçamentários, de planejamento e de estudos de medidas para sua mitigação. Em consequência disso, a sensação de impunidade pelas infrações de trânsito se acentuou e se universalizou. O principal impacto negativo desse tipo de motorização – os acidentes de trânsito e suas vítimas – alcançou níveis elevadíssimos no período inicial do processo (entre

1960 e 1990), só vindo cair um pouco com o processo de municipalização da gestão do trânsito e o novo Código de Trânsito Brasileiro promulgado em 1997. Todavia, a última decisão de política pública pró-motorização – a liberação da entrada da motocicleta no ambiente de trânsito do Brasil a partir de 1994 – aumentou exponencialmente o número de mortes, eliminando todos os ganhos obtidos até então. Pode-se estimar que, no período entre 1960 e 2010, o trânsito no Brasil matou 1,5 milhão de pessoas. Se o processo tivesse sido controlado adequadamente, baseando-se em parâmetros de países mais desenvolvidos, o número de mortos e feridos teria sido no máximo igual a 25% do que ocorreu. Deve-se destacar que a implantação das duas indústrias ocorreu da mesma forma irresponsável verificada no século XX nos países ricos, em que os produtores não se responsabilizam pela segurança integral de seus produtos. A indústria instalou equipamentos de segurança apenas quando foi obrigada pelo governo ou para seguir regras rígidas de suas matrizes. O caso da indústria de motocicletas foi ainda pior, uma vez que a tecnologia foi trazida ao Brasil quando já existia uma experiência acumulada de 80 anos sobre o elevado perigo de seu uso. Até hoje, a sociedade brasileira está anestesiada em relação a esses impactos e os vem admitindo como algo natural, o que mostra a imensa força da ideologia do desenvolvimento material como objetivo central indiscutível, que deve ser perseguido a qualquer preço.

A contaminação do ar teve uma trajetória um pouco distinta, pois houve acordo político e técnico para que um projeto de redução das emissões dos veículos fosse implantado em 1986. Para isso, foi essencial a convergência de interesses do Estado e das multinacionais da indústria automobilística, que viram no Brasil um mercado importante para a exportação de veículos e que, portanto, requeria veículos menos poluentes. O problema foi suavizado pela implantação bem-sucedida do Proconve, que reduziu as emissões dos veículos leves fabricados no Brasil aos níveis verificados em países desenvolvidos. No entanto, a política falhou em dois itens muito importantes. Primeiramente, demorou décadas para melhorar a qualidade do óleo diesel usado no Brasil, cujo alto teor de enxofre foi uma das principais causas de danos à saúde da população, especialmente nas grandes cidades. Em segundo lugar, não foi capaz de superar os obstáculos para implantar a inspeção veicular obrigatória.

No tocante ao congestionamento geral, seu tratamento seguiu a linha norte-americana de ampliar o sistema viário, que usou grandes recursos públicos para atingir resultados pífios. A cidade de São Paulo chegou a gastar, na década de 1960, um terço de seu orçamento com essas obras, e, no entanto, o congestionamento não parou de crescer. Além disso, os maiores prejudicados por ele

– os usuários de ônibus nas grandes cidades – não mereceram a atenção do setor público, tendo sido extremamente tímidas as intervenções para aliviar o problema, seja por meio de corredores especiais ou por meio de gestão do trânsito.

Esse conjunto de iniquidades esteve relacionado à espoliação urbana descrita por Kowarick (1979) em seus estudos urbanos, a qual reflete com rara felicidade o que ocorreu com a maioria da população brasileira.

COMO AS POLÍTICAS TRATARAM OS DISTINTOS GRUPOS SOCIAIS E OS PAPÉIS NO TRÂNSITO

A análise das várias políticas adotadas pode ser feita também de acordo com seus impactos nos vários grupos sociais e nos vários papéis que as pessoas desempenham no trânsito.

Do ponto de vista dos grupos sociais, o impacto das políticas privilegiou claramente os estratos de renda média e alta, que, ao longo do período analisado, corresponderam a uma minoria entre os brasileiros. A construção do espaço do automóvel foi na realidade a construção do espaço das classes médias, que utilizaram o automóvel de forma crescente para garantir sua reprodução social e econômica. Esse uso foi permanentemente incentivado e apoiado pelos formuladores e operadores das políticas públicas, em sua maioria pertencentes aos estratos de renda mais alta.

Quando as políticas são analisadas em função dos papéis que as pessoas desempenham no trânsito e que têm íntima relação com suas condições sociais, políticas e econômicas é possível chegar a conclusões muito importantes.

Os papéis mais simples, que são desempenhados com meios naturais, como a caminhada, ou por um meio mecânico simples, como a bicicleta, foram ignorados pelas políticas na maior parte do período analisado. A ausência quase absoluta deles nas propostas efetivas mostra que eles nunca foram considerados como legítimas formas de mobilidade que pudessem merecer sua inclusão nas propostas. É como se esses papéis fossem invisíveis, representando atividades e pessoas dispensáveis no rol de interesses do Estado.

Os papéis que requerem o uso de veículos motorizados tiveram atenção específica, mas em graus distintos de prioridade. No início da industrialização e da urbanização acelerada, dois desses papéis foram considerados: o usuário de transporte público e o usuário de automóvel. Sua presença nas políticas foi intensa, abrangente e permanente, criando uma "polarização" na prática. Nos momentos em que essas duas formas de deslocamento motorizado apareceram juntas nos textos das políticas, o transporte público foi invariavelmente mencionado como prioritário. Mas nada ficou mais longe da realidade do que essa afirmação meramente retórica.

Na fase mais recente da política – a partir da década de 1990 – outro modo privado motorizado passou a fazer parte das propostas: a motocicleta. Ela entrou na condição de vitoriosa, protegida e incentivada em vários momentos.

Isso nos permite resumir as condições sob as quais os usuários dos modos de transporte tiveram suas necessidades de mobilidade tratadas pelo poder público.

Pedestres e ciclistas: mobilidade desprezada

Todas as pessoas que saem às ruas são pedestres por algum tempo. Em países como o Brasil, a maioria das pessoas é pedestre na maior parte do tempo. No entanto, em toda a história da política de mobilidade no Brasil, o andar pelas ruas foi totalmente ignorado como forma de transporte.

As pessoas que caminham ou usam bicicleta foram atores invisíveis no trânsito. Nunca fizeram parte das políticas oficiais e ocuparam seu espaço de forma autônoma. A negação da importância do caminhar começa com a definição legal de que a construção e a manutenção das calçadas são responsabilidade do proprietário do lote. Isso significa que a calçada nunca foi vista como parte do sistema de circulação, posição que só começaria a mudar com o Código de Trânsito Brasileiro de 1997. A responsabilização do proprietário, aliada à precariedade da fiscalização, levou à constituição de um sistema de calçadas muito precário em sua qualidade e continuidade, e com um grande número de vias sem qualquer tipo de calçada para os pedestres. Nas vias com declive, a abertura de entradas para os veículos transformou as calçadas em escadarias irregulares, desconfortáveis e perigosas.

Usuários de transporte coletivo: mobilidade atendida, mas precária

A mobilidade por meio do transporte coletivo em ônibus foi atendida em condições mínimas de eficiência, porque a presença das pessoas nos locais de trabalho sempre foi essencial para o desenvolvimento econômico. O sistema organizou-se de forma a entregar as pessoas em seu local de trabalho todos os dias e levá-las de volta para casa no final da jornada. Isso ocorreu em todas as regiões do país, independentemente do nível de desenvolvimento econômico. É importante ressaltar esse aspecto, que parece elementar porque até hoje existem muitas sociedades nas quais nem isso ocorre, como é o caso da África. Esse foi um fenômeno mecanizado, necessário ao processo de produção e de acumulação, não representando nenhuma relação orgânica que poderia derivar da importância política dos usuários do transporte coletivo – que sempre foi extremamente limitada. Ao contrário das políticas relacionadas ao transporte individual, aquelas relacionadas ao transporte público caracterizaram-se pelo esforço mínimo de realizar apenas as ações que eram essenciais para o funcionamento cotidiano dos serviços. E, como em muitas esferas da sociedade brasileira, acabaram imersas em crenças e em justificativas para atenuar o sofrimento e a privação – caso de ditos populares como "a vida é assim mesmo", ou "graças a Deus temos pelo menos um ônibus que nos leva ao trabalho".

A mobilidade dos usuários dos trens urbanos foi tratada pessimamente nas décadas iniciais da urbanização, o que originou os grandes protestos, inclusive violentos, que terminaram por obrigar o governo ditatorial a organizar mudanças importantes nos serviços de trens do Rio de Janeiro. A história da Central do Brasil, no Rio de Janeiro, é uma história cruelmente real da incúria e da falta de respeito que tanto caracteriza nossa sociedade quando se trata das pessoas mais pobres e desprovidas. Os usuários de transporte coletivo por trilhos só vieram a ser respeitados com a criação do metrô de São Paulo, que, pela primeira vez no país, ofereceu um serviço de alta qualidade a partir de 1974, avaliado muito positivamente pelos usuários na maior parte das pesquisas (ANTP, 2010). Apenas a partir de meados da década de 1990, vários sistemas de trilhos melhoraram suas condições de conforto e segurança.

Motociclistas: mobilidade apoiada e forjada

Como o uso da motocicleta não era significativo até a década de 1990, os interesses de seus usuários só passaram a contar politicamente quando foi tomada a decisão de massificar a propriedade desse veículo. As decisões principais foram tomadas na década de 1990. No processo de aprovação do Código de Trânsito Brasileiro de 1997, o governo FHC vetou a proposta de proibição de circulação entre filas de veículos. A partir desse evento, os primeiros usuários em larga escala da motocicleta no Brasil – os motoboys – abriram o novo espaço entre os veículos por meio de um comportamento intimidador dos motoristas dos demais veículos. Diante da leniência da fiscalização do artigo do CTB que proíbe a circulação a menos de 1,2 metro do outro veículo, da ausência de processos adequados de educação e preparação dos motociclistas e do desrespeito generalizado, os usuários de motocicleta forjaram sua mobilidade em condições altamente perigosas. Esse comportamento juntou-se à falta de preparo dos demais usuários das vias para viver com a motocicleta e com a permissão de que elas circulassem junto a veículos grandes em alta velocidade, levando ao maior desastre social da história do trânsito no Brasil: no período entre 1996 e 2000, foram registradas 73 mil mortes de motociclistas e, no período entre 2000 e 2011, foram pagas indenizações de morte a 153 mil usuários de motocicleta, assim como 534 mil indenizações por invalidez.

Automobilistas: mobilidade protegida e adulada

Os usuários de automóvel entraram na cena do trânsito no Brasil alguns anos depois da implantação da indústria automobilística nacional na década de 1960. O crescimento acelerado da frota de automóveis nas mãos dos grupos sociais de maior renda e poder de influência causou enorme impacto nas políticas de transporte, no sentido de moldá-las para adaptar as cidades ao uso do automóvel. Especialmente no período do governo autoritário e da intensa concentração de renda, formaram-se novas classes médias dependentes do automóvel, originando as cidades da classe média, nas quais esses grupos sociais podiam usar automóveis com grande conforto (Vasconcellos, 1999). A prioridade dada ao transporte individual por automóvel permaneceu intacta em todo o período entre 1970 e os dias atuais. Isso decorre de vários fatores políticos e econômicos, mas, dentre eles, devem ser ressaltados especialmente dois: o grande poder ideológico e de influência das classes médias dependentes do automóvel e a relevância econômica da indústria tanto para a movimentação da economia quanto para a arrecadação de impostos pelo governo. Na prática, o Estado tornou-se sócio e refém da indústria: em 2009, ele recebeu R$ 37,8 bilhões em tributos (IPI, ICMS, PIS, Cofins) (Anfavea, 2010).

Usuários de táxis: mobilidade cortejada

Há muito tempo, os proprietários de táxis recebem apoio e subsídios do governo. É muito antiga a legislação que protege os proprietários individuais e lhes dá isenção de impostos e taxas. Nas grandes cidades, os subsídios são capturados pelos grupos sociais de renda mais alta, que podem pagar os preços. No caso de São Paulo, os subsídios anuais de R$ 250 milhões são obtidos em 90% dos casos pelos dois grupos sociais do alto da escala de renda, cujos domicílios têm automóvel. Essa postura persiste apesar dos táxis servirem a uma quantidade muito pequena de deslocamentos diários. Isso ocorre porque seus condutores têm enorme potencial político, derivado do fato de que entram em contato direto e privativo com seus clientes. Assim, os taxistas têm grande poder de influência sobre a parte da opinião pública relacionada aos grupos sociais de renda mais alta, e, por essa razão, cortejados e apoiados pela classe política local.

Moradores das áreas rurais: a mobilidade ignorada

Nas áreas rurais, a maioria dos moradores teve seu direito à educação negado tanto pela precariedade da oferta de escolas quanto pela inexistência de um transporte público que as levasse até as escolas rurais ou urbanas. Isso ocorreu principalmente pela falta absoluta de poder político de uma parte de nossa sociedade que foi esquecida na história. Por outro lado, os trabalhadores nas zonas rurais que necessitavam de condução diária foram submetidos a um transporte extremamente inseguro e de baixa qualidade, feito com caminhões adaptados. Dezenas de milhões de pessoas foram prejudicadas por essas deficiências. No caso das crianças que ficaram sem educação, o processo criou um contingente de excluídos que ajudou a perpetuar a miséria historicamente instalada nas áreas rurais.

AS QUESTÕES NAS POLÍTICAS DO TRANSPORTE URBANO

Uma das lições históricas que a Ciência Política nos deixou é que as grandes transformações que ocorrem nas sociedades (à exceção das decorrentes de guerras e desastres naturais) acontecem quando um determinado problema circunscrito a um pequeno grupo ou local assume o *status* de questão, envolvendo toda a sociedade (Meny e Thoenig, 1990). A questão é entendida então como um problema cujo *status* de reconhecimento, por parte da sociedade e do governo, é de algo que precisa ter suas condições atuais modificadas e que, portanto, recursos legais, materiais e financeiros precisam ser mobilizados para adotar as ações necessárias.

A pergunta que cabe agora é: dentre as políticas analisadas neste livro, alguma mudou a natureza de seus fatores causais de problema para questão? Se isso

O FIM DO CICLO DE MOTORIZAÇÃO PRIVADA DA SOCIEDADE – EFICÁCIA SELETIVA E INIQUIDADE

ocorreu, a mudança foi permanente? A resposta parece simples: a transição do *status* de problema para o de questão ocorreu de forma acentuada e permanente no caso da política ambiental ligada ao transporte urbano, ocorreu de forma parcial e temporária no caso do desenvolvimento do transporte público e não ocorreu no caso da política de segurança de trânsito.

No caso da política de transporte e meio ambiente, devem ser separados dois temas que a compuseram. Quanto ao controle do impacto ambiental dos veículos, a política foi aplicada de forma intensa e permanente, gerando os impactos desejados, em grande parte beneficiando-se de um movimento internacional vigoroso; já no caso das formas de energia usadas no transporte, a política foi mais atravancada, mostrando que o consenso sobre sua relevância não ocorrera. No campo da energia, nem as ações em relação à criação da indústria do etanol foram amplas e permanentes, considerando a grave crise de abastecimento que ocorreu na década de 1980; por outro lado, a política de substituição dos derivados de petróleo já está sendo retardada diante das descobertas das reservas do pré-sal.

No caso da política de transporte público, a mudança para questão ocorreu em um curto período de tempo na década de 1970, provocada pela gravidade da crise do petróleo sobre a balança comercial brasileira e os interesses estratégicos do país. Nesse período, o governo federal autoritário movimentou rapidamente sua máquina, reunindo recursos para iniciar uma série de ações de alto impacto – caso do incentivo ao transporte público com os novos corredores de ônibus. No entanto, quando a crise do petróleo arrefeceu, o transporte público voltou a ser apenas um problema, principalmente no que concerne ao pagamento das tarifas por parte dos usuários (posteriormente, isso foi parcialmente resolvido pelo VT); suas deficiências de qualidade e acessibilidade continuaram nos últimos lugares na lista de prioridades das autoridades governamentais. Isso decorreu, em grande parte, do fato de que os grupos sociais dependentes do transporte público nunca conseguiram ter expressão política suficiente para mudar a agenda das políticas públicas e fazê-la incluir, efetivamente, ações para melhorar a qualidade dos serviços.

No caso da política de segurança de trânsito, os fatores causais não apenas continuaram no *status* de problema como permaneceram cercados pelas visões limitadas e limitantes de destino e consequência inevitável do progresso. O tema nunca conseguiu apoio de nenhum grupo social ou político relevante que o fizesse entrar na agenda de forma prioritária. A visão do tema como problema de saúde pública, hoje plenamente aceita no plano internacional, não se verifica no seio da sociedade brasileira, nem no ideário das elites políticas e econômicas.

O episódio da entrada irresponsável da motocicleta na década de 1990 atesta a força da visão do custo inevitável do progresso, associada à enorme valorização de atividades geradoras de emprego, mesmo que tenham consequências negativas gravíssimas.

HOUVE MEDIDAS A FAVOR DA EQUIDADE?

Ao longo do período estudado, apenas sete medidas podem ser identificadas como destinadas a aumentar a equidade no uso das vias e dos modos de transporte. Elas podem ser divididas em cinco grupos:

- Aquelas destinadas a definir um direito específico relativo à mobilidade das pessoas, no nível mais alto da hierarquia jurídica do país, foram a definição, na Constituição Federal, do transporte público como serviço essencial e a definição, no Código de Trânsito Brasileiro, do direito à circulação em segurança nas vias públicas.
- Aquelas destinadas a reduzir o impacto das tarifas sobre os grupos sociais mais carentes de apoio: o VT (1985).
- Aquelas destinadas a garantir mobilidade a grupos sociais específicos: o programa federal de transporte escolar na zona rural (2004).
- Aquelas dedicadas à adaptação do sistema de mobilidade às necessidades de pessoas com condições especiais: o projeto de adaptação dos veículos de transporte coletivo às pessoas com deficiência (2004).
- Aquelas dedicadas a garantir melhores condições de uso e de circulação para os veículos de transporte público: aquelas que implantaram o bilhete único e faixas exclusivas ou corredores de ônibus.

Essas medidas estão resumidas, a seguir, por ordem cronológica de implantação.

OS CORREDORES DE ÔNIBUS EM SUA FASE INICIAL (1976)

A implantação do primeiro grupo de corredores de ônibus na década de 1970 constituiu uma ação abrangente de aumento da equidade no uso do espaço. Mesmo sendo motivada pela crise do petróleo – e não pela iniquidade no uso do espaço – esses corredores sinalizaram claramente para a sociedade que havia uma forma mais eficiente de operar o transporte público, que era de péssima qualidade. A ação, coordenada pelo governo federal e sua agência EBTU, formou o primeiro grupo de especialistas brasileiros no projeto e na operação de corredores de ônibus, provavelmente o primeiro grupo de técnicos dessa natureza nos países em desenvolvimento, os quais inclusive participaram posteriormente de projetos em vários países do mundo[2].

No entanto, a característica mais importante dessa ação, quando comparada às que se seguem, é que ela acabou não atingindo os objetivos almejados. Isso ocorreu em função do final da crise de energia e do resfriamento do projeto, pela existência de problemas técnicos em alguns projetos – em parte causados pela novidade do tema no país – e pela precariedade da gestão da circulação dos ônibus, que levou alguns deles ao descrédito junto ao público. Se comparado ao desempenho de corredores em outros países, os corredores brasileiros tiveram na média um desempenho medíocre. No conjunto desses corredores, Curitiba e o corredor ABD da região metropolitana de São Paulo foram apenas exceções que confirmam a regra – e, no caso de Curitiba, a eficiência caiu muito com o passar do tempo.

O VALE-TRANSPORTE (1985/1987)

Do ponto de vista da política pública, o VT atingiu o objetivo de aliviar o custo do transporte diário para os usuários do transporte público que tinham direito a recebê-lo. Ele foi implantado e operado em todo o país, não se conhecendo nenhum caso importante de desrespeito ao direito dos usuários. A única – e grande – limitação do VT é que ele atende apenas aos trabalhadores do mercado formal. Nesse aspecto, o VT foi uma excelente medida, mas que deixou de fora metade dos usuários de transporte público. A situação dos trabalhadores autônomos ou informais nunca se resolveu, e eles acabaram arcando com grande parte dos custos extras embutidos nas tarifas após a criação do VT. Nesse sentido, eles foram prejudicados por um aumento na iniquidade, que nunca foi compensado.

---

[2] Vários dos técnicos formados nessa época vieram a colaborar em projetos de grande relevância em outros países, como no projeto "Transmilênio", de Bogotá (2001), no projeto "Metrobus", da Cidade do México (2009), e em outros projetos de corredores de ônibus na Ásia e na África.

TRANSPORTE PÚBLICO COMO SERVIÇO ESSENCIAL (CONSTITUIÇÃO DE 1988)

A definição constitucional do transporte público como serviço essencial foi um grande avanço no campo da equidade, porque garante que o tema seja incluído de forma permanente na agenda pública das autoridades responsáveis. Essa definição rompe com o conceito usualmente adotado do transporte público como um serviço de mercado e que, portanto, não requer planejamento nem supervisão por parte do governo. A partir da nova definição, o poder público deve planejar e controlar os serviços prestados, o que também implica capacidade de fiscalização e de alteração do serviço, caso seja necessário. Essa mudança elevou o *status* do tema, garantindo que ele tivesse um cuidado especial. No entanto, isso não foi suficiente para evitar que as políticas de motorização privada tivessem sucesso.

O direito ao trânsito em segurança (1997)

A inclusão, no Código de Trânsito Brasileiro de 1997, do direito ao trânsito seguro constituiu um grande passo na direção da equidade. Essa definição rompeu com a visão tradicional, conservadora e paralisante da insegurança no trânsito como custo inevitável do progresso ou destino. Mais ainda, o direito à segurança na circulação foi uma conquista das pessoas que circulam em condições mais desfavoráveis e vulneráveis, como pedestres ou ciclistas. Apesar de sua relevância, a definição desse direito passou a enfrentar obstáculos históricos, relacionados à divisão de poder na sociedade brasileira. Os técnicos que trabalham na área nunca foram adequadamente capacitados para lidar com o tema. O policiamento de trânsito sempre deu prioridade à garantia da fluidez, como consequência da visão conservadora. As enormes disparidades de educação, conhecimento e poder de influência entre os grupos e classes sociais fizeram com que as pessoas mais vulneráveis no trânsito raramente tivessem voz na defesa desse direito. E a impunidade generalizada em relação aos crimes de trânsito difundiu o desalento e aumentou o desrespeito. O benefício inicial do Código de Trânsito Brasileiro, na forma de uma grande redução do número de mortes no trânsito, foi reduzido sensivelmente pelo afrouxamento da fiscalização e pelo incentivo irresponsável ao uso da motocicleta. Assim, o Brasil regrediu nos avanços obtidos e entrou em nova fase crítica. Mas, caso a democracia se aprofunde e as

O FIM DO CICLO DE MOTORIZAÇÃO PRIVADA DA SOCIEDADE – EFICÁCIA SELETIVA E INIQUIDADE

oportunidades de educação e conhecimento estejam ao alcance de todos, esse direito poderá ser realidade dentro de duas décadas.

Apesar das limitações, pode ser citada como avanço importante a maior participação do Ministério Público (MP) na defesa do direito de segurança no trânsito. As ações propostas pelo MP vêm fazendo valer os direitos à segurança no trânsito em todos os tipos de cidade no Brasil.

O BILHETE ÚNICO EM SÃO PAULO (2004)

O bilhete único, implantado em São Paulo em 2004, permitiu a troca gratuita de ônibus em um determinado período de tempo. Isso ampliou enormemente a acessibilidade dos usuários dos ônibus à cidade e às atividades desejadas, sem aumentar a tarifa. A análise dos dados de demanda mostrou que o índice de integração (uso de mais de um ônibus) passou de 15 a 51%, alterando completamente a rede de conexões antes existente, para enorme benefício dos usuários (Souza, 2007). Foi o maior projeto de equidade no transporte público feito no mundo em desenvolvimento na década de 2000. O projeto foi, em seguida, adotado em muitas cidades do Brasil.

AS MEDIDAS PARA AS PESSOAS COM DEFICIÊNCIAS FÍSICAS (2004)

Em 2000, o Brasil tinha cerca de 26,5 milhões de pessoas com algum tipo de deficiência – física, mental, sensorial, orgânica e múltipla (IBGE, 2005; Boareto, 2006). Todas essas deficiências limitam o uso das vias públicas pelas pessoas, em maior ou menor grau. Em muitos casos, a circulação é simplesmente impossível, privando as pessoas de seus direitos de acesso às atividades que desejam realizar. Essas pessoas enfrentam todas as dificuldades que um pedestre sem deficiências enfrenta para caminhar, mais as dificuldades oriundas de suas próprias limitações. Na prática, sempre tiveram negado seu acesso à cidade, como cidadãos de segunda classe.

Em relação aos progressos obtidos, em 2005, nos municípios com mais de 60 mil habitantes, metade tinha interseções com tratamento de guia rebaixada, um terço tinha programa específico de adaptação do sistema viário e apenas 19% possuíam vias com semáforo sonoro (ANTP, 2005).

O TRANSPORTE ESCOLAR RURAL (2004)

Apenas em 1997 o governo federal deu o primeiro passo para o reconhecimento do direito das crianças rurais ao transporte para a escola: o Fundo Nacional de Desenvolvimento da Educação (FNDE) incorporou a responsabilidade e a execução de programas assistenciais, nos quais se incluiu o transporte escolar. Essa decisão rompeu com décadas de abandono das crianças rurais a sua própria sorte.

Em 2004, outra ação relevante foi feita: foi instituído o Programa Nacional de Transporte Escolar (Pnate). Ele tem o objetivo de garantir o acesso e a permanência nos estabelecimentos escolares dos alunos do ensino fundamental público que residem em área rural e que utilizam transporte escolar, por meio de assistência financeira, em caráter suplementar, aos estados, Distrito Federal e municípios. Finalmente, em 2007, foi criado o programa O Caminho da Escola, que consiste na concessão, pelo Banco Nacional de Desenvolvimento Econômico e Social (BNDES), de linha de crédito especial para a aquisição, pelos estados e municípios, de ônibus, miniônibus e micro-ônibus zero quilômetro e de embarcações novas. Em 2009, a ação beneficiou, com o atendimento do transporte escolar, 4,7 milhões de alunos residentes na zona rural, sendo 249,4 mil da educação infantil, 3,5 milhões do ensino fundamental e 887,1 mil do ensino médio (MEC, 2010). Finalmente, o programa Caminho da Escola foi ampliado, em 2010, para incluir a oferta de bicicletas para os estudantes das áreas rurais, e os usuários ganharam do FNDE um capacete para uso junto com a bicicleta.

CONCLUSÃO GERAL

Considerando todos os aspectos analisados, é possível resumir algumas conclusões sobre o processo de motorização privada da sociedade brasileira.

A primeira conclusão é que o processo de motorização privada, iniciado na década de 1930, alcançou seu objetivo 75 anos depois, no final da década de 2000. Ele foi implantado primeiramente por meio do automóvel, e posteriormente por meio da motocicleta. O processo teve três momentos cruciais para garantir seu sucesso: a implantação da indústria automobilística em 1956, a criação do carro 1.0 em 1993 e a constituição da indústria nacional de motocicletas em 1994.

O transporte público, embora regulamentado, nunca foi visto pelas elites econômicas como um serviço público, mas sim de mercado. Muitas vezes, foi exigido dos proponentes de corredores de ônibus que fizessem aportes de recursos para a infraestrutura necessária, enquanto ele não era exigido das propostas de ampliação do sistema viário. Dedicado ao automóvel, o sistema viário cresceu de forma exponencial, ao passo que o sistema dedicado aos ônibus permaneceu ínfimo. A criação de periferias distantes dos centros de empregos, com baixa densidade urbana, tornou o transporte coletivo gravoso e, muitas vezes, inviável.

Paralelamente, concorreu de forma significativa para o resultado o tratamento dado ao transporte público como forma de deslocamento de segunda classe – uma pedagogia negativa aplicada para desvalorizá-lo perante a sociedade. A precariedade constante dos serviços criou uma imagem negativa do ônibus, que posteriormente se consolidou como cultura. A sociedade foi ensinada a desgostar do transporte público, e passou a vê-lo como um mal necessário enquanto não é possível mudar para o automóvel ou a motocicleta. Este processo foi acompanhado de uma ausência total de esforços de propaganda para promover o transporte público nos meios de comunicação, como reflexo da condição monopolística das empresas e da consciência dos governantes e dos operadores de que há muito pouco a defender. O tema do transporte público aparece apenas de forma negativa por ação dos profissionais da mídia nos casos em que as suas falhas se tornam muito evidentes. No caso dos operadores, ocorre uma atitude autofágica representada pela propaganda a favor do automóvel e da motocicleta que é colocada nos veículos ou terminais de transporte público.

Com as duas tecnologias de transporte individual disponíveis, mais da metade da população passou a ter acesso ao transporte motorizado individual pela primeira vez na história do Brasil: 60% dos domicílios do país tinham em 2009 automóvel ou motocicleta (61% dos domicílios urbanos e 54% dos domicílios rurais; IBGE, 2009). Nesse processo, a apropriação privada do sistema viário público que foi feita pelos usuários de automóveis foi, depois, estendida aos usuários de motocicletas, mantendo os demais participantes do trânsito – pedestres, ciclistas e usuários de transporte coletivo – espremidos em espaços desconfortáveis e inseguros, como cidadãos de segunda classe.

A consequência para a vida de muitas pessoas foi dramática. Considerando os dados disponíveis, pode-se estimar que, no período de 1960 a 2010, morreram no trânsito 1,5 milhão de pessoas, e outras 4,5 milhões ficaram com sequelas permanentes.

Esses dois processos permitiram completar o longo ciclo de motorização individual da sociedade brasileira, correspondente ao projeto das elites que comandaram o país desde o início do século XX. No entanto, a característica mais surpreendente desse processo é que ele, na fase final mais recente, passou a contar com o apoio amplo e irrestrito das forças historicamente de esquerda que haviam lutado pelo transporte público durante décadas: os dois governos federais do PT deram seu apoio incondicional ao projeto de privatização da mobilidade, agregando um adjetivo dramaticamente infeliz à introdução irresponsável da motocicleta como a libertação dos pobres. Esse movimento eliminou a possibilidade de contestação do modelo de mobilidade implantado, transformando-o em consensual entre as elites econômicas e políticas. Hoje não há no Brasil nenhuma força política relevante que defenda a mudança do modelo, e isso reduziu dramaticamente as possibilidades de interferência efetiva na agenda pública.

O ciclo resultou de políticas bem-sucedidas, que garantiram seu sucesso final. Elas foram formuladas principalmente no plano federal, mas foram rebatidas no plano estadual e local por influência do projeto político e ideológico dominante (embora tenha havido exceções pontuais importantes). O papel dúbio dos operadores de transporte público foi muito importante para o resultado de dominação do transporte individual.

A análise conjunta das três políticas mostra que o ciclo iniciado na década de 1950 com a implantação de políticas de suporte à motorização privada da sociedade brasileira terminou no final da década de 2000. A motorização privada está implantada e os meios de transporte não motorizado e público têm participação cada vez menor no total de viagens, operando de forma insatisfatória. Não há uma só cidade média ou grande no Brasil que possa dizer que tem uma estrutura adequada para a circulação de pedestres ou de ciclistas. Nenhuma delas pode afirmar que tem um sistema adequado de transporte público, com uma prioridade efetiva no uso do sistema viário. Mesmo o ícone da década de 1970, citado em todos os documentos internacionais sobre transporte urbano, foi derrotado pela realidade das políticas de incentivo ao transporte individual: Curitiba tem hoje mais viagens em transporte individual que em transporte coletivo.

O processo que começou com a substituição das ferrovias por rodovias e com a implantação da indústria automobilística alcançou seu objetivo: a sociedade brasileira vê no automóvel – e, em parte, na motocicleta – a forma ideal de deslocamento, e usa o transporte público quando não há alternativa. As cidades foram adaptadas para o transporte individual e ficaram congeladas em uma estrutura física hostil à caminhada, ao uso da bicicleta e à operação do transporte público.

O FIM DO CICLO DE MOTORIZAÇÃO PRIVADA DA SOCIEDADE – EFICÁCIA SELETIVA E INIQUIDADE **265**

Em março de 1985, Elmir Germani prognosticou o que viria a se tornar realidade no Brasil em 2010. Em um artigo na *Revista dos Transportes Públicos* (Germani, 1985), intitulado "Para onde vai o nosso transporte coletivo?", ele alertava que:

> Os transportes coletivos têm sido relegados ao quase abandono e, consequentemente, perderam terreno para o automóvel [...] se nenhum esforço adicional for realizado o que se pode esperar é um declínio em futuro próximo na utilização dos transportes coletivos. (Germani, 1985, p. 36)

Mostrando o que ocorrera em países desenvolvidos – uma pressão permanente para o aumento do transporte individual –, Germani (1985, p. 39) lembra que o Brasil ainda estava em uma fase propícia, dispondo de um mercado muito grande de transporte coletivo, mas que, dadas as vantagens comparativas do transporte privado do ponto de vista individual, era necessário mudar as políticas e "capitalizar essa situação (de vantagem do Brasil) [...] não deixando escapar condições que seriam convenientes".

Seria fácil concluir adotando um enfoque maniqueísta, colocando a indústria automobilística, os políticos, os prefeitos e os operadores de transporte coletivo como vilões da história. No entanto, essa seria uma abordagem incompleta e ingênua. Nada se explica sem voltar à essência da formação social no Brasil. Nossa história produziu uma legião de excluídos (a começar pelos escravos), aos quais foram negadas educação, saúde e dignidade. No período após a II Guerra Mundial, o crescimento acelerado das grandes cidades transferiu enormes quantidades de pessoas pobres e de baixa escolaridade para um novo ambiente que lhes era desconhecido. Não foram tratados como cidadãos, mas como mão de obra, como exército de reserva para a construção da sociedade urbana capitalista e desigual. Forçados a morar nas periferias, longe dos locais de trabalho e educação, a eles foi concedido apenas o direito de usar um transporte público que os transportasse de ida e de volta ao trabalho todos os dias, porque, sem isso, o país urbano não seria construído. A classe média formada dentro do processo autoritário e de concentração de renda foi o convidado especial para a mudança, a quem várias políticas favoráveis foram dedicadas. Por meio de uma política clara e determinada, o acesso ao automóvel foi sendo paulatinamente apoiado, enquanto a qualidade de vida e da mobilidade era negada à maioria da população. Tanto o sistema de transporte privado, baseado no automóvel, quanto o sistema de transporte público foram objeto de processos intensos de acumulação de capital, na casa das centenas de bilhões de dólares (transporte coletivo) e dos trilhões de dólares (no caso dos automóveis). A mobilidade desigual assim formada e operada permitiu a consolidação do Brasil urbano e um grande crescimento no produto interno bruto do país, mas com grandes sacrifícios da parte mais desfavorecida da população. O que faltou foi a possibilidade e a capacidade de reação de uma população desprovida de meios de defesa e promoção de seus interesses, de forma a balancear o conflito de interesses e expectativas.

A participação da sociedade na discussão dos problemas e encaminhamento de soluções foi extremamente limitada. Isso se deveu tanto ao longo período de governos militares quanto à natureza dos conflitos que estão por trás da mobilidade. Como as pessoas vivem vários papéis no trânsito, que mudam no tempo e no espaço, não há como formar uma consciência que gere um movimento social em torno de um objetivo único. As pessoas que mais foram prejudicadas desempenham principalmente os papéis de pedestre, ciclista e usuário do transporte público e tiveram seus interesses desprezados, ignorados ou tratados com soluções de baixa qualidade. Sua limitação de conhecimento, de cidadania e de possibilidade real de influência fez com que seus interesses criassem apenas movimentos episódicos, como no caso da reação aos aumentos de tarifa do transporte público, aos desastres mortais dos trens da Central do Brasil, no Rio de Janeiro, ou aos atropelamentos fatais de crianças em áreas residenciais. O único grupo social que teve suas necessidades atendidas foi a classe média resultante do processo de concentração de renda dos anos 1970 e 1980, para quem as cidades foram remodeladas. A remodelação ocorreu para acomodar o novo padrão de reprodução social dessa nova classe média, que se tornou dependente do automóvel com os incentivos e subsídios oferecidos e a precariedade do transporte público disponível. Esse processo foi garantido pela atuação das elites econômicas e políticas, assim como pela burocracia e pela tecnocracia, operando como intelectuais orgânicos da ideologia dominante.

Fases da implantação das políticas

Quando se analisa o processo completo, de 1930 a 2010, é possível identificar cinco fases (Tabela 7.1).

O período de 1930 a 1960 foi caracterizado por um processo inicial de urbanização, com transporte público provido pelo mercado livre e sem motorização privada. Em consequência, a maior parte dos deslocamentos ocorria a pé,

O FIM DO CICLO DE MOTORIZAÇÃO PRIVADA DA SOCIEDADE – EFICÁCIA SELETIVA E INIQUIDADE   **267**

de bicicleta ou por transporte público. O período de 1960 a 1980 foi caracterizado pela continuidade da urbanização e pelo início da motorização privada. Foi a época da regulamentação do transporte por ônibus, associada à criação de empresas que substituíram os indivíduos e que criaram um dos maiores sistemas do mundo. Foi a época também dos acidentes fatais nos trens do Rio de Janeiro, que marcaram de forma indelével, na mente e nos corações das pessoas, o conceito de que o transporte público é algo indesejável. Embora a maior parte dos deslocamentos continuasse ocorrendo a pé, de bicicleta ou por transporte público, as viagens feitas em automóvel começaram a ser significativamente numerosas.

O período de 1980 a 1990 foi caracterizado por um processo de urbanização acelerada, com motorização crescente e uso máximo do transporte público. Em consequência disso, o automóvel começa a disputar mais diretamente o mercado de viagens, embora o transporte público tenha atingido seu auge no atendimento dos deslocamentos motorizados. Embora seja difícil identificar momentos de grande relevância para todo o processo, essa foi a década decisiva. O abandono do projeto de apoio a sistemas integrados de transporte público abriu definitivamente o caminho para a motorização privada da sociedade brasileira.

O período de 1990 a 2000 foi caracterizado pela aprovação do Código de Trânsito Brasileiro, que reduziu as mortes no trânsito, e pela entrada do carro 1.0 – que iniciou a massificação da propriedade do automóvel. Ocorreu declínio do aumento populacional e início da queda acentuada do uso do transporte público. Finalmente, o período de 2000 a 2010 foi caracterizado por um processo de finalização do ciclo da motorização privada, com a liberação da entrada da motocicleta e sua massificação. A maioria dos domicílios já tinha um veículo privado no final da década de 2000. Em consequência disso, a maior parte dos deslocamentos passou a ser feito por veículos individuais na maioria das cidades médias e grandes. O transporte público por ônibus começou a desaparecer das cidades com menos de 60 mil habitantes.

Tabela 7.1: Fases de implantação das políticas

Fase	Período	
1	1930-1960	Construção da rede rodoviária nacional de suporte estrutural ao modelo de mobilidade com o automóvel. Urbanização com transporte público desregulamentado e sem motorização privada. Maioria dos deslocamentos feitos a pé, em bicicleta e no transporte público.
2	1960-1980	Urbanização acelerada, com início da motorização privada. O automóvel passou a servir quantidades significativas de deslocamentos. A regulamentação do transporte público criou um dos maiores sistemas do mundo.
3	1980-1990	Urbanização com motorização acelerada e máximo uso do transporte público. Regulamentação e VT garantem a sobrevivência do transporte público empresarial por ônibus. O abandono do projeto de sistemas integrados de transporte público abriu definitivamente o caminho para a motorização privada da sociedade brasileira.
4	1990-2000	A aplicação do novo código de trânsito reduz mortes e inicia nova fase de tratamento do tema. A entrada do carro 1.0 inicia a massificação da propriedade de automóveis; declínio do aumento populacional e do uso do transporte público.
5	2000-2010	A entrada da motocicleta sinaliza o fim do ciclo de implantação da política de motorização privada. Mais da metade dos domicílios já possui algum veículo privado. O transporte público começa a desaparecer das cidades com menos de 60 mil habitantes.

PERSPECTIVAS DE MUDANÇA NAS POLÍTICAS

As perspectivas para o futuro do transporte urbano equitativo no Brasil não são promissoras por vários motivos.

O primeiro deles é a constituição física do ambiente de trânsito formado no Brasil nas últimas seis décadas. A expansão descontrolada das cidades, com baixa densidade de ocupação, criou um espaço de longas distâncias, que depende do automóvel para ser usufruído na totalidade, torna o transporte público de qualidade caro e praticamente inviável e limita extremamente a caminhada. Até a década de 1970, o transporte coletivo tinha uma densidade de utilização de cerca de três a quatro pessoas por quilômetro rodado pelos ônibus, o que permitia uma operação economicamente viável. Com a expansão das cidades, a densidade de utilização caiu muito, chegando perto de 1,5 a 2 passageiros por quilômetro, tornando a operação dos ônibus muito mais cara. No limite, uma ocupação com densidade física muito baixa tornará o transporte coletivo inviável sem que a maior parte dos custos seja subsidiada pelo governo em níveis impossíveis de serem acordados politicamente.

O segundo fator relevante é o político: as elites políticas e econômicas do Brasil já optaram pelo modelo de desenvolvimento via motorização privada da sociedade (automóveis e motocicletas), agregando enormes interesses econômicos e políticos difíceis de contrapor. Mesmo as forças históricas de esquerda, com intensa agenda de defesa do transporte público no período entre 1960 e 2000, aderiram ao projeto neoliberal e relegaram o transporte público a uma posição totalmente secundária na agenda federal. Na prática, o governo é sócio e refém da indústria automobilística. No caso da motocicleta, o governo a vê como geradora de empregos e de "liberdade" para os mais pobres que não podem ter automóvel, e o fato de o processo ter causado a morte ou a deficiência física permanente de um milhão de pessoas não é considerado um problema central. Assim, qualquer tentativa de restringir o crescimento das indústrias de automóveis e de motocicletas encontrará forte oposição.

O terceiro fator é ideológico: existe um manto ideológico que a tudo encobre, transformando o apoio ao automóvel em algo possuído de uma "naturalidade essencial", de uma necessidade evidente por si, que dispensa discussão. Esse manto paira sobre as sociedades dos países em desenvolvimento. No caso do Brasil, ele representa uma onda gigante, que chegou e se impôs, repousando sobre a maior parte da sociedade.

O quarto fator, mais recente, é a alta probabilidade de uma disponibilidade farta de petróleo a partir das descobertas das reservas do pré-sal. Se isso ocorrer, as pressões para economizar energia serão muito menores e a garantia da sustentabilidade operacional do transporte individual estará assegurada (como complemento ou substituto do etanol). No tocante ao uso da energia elétrica no transporte, os sinais que podem ser observados permitem prever que, salvo o surgimento de uma tecnologia de tração elétrica mais barata, a história do trólebus no Brasil está se aproximando de seu final.

A opção da elite brasileira pela motorização privada da sociedade está decidida e não tem retorno previsível no médio prazo. As ações que deram os toques finais ao projeto foram implantadas ou reforçadas pelas forças políticas que assumiram o poder federal a partir de 2003. Sendo essas forças as que historicamente haviam se posicionado contra esse modelo, sua capitulação e seu apoio decisivo ao projeto das elites eliminaram quaisquer dúvidas a esse respeito. Na prática, mais de 50% dos domicílios no Brasil já têm automóveis ou motocicletas, a demanda do transporte coletivo está diminuindo de forma continuada e usar as vias como pedestre ou ciclista permanece um ato difícil, desconfortável e perigoso.

A conclusão mais importante para o futuro é que não existe hoje no Brasil uma força ou uma coalizão de forças políticas com poder real sobre a agenda pública que deseje a mudança do modelo de mobilidade. O poder efetivo sobre as políticas está nas mãos de elites que se mostram satisfeitas com o modelo atual e pretendem aprofundá-lo. Isso coloca enormes barreiras para as mudanças. Os grupos e redes sociais que vêm propondo uma revisão desse modelo desde a década de 1980 ainda não tiveram acesso ao poder real. Isso mostra que uma mudança nas condições atuais só poderá ocorrer se um grande movimento se organizar fora do sistema político tradicional e servir como fonte externa permanente de pressão.

Assim, o processo de motorização privada da sociedade brasileira vai prosseguir. A tendência nas cidades médias e grandes do país é clara, no sentido do aumento da participação do transporte individual à custa do transporte público. Esse tenderá a ser um sistema secundário, especializado no transporte de grupos sociais específicos, como as pessoas de renda muito baixa, os jovens que ainda não terão permissão de conduzir motocicleta ou automóvel e os idosos. A dúvida é apenas qual será a divisão dos deslocamentos cotidianos por modo de transporte nos próximos 20 anos. Ele poderá estar mais ou menos próximo do europeu – que tem uma participação do transporte público de 20% dos deslocamentos – ou já estará mais próximo ao padrão norte-americano, que é de 3% de participação do transporte público.

No caso específico do setor ferroviário de passageiros, os problemas são relevantes. O desenvolvimento urbano no Brasil transformou alguns dos sistemas em equipamentos ociosos e até inúteis, uma vez que estão localizados em áreas onde não há mais demanda de passageiros que seja compatível com a operação sobre trilhos. Todavia, dificuldades administrativas relativas à natureza pública do patrimônio e interesses corporativistas dos trabalhadores do setor impediram que eles fossem transformados em formas alternativas de transporte: alguns sistemas pequenos transportam diariamente uma quantidade de passageiros que poderia ser atendida com 10 ou 20 ônibus comuns, mas permanecem ativos, operando com baixa qualidade e requerendo subsídios que facilmente permitiriam a mudança na oferta do modo de transporte. O resultado é o aumento do descrédito no transporte sobre trilhos em uma espiral autofágica.

Outro aspecto muito importante sobre o futuro do sistema de trilhos é que a oportunidade de aumentar significativamente a oferta em vista do alto crescimento populacional já passou. Isso decorre do simples fato de que o crescimento populacional nas grandes áreas urbanas do país – nas quais faz sentido ofertar transporte sobre trilhos – já arrefeceu e tende a ser meramente vegetativo daqui para frente. Portanto, não haverá mais a incorporação de grandes contingentes populacionais que, no passado, justificavam o aumento da oferta sobre trilhos. Ademais, conforme salientado, em muitos casos o desenvolvimento urbano no período de crescimento populacional ocorreu longe dos sistemas sobre trilhos, tornando-os irreversivelmente ociosos em muitos casos. Considerando esses fatores, o futuro do sistema sobre trilhos estará mais ligado a reorganizações urbanas localizadas ao longo das ferrovias existentes, o que sempre será limitado e de grande prazo de maturação. Assim, a dissociação geográfica entre o crescimento urbano e a oferta desse tipo de transporte limitou definitivamente o seu papel nas cidades do Brasil, e sua participação relativa na mobilidade será menor no futuro, à exceção, provavelmente, da Região Metropolitana de São Paulo.

Quais são as possibilidade de mudança desse sistema de mobilidade?

Embora o cenário previsível hoje seja desestimulante, há algumas possibilidades de ação que podem reduzir a permanência das condições inadequadas e iníquas de mobilidade. A seguir, estão resumidos exemplos apenas de ações estruturais, de alcance profundo e longo, uma vez que as propostas mais localizadas e técnicas podem ser encontradas em abundância na literatura que discute mobilidade e sustentabilidade.

Em primeiro lugar, a questão ambiental continuará gerando pressões para que os impactos ambientais e sociais do sistema de transporte sejam repensados e reduzidos. O movimento ambientalista internacional poderá aumentar sua influência no Brasil, e os próprios brasileiros que abraçam a causa poderão ter mais condições de influenciar a agenda e as políticas de transporte. Há indícios claros de que mesmo as classes médias urbanas que foram tornadas dependentes do automóvel percebem a necessidade de mudanças no modelo de mobilidade e podem estar abertas para discuti-las de forma menos ideológica ou emocional. Nesse quadro, a implantação de algumas formas de restrição ao uso socialmente indesejado do automóvel pode ser admitida. A Lei da Mobilidade Urbana, sancionada em 2012, incluiu várias formas de restrição do uso de modos de transporte, inclusive pelo pagamento pelo uso da infraestrutura viária. No entanto, nenhuma mudança estrutural pode ser esperada se não for feito um esforço amplo para revelar os mitos que cercam o tema e colocar a análise em um nível elevado de discussão.

Em segundo lugar, está o reforço do poder da sociedade por meio de organizações independentes do mundo político tradicional. Não se deve esperar do *status quo* nenhuma decisão que mude estruturalmente o sistema de mobilidade, pois ele é considerado adequado e conveniente pelas elites econômicas e políticas que têm acesso real ao poder. As propostas de mudança precisam sair de organizações civis assessoradas por especialistas, que produzam reflexões novas, revelem os mitos que estão por trás de várias formas de apoio injustificado ao transporte individual e promovam um intenso e permanente debate. Apenas com o exercício do constrangimento ético e da publicação de críticas fundamentadas às ações historicamente empreendidas é que será possível interferir na agenda tradicional. Nesse caso, a formação de alianças internacionais também é muito importante.

O movimento realizado por centenas de milhares de pessoas nas ruas do país em junho de 2013 incluiu o transporte público na pauta de reivindicações e obrigou o governo a repensar sua estratégia de fixação de tarifas e a comprometer-se a tornar transparente esse processo. Seguiram-se reduções nas tarifas de ônibus de várias cidades do país. No entanto, é inadequado ver no movimento qualquer tentativa de contestar, na sua essência, o modelo de mobilidade existente. As pessoas mais pobres não foram às ruas e vários segmentos de classe média e das elites concentraram sua insatisfação nos temas da corrupção e da aversão à classe política.

Uma das formas mais promissoras de contornar as barreiras é reforçar a atuação do Ministério Público (MP) na defesa da qualidade e da segurança na mobilidade. O MP tem dado vários exemplos de como sua atuação pode interferir na agenda oficial. No campo do uso dos recursos públicos, o contingenciamento dos recursos federais do Funset para ações de segurança no trânsito resistiu a várias ações e pressões de entidades ligadas à área. Em 2012, o MP (MP, 2012) entrou com uma ação civil pública contra o governo federal para que liberasse os recursos contingenciados, entrando em uma discussão jurídica longa, uma vez que o governo federal entendia que o contingenciamento era direito seu para atender a sua política econômica e que o MP não poderia questioná-lo.

No campo do direito à segurança na circulação, a possibilidade de responsabilização de autoridades por atos que contribuam com a insegurança no trânsito pode ser promovida pelo MP, mas depende muito da ação da sociedade e dos que se sentem prejudicados por projetos inadequados de mobilidade. Ainda são poucos os cidadãos ou entidades que desenvolvem ações concretas de cobrança dos órgãos públicos em relação à segurança no trânsito. Uma das irregularidades mais comuns é a abertura de vias novas ou refeitas sem a devida sinalização sob o argumento de que "o trânsito precisa andar".

Em março de 2010, após obras de grande porte, as marginais do Rio Tietê, em São Paulo, foram inauguradas sem toda a sinalização necessária. Esse era um fato gravíssimo, dadas as condições muito perigosas da circulação diária de centenas de milhares de veículos de todos os portes, frequentemente em velocidade alta. Na época, questionado pelo fato, o próprio governador de São Paulo disse sobre a reabertura das vias marginais que "ninguém mantém uma estrada fechada só porque alguém vai dizer que está inaugurando antes do tempo [...] seria ridículo [...] os críticos têm 'espírito de porco'" (Folha de São Paulo 28/03/2010). O MP entrou com uma ação em razão da inauguração da via sem a devida sinalização e obrigou o departamento de trânsito a anular mais de 2 mil multas aplicadas, além de exigir do governo estadual a definição de um prazo para a implantação da sinalização. No período entre 2010 e 2013, o MP no Estado de São Paulo instaurou 60 ações civis públicas relacionadas ao tema da segurança de trânsito. Uma das expectativas positivas é, portanto, o reforço da atuação do MP e sua sinergia com a sociedade.

A discussão sobre o tema da segurança no trânsito revela também que há um ator público relevante que está interessado em mudanças reais – o setor de saúde. Dentre as áreas de atuação do governo federal, a saúde é a única que tem uma preocupação objetiva com o problema, pois os gastos do tratamento de feridos no trânsito e de doenças relacionadas à poluição veicular crescem exponencialmente, ameaçando a sobrevivência do sistema em sua forma atual. A tragédia do uso da motocicleta no Brasil a partir dos anos 1990 deu um impulso adicional ao esforço de mudança.

Finalmente, é necessário lembrar que existem fatores estruturais que impactam a mobilidade e que estão fora do alcance das políticas de mobilidade. Os principais fatores são a enorme disparidade no nível de educação das pessoas, o desconhecimento da natureza dos processos econômicos e políticos que condicionam nossas vidas e a diferença no poder de exercer influência sobre as decisões do governo. Nossa democracia é nova, o conceito de cidadania é desconhecido pela maioria da população e a possibilidade de influenciar a agenda pública está nas mãos das elites e de partes da classe média. Apenas um processo intenso de elevação do nível educacional das pessoas e de aprofundamento da democracia fará com que todos possam ser cidadãos do mesmo nível e, ao desempenhar papéis distintos no trânsito, serem entendidos pelos demais como iguais. Enquanto essas disparidades não se reduzirem, permitindo um processo de discussão e decisão mais equitativo, as políticas de mobilidade continuarão produzindo desigualdades e gerando iniquidades.

REFERÊNCIAS

[ABRACICLO] ASSOCIAÇÃO BRASILEIRA DOS FABRICANTES DE MOTO-CICLETAS, CICLOMOTORES, MOTONETAS, BICICLETAS E SIMILARES. *Dados do setor, perfil cosumidor*. Disponível em: http://www.abraciclo.com.br.

_____. *Anuário da indústria brasileira de motociclos 2011*. São Paulo, 2012.

_____. *Dados do setor, "classificação por CC"*. Disponível em: http://www.abraciclo.com.br.

[ABIFER] ASSOCIAÇÃO BRASILEIRA DA INDÚSTRIA FERROVIÁRIA. *A indústria ferroviária em números*. Disponível em: http://www.abifer.org.br.

ABRAMOVAY, R. (org.) *Biocombustíveis – a energia da controvérsia*. São Paulo: Editora Senac, 2009.

[ABRASPE] ASSOCIAÇÃO BRASILEIRA DE PEDESTRES. A condição do pedestre no transporte urbano, *Revista dos Transportes Públicos*, n. 19, São Paulo, 1983.

AFFONSO, S.N.S. *Chega de enrolação, queremos condução – movimentos reivindicatórios de transporte coletivo em São Paulo 1979/1982-83*. São Paulo, 1986. Tese (Doutorado). FAU/USP.

AGUIAR, F.O. *Análise de métodos para avaliação da qualidade de calçadas*. Florianópolis, 2003. Dissertação (Mestrado). UFSC.

ALVES, H. *Transporte de pessoas em veículos de carga – "boia-fria"*. In: Congresso Brasileiro de Segurança Viária. São Paulo, 1986.

ANDRADE, L.T.M.; GOMES, J. Explorando as conseqüências da segregação metropolitana em dois contextos socioespaciais. *Cadernos Metrópole*. São Paulo, v. 12, n. 23, p. 169-188, 2010.

[ANEF] ASSOCIAÇÃO NACIONAL DAS EMPRESAS FINANCEIRAS DE MONTADORAS. Dados Estatísticos. *Boletim Anual 2011*. Disponível em www.anef.com.br.

[ANFAVEA] ASSOCIAÇÃO NACIONAL DOS FABRICANTES DE VEÍCULOS AUTOMOTIVOS. *Indústria Automobilística Brasileira – 50 anos*. São Paulo, 2006.

_____. *Anuário estatístico da indústria automotiva brasileira*. São Paulo, 2008, 2009, 2010, 2011 e 2012.

[ANP] AGÊNCIA NACIONAL DO PETRÓLEO, GÁS NATURAL E BIOCOMBUSTÍVEIS. *Boletim anual de preços 2012 – Preços do petróleo, gás natural e combustíveis nos mercados nacional e internacional*. Rio de Janeiro, 2012.

[ANTP] ASSOCIAÇÃO NACIONAL DE TRANSPORTES PÚBLICOS. Estatísticas. *Revista dos Transportes Públicos*, n. 6, São Paulo, 1979.

_____. Subsídio ao transporte coletivo na metrópole. *Revista dos Transportes Públicos*, p. 67-102, São Paulo, 1980.

_____. Estatísticas. *Revista dos Transportes Públicos*, n. 14, São Paulo, 1981.

_____. *O transporte clandestino no Brasil*. São Paulo, 2000.

_____. *Sistema de Informação da Mobilidade: relatório anual 2003*. São Paulo, 2005. Disponível em: http://www.antp.org.br.

_____. *Projeto TEU – Transporte Expresso Urbano, estudo sobre o potencial do TEU no Brasil*. São Paulo, 2006.

_____. *Sistema de Informação da Mobilidade: relatório anual 2007*. São Paulo, 2008. Disponível em: http://www.antp.org.br.

_____. *Sistema de Informações da Mobilidade Urbana, relatório final 2008*. São Paulo, 2008.

_____. *Pesquisa de opinião dos usuários do transporte coletivo na Região Metropolitana de São Paulo*. São Paulo, 2010.

_____. *Sistema de Informação da Mobilidade: relatório anual 2011*. São Paulo, 2012. Disponível em: http://www.antp.org.br.

_____. *Sistema de Informações da Mobilidade Urbana, relatório final 2012*. São Paulo, 2012.

[ANTT] AGÊNCIA NACIONAL DE TRANSPORTES TERRESTRES. *Relatório anual 2007*. Brasília, 2007.

[APTA] AMERICAN PUBLIC TRANSPORTATION ASSOCIATION. *Public Transportation Fact Book*. Washington, 2012.

BAENINGER, R. Crescimento das cidades: metrópole e interior do Brasil. In BAENINGER, R. (org.). *População e cidades: subsídios para o planejamento e para as políticas públicas*. Campinas: Núcleo de Estudos de População-Nepo/Unicamp; Brasília: UNFPA, 2010, p. 209-222.

BARAT, J. *Questão institucional e financiamentos dos transportes urbanos no Brasil: o caso da Região Metropolitana de São Paulo*. Transportes coletivos Urbanos – Cadernos Fundap, ano 6, n. 12, p. 10-27. São Paulo, 1986.

BASANI, A. *Trólebus 61 anos*. Disponível em www.onibusbrasil.com, Artigos Históricos, 15 de abril de 2010.

BAYLISS, B. *Transport policy and planning – An integrated analytical framework*. Washington: Economic Development Institute of the World Bank, 1992.

BELDA, R. *Crônicas técnicas – os caminhos do transporte urbano*. São Paulo: Unidas, 1985.

_____. *O transporte público na nova Constituição*. *Folha de São Paulo*, 12/9/1988.

REFERÊNCIAS

_____.O transporte coletivo. In: *Crônicas técnicas: os caminhos do transporte urbano*. São Paulo: Unidas, p. 38-40.

[BHTRANS] EMPRESA DE TRANSPORTE E TRÂNSITO DE BELO HORIZONTE. *Relatório de acidentes em Belo Horizonte*. Belo Horizonte, 2008.

BISPO, J.S. *Criação e distribuição de riqueza pela Zona Franca de Manaus*. Tese (Doutorado). São Paulo, 2009. FEA/USP.

BOARETO, R. O Programa Brasil Acessível. In: ANTP. Acessibilidade nos transportes públicos, *Cadernos Técnicos*, n. 4, p. 43-51, São Paulo, 2006.

BRANCO, G.M. *Cetesb: a participação dos veículos automotores na poluição atmosférica*, 1985.

BRASIL. PRESIDÊNCIA DA REPÚBLICA. *Seplan*. Brasília: 1985.

_____. MINISTÉRIO DA SAÚDE. Datasus. Vários anos.

_____. MINISTÉRIO DE EDUCAÇÃO E CULTURA. *Sinopse estatística do primeiro grau*. Brasília, 1985.

_____. *Censo escolar MEC – Inep*. Brasília, 2009.

_____. MINISTÉRIO DOS TRANSPORTES. Transportes alternativos para economia de combustíveis. *Revista dos Transportes Públicos*, n. 6, p. 75-106, 1979.

_____. Tecnologia e manutenção de ônibus. *Revista dos Transportes Públicos,* n. 21, p. 23-42, 1983.

_____. Conjuntura atual do transporte coletivo urbano no Brasil. *Revista dos Transportes Públicos,* n. 28, p. 17-33, 1985.

_____. MINISTÉRIO PÚBLICO. Apelação cível 1226390, Procuradoria Geral da República 3ª região, 16/12/2012.

_____. *Saúde Brasil 2004 – uma análise da situação da saúde*. Brasília, 2004.

BRASILEIRO, A. Do artesanato à moderna gestão empresarial das empresas privadas do ônibus urbano no Brasil. In: ORRICO, R.D.; BRASILEIRO, A.; SANTOS, E. M.; ARAGÃO, J.J.G. *Ônibus urbano, regulamentação e mercados*. Rio de Janeiro: LGE, 1996, p. 261-272.

_____. *Curitiba et Recife dans l'expérience Brésilienne d'organisation des transports*. França: Inrets, 1994.

BRASILEIRO, A.; SANTOS, E. Sucesso metropolitano no Recife e influências estatal e empresarial no Nordeste. In: BRASILEIRO, A.; HENRY, E. *Viação Ilimitada – ônibus das cidades brasileiras*. São Paulo: Cultura, 1999, p. 187-230

BRASILEIRO, A.; HENRY, E. Secretaria de Viação, fabricação e promoção do sistema ônibus brasileiro. In: BRASILEIRO, A.; HENRY, E. *Viação ilimitada: ônibus nas cidades brasileiras*. Campinas: Cultura, 1999, p. 47-118.

CADAVAL, M. Vale-transporte: um instrumento da política tarifária nos transportes urbanos. *Revista dos Transportes Públicos*, n. 9, p. 9-21, 1980.

_____. Políticas tarifárias de ônibus urbanos nas capitais brasileiras. *Revista dos transportes Públicos,* n. 58, p. 5-12, 1993.

[CAF] BANCO DE DESARROLLO DE AMÉRICA LATINA. *Observatorio de Movilidad Urbana – OMU*, dados de 2007. Caracas, 2010.

_____. *Observatorio de Movilidad Urbana* – OMU, dados de 2011. Caracas, 2013.

CÂMARA MUNICIPAL DE SÃO PAULO. São Paulo, 2008.

CARDOSO, F.H. *O modelo político brasileiro*. São Paulo: Dipel, 1977.

CARDOSO, R.A trajetória dos movimentos sociais. In: DAGNINO, E. (org.) *Os anos 90: política e sociedade no Brasil*. São Paulo: Brasiliense, 1994.

CARVALHO, C.H.R.; GOMIDE, L.; PEREIRA, R.H.M.; MATION, L.F.; BALBIM, R.; LIMA NETO, V.C. et al. Tarifação e financiamento do transporte público urbano. *Nota Técnica n. 2*. Brasília: Ipea, 2002.

_____. Tarifação e financiamento do transporte público urbano. *Nota Técnica n. 2*. Brasília: Ipea, 2013.

CASTELLS, M. *The city and the grassroots*. Inglaterra: Edward Armold, 1983.

CASTRO, N. *Transporte Rodoviário de Passageiros: Estrutura, Desempenho e Desafios Regulatórios*. Documento interno. 2003. Disponível em www.nemesis.org.br.

CAVALCANTI, C.A situação do transporte coletivo na RMR, com foco em Recife. In: ANTP. *O Transporte clandestino no Brasil*. Série Documentos Setoriais. São Paulo, 2000, p. 47-55.

[CBTU] COMPANHIA BRASILEIRA DE TRENS URBANOS. *Relatórios de Gestão 2011*. Brasília: Ministério das Cidades, 2011.

[CET] COMPANHIA DE ENGENHARIA DE TRÁFEGO. *Acidentes de Trânsito no Município de São Paulo – Relatório Anual 2007*. São Paulo, 2007.

_____. *Desempenho do Sistema Viário* (vários anos). São Paulo.

_____. *Acidentes de Trânsito no Município de São Paulo – Relatório Anual 2011*. São Paulo, 2012.

_____. Segurança de motociclistas no trânsito em São Paulo. In: XVIII CONGRESSO DA ANTP. *Anais*. Rio de Janeiro, out. 2011.

[CETESB] COMPANHIA DE TECNOLOGIA DE SANEAMENTO AMBIENTAL. *Relatório da Qualidade do Ar no Estado de São Paulo*. São Paulo: Cetesb, 2008.

[CMSP] COMPANHIA DO METROPOLITANO DE SÃO PAULO. *Pesquisa origem-destino 1977 na Região Metropolitana de São Paulo*. São Paulo, 1998.

_____. *Pesquisa origem-destino 2007 na Região Metropolitana de São Paulo*. São Paulo, 2008.

CONCEIÇÃO, G.W. *A viabilidade técnica, econômica e ambiental da inserção do gás natural veicular em frotas de transporte coletivo urbano de passageiros*. Rio de Janeiro, 2006. Dissertação (Mestrado). Coppe/UFRJ.

_____. Biodiesel: the challenge to implement B5 now, and experience of B20. In: UITP 6th International Bus Conference. Lyon, 2006.

[COPPE-UFRJ] INSTITUTO ALBERTO LUIZ COIMBRA DE PÓS-GRADUAÇÃO E PESQUISA DE ENGENHARIA/UNIVERSIDADE FEDERAL DO RIO DE JANEIRO. *Avaliação do Proconve – Programa de controle da poluição do ar por veículos automotores*. Rio de Janeiro, 1999.

_____. *Avaliação do Proconve – Programa de controle da poluição do ar por veículos automotores*. Rio de Janeiro, 2000.

REFERÊNCIAS

_____. *Avaliação do Proconve – Programa de controle da poluição do ar por veículos automotores*. Rio de Janeiro, 2001.

_____. *Avaliação do Proconve – Programa de controle da poluição do ar por veículos automotores*. Rio de Janeiro, 2002.

_____. *Avaliação do Proconve – Programa de controle da poluição do ar por veículos automotores*. Rio de Janeiro, 1999.

CUNHA, F.V. *Caracterização das vítimas de acidentes de transporte terrestre atendidas no pronto-socorro do Hospital Regional de Taubaté*. Dissertação (Mestrado). Universidade de Guarulhos, 2011.

DARBERA R.; PROUD'HOMME, R. *Transports urbains et développement éconmque du Brésil*. Paris: Economica, 1983.

[DENATRAN] DEPARTAMENTO NACIONAL DE TRÂNSITO. *Estatísticas da frota de veículos no Brasil*. 2008. Disponível em www.denatran.gov.br.

_____. *Relatórios de Gestão*. Brasília.

[DNIT] DEPARTAMENTO NACIONAL DE INFRAESTRUTURA DE TRANSPORTES. *Anuário estatístico das rodovias federais 2010 – acidentes de trânsito e ações de enfrentamento ao crime*. Brasília, 2012.

[EBTU] EMPRESA BRASILEIRA DE TRANSPORTES URBANOS. *Política Nacional dos Transportes Urbanos*. Brasília, 1980.

ELVIK, R.; TRULS V. (eds.). *The Handbook of Road Safety Measures*. Amsterdam, 2004.

[EPTC] EMPRESA PÚBLICA DE TRANSPORTE E CIRCULAÇÃO. *Relatórios de acidentes de trânsito*. Porto Alegre, 2008.

[FABUS] ASSOCIAÇÃO NACIONAL DOS FABRICANTES DE ÔNIBUS. *Estatísticas de Produção*. São Paulo, s.d.

FAGNANI, E. *Pobres viajantes: Estado e transporte coletivo urbano, Brasil e Grande São Paulo 1964-84*. Tese (Doutorado). Campinas, 1985. Universidade de Campinas.

FAGNANI, E.; CADAVAL, M. A política federal de transporte coletivo nos anos 80. *Revista dos Transportes Públicos*, n. 42, p. 43-58, 1988.

[FENABRAVE] ASSOCIAÇÃO NACIONAL DA DISTRIBUIÇÃO DE VEÍCULOS AUTOMOTORES. *Anuários*. Disponível em: http://www.fenabrave.org.br.

FERRAZ, A.C.; PINTO, A.N.; SILVA, R.; FELEX, J.B. Custo do transporte x tamanho e forma das cidades. *Revista dos Transportes Públicos*, n. 52, ano 13, p. 21-24, 1991.

FIGUEROA, O.; PIZARRO, A. Santa Cruz de la Sierra urban public transport system, urban structure and netwrok restructuring. In: FREEMAN, P.; JAMET, C. (eds). *Urban Transport Policy*. Holanda: Balkema, 1998.

[FIPE-USP] FUNDAÇÃO INSTITUTO DE PESQUISAS ECONÔMICAS. Valor dos veículos em uso. Disponível em www.fipe.org.br/valor dos veículos. Acessado em: dez. 2012.

FOLHA DE SÃO PAULO. *Manaus dá R$ 1 bi a Coca, Pepsi e Ambev*, 27/5/2007, p. B1.

FONSECA, J.M. *Considerações sobre a demanda por transporte coletivo nas áreas urbanas e o emprego de modelos para a sua previsão*. Rio de Janeiro, 1986. Dissertação (Mestrado em Engenharia de Transportes). Coppe/UFRJ.

FRAINER, D.M. *A estrutura e a dinâmica da indústria automobilística no Brasil*. Tese (Doutorado). UFRGS.

FREITAS, I. Comentários sobre o problema do transporte coletivo por ônibus em São Paulo. *Transportes coletivos Urbanos – Cadernos Fundap*, ano 6, n. 12, p. 4-9, São Paulo, 1986.

FUNDAÇÃO JOÃO PINHEIRO. *História dos transportes coletivos em Belo Horizonte*, volume II. Belo Horizonte, 1995.

GALVÃO, O.J.A. Desenvolvimento dos transportes e integração regional no Brasil – uma perspectiva histórica. *Planejamento e Políticas Públicas*, n. 13, p. 183-214, jun. de 1996.

[GEIPOT] EMPRESA BRASILEIRA DE PLANEJAMENTO DE TRANSPORTES. *Estudo da demanda do transporte urbano no Brasil*. Brasília, 1985.

_____. *Aspectos gerais da tarifa de transporte publico por ônibus nas cidades brasileiras*. Brasília, 1995a.

_____. *Avaliação preliminar do transporte rural: destaque para o segmento escolar*. Brasília, 1995b.

_____. *Manual de planejamento cicloviário*. Brasília: Ministério dos Transportes, 2001.

GERMANI, E. Para onde vai o nosso transporte coletivo? *Revista dos Transportes Públicos*, n. 27, p. 33-48, 1985.

GOLD, P. *Qualidade de calçadas no município de São Paulo: relatório final*. São Paulo: Gold Projects, 2004.

GOLDEMBERG. *Energia, meio ambiente e desenvolvimento*. São Paulo: Edusp/Cesp, 1998.

GOMIDE, A. *Transporte urbano e inclusão social: elementos para políticas públicas*. Ipea, Texto para discussão n. 960. Brasília, 2003.

GONDIM, A. *Compreendendo o sofrimento decorrente do trabalho nos motoboys de Fortaleza*. Fortaleza, 2009. Dissertação (Mestrado). UFC.

GTZ. Two and three wheelers. In: *Sustainable transport: a sourcebook for policy-makers in developing countries, Module 4c*. Germany: Eachborn, 2009.

GUIMARÃES, E.A. A indústria automobilística brasileira na década de 80. *Pesquisa e Planejamento Econômico*, n.19, v.2, p. 347-378, 1989.

GUSMÃO, A.C. Estatística dos meios de transporte no Brasil. In:V Congresso Nacional de Estradas de Rodagem. Rio de Janeiro, 1933.

HONDA DO BRASIL. Disponível em: http://www.honda.com.br. "Institucional/Brasil".

[IBAM] INSTITUTO BRASILEIRO DE ADMINISTRAÇÃO MUNICIPAL. *Evolução demográfica dos municípios das regiões metropolitanas brasileiras, segundo a base territorial de 1997*. Rio de Janeiro, 2000.

[IBGE] INSTITUTO BRASILEIRO DE GEOGRAFIA E ESTATÍSTICA. *Perfil dos municípios brasileiros*. Brasília, 2005.

_____. *Perfil dos municípios brasileiros*. Brasília, 2008.

_____. Pesquisa de Amostra Domiciliar. Brasília, 2009.

IBOPE-MONITOR. Disponível em: http://www.ibope.com.br.

INSTITUTO MOVIMENTO. *Subsídios ao transporte urbano em São Paulo* (estudo em andamento), 2013.

REFERÊNCIAS

INSTITUTO SANGARI; WAISELFISZ, J.J. *Mapa da Violência 2011.* São Paulo, 2011 e 2012.

[IPEA] INSTITUTO DE PESQUISA ECONÔMICA APLICADA. Diagnóstico e dedempenho recente dos programas federais de trasnporte público e mobilidade urbana. In: *Brasil em desenvolvimento: estado, planejamento e políticas públicas.* Brasília, 2009.

_____. Ipeadata. Séries históricas. *Importação de combustíveis.* Disponível em: http://www.ipeadata.gov.br.

[IPEA/ANTP] INSTITUTO DE PESQUISA ECONÔMICA APLICADA/ASSOCIAÇÃO NACIONAL DOS TRANSPORTES PÚBLICOS. *Melhoria do transporte urbano com a redução das deseconomias.* Brasília, 1998.

_____. *Custos dos acidentes de trânsito nas aglomerações urbanas brasileiras.* Brasília, 2003.

_____. *Impactos sociais e econômicos dos acidentes de trânsito nas rodovias brasileiras.* Brasília, 2006.

[IPR] INSTITUTO DE PESQUISAS RODOVIÁRIAS. *Custos dos acidentes de trânsito nas rodovias federais: sumário executivo.* Rio de Janeiro, 2004

[IST] INSTITUTO NACIONAL DE SEGURANÇA NO TRÂNSITO. *Pesquisa de qualidade dos veículos em circulação.* Documento interno. São Paulo, 1996.

[ITRANS] INSTITUTO DE DESENVOLVIMENTO E INFORMAÇÃO EM TRANSPORTE, MOBILIDADE E POBREZA. *Pesquisa sobre a mobilidade urbana na população de baixa renda: relatório final.* Brasília, 2004.

JORGE, M.H.; KOISUMI, M. Acidentes de trânsito causando vítimas: possível reflexo da lei seca nas internações hospitalares. *Revista da Abramet,* v. 27, n.2, p. 16-25, 2009.

KOIZUMI. Padrão das lesões nas vítimas de acidentes de motocicleta. *Revista de Saúde Pública,* São Paulo, n. 26, v. 5, p. 306-15, 1992.

KOORNSTRA, M.; DAVID L.; GÖRAN N. et al. *Sunflower – A comparative study of the development of road safety in Sweden, the United Kingdom, and the Netherlands.* Países Baixos: SWOV, 2002.

KOPRICH, D.F. The modernization of Santiago's public transport: 1990-1992. *Transport Reviews,* v.14, n.2, p. 167-185, 1994.

KOWARICK, L. *A espoliação urbana.* Rio de Janeiro: Paz e Terra, 1979, 202p.

KUME, L.; NERI, M. *É possível reduzir as mortes no trânsito? O efeito do novo Código Brasileiro de Trânsito.* Fundação Getulio Vargas, 2007.

LAGARINHOS, C.A. *Reciclagem de pneus: análise do impacto da legislação ambiental através da logística reversa.* São Paulo, 2011. Tese (Doutorado). Escola Politécnica/USP.

LAMOUNIER, B.; RODRIGUES, L. Os transportes na vida do trabalhador. *Revista dos Transportes Públicos,* n. 17, p. 9-33, 1982.

LATIN NCAP. New Car Assessment Program 2013. Disponível em: http://www.latinncap.com.

LAURENTI, R.; GUERRA, M.A.T.; BASEOTTO, R.A.; KLINCERVICIUS, M.T. Alguns aspectos epidemiológicos da mortalidade por acidentes de trânsito de veículo a motor na cidade de São Paulo, Brasil. *Revista de Saúde Pública,* v.6, n.4. São Paulo, 1972.

LEVY, E. *Planejamento urbano, do populismo ao Estado autoritário.* Tese (Doutorado). São Paulo, 1984. Fundação Getulio Vargas.

LIDER SEGURADORA – DPVAT. Boletim Estatístico n. 8, Janeiro a Dezembro de 2012. Disponível em www.seguradoralider.com.br. Acessado em: 3 mar. 2013a.

_____. Dados estatísticos específicos – atualidade em duas rodas. Disponível em www.seguradoralider.com.br. Acessado em: 3 mar. 2013b.

LIMA, I. As batalhas da Política Nacional de Mobilidade Urbana. *Revista dos transportes públicos,* n. 130, p. 115-123, 2012.

LIMA, N. *Sonhos sobre rodas: a saga dos pioneiros do transporte rodoviário de passageiros no Brasil.* Brasília: Abrati, 2012.

LIMA, O. et al. *Transportes no Brasil – história e reflexões.* Recife: Geipot/Editora Universitária da UFPE, 2001.

MAIA M.L.; ALVES, M.C.; FOGLIATTI; REGINA et al. Licenciamento de Pólos Geradores de Viagens. In: PORTUGAL, L. (org.) *Pólos geradores de viagens orientados à qualidade de vida e ambiental: modelos e taxas de geração de viagens.* Rio de Janeiro: Interciência, 2012.

MALATESTA, M. *Andar a pé: uma forma de transporte para a cidade de São Paulo.* Dissertação (Mestrado). São Paulo, 2007. FAU/USP.

MALTA, C.C. Reinvente seu bairro – caminhos para você participar do planejamento de sua cidade. São Paulo: Editora 34, 2003.

MARICATO, E. O Ministério das Cidades e a Política Nacional de Desenvolvimento Urbano. *Políticas sociais – acompanhamento e análise,* n. 12, Ipea, fev. 2006.

MARTINS, H.H. Pólos geradores de tráfego. *Boletim Técnico CET 36.* São Paulo, 2000.

[MEC] MINISTÉRIO DE EDUCAÇÃO E CULTURA. *Censo escolar 2010.* Brasília, 2010.

MELLO, J.C. O transporte nas cidades ante a crise econômica. *Revista dos Transportes Públicos,* n. 31, p. 73-88, 1986.

MELLO, J.M.H.; KOIZUMI, M.S. Acidentes de trânsito causando vítimas: possível reflexo da lei seca nas internações hospitalares. *Revista da Abramet,* v. 7, n. 2, p. 16-25, 2009.

MENY, Y.; THOENIG, J.C. Coll. *Politiques publiques* « Thémis ». Paris: Presses universitaires de France, 1990.

MOBILIZE – MOBILIDADE URBANA SUSTENTÁVEL. *Campanha Calçadas do Brasil: relatório final, 2012.* Disponível em: http://www.mobilize.org.br.

MOISÉS, J.A.; MARTINEZ- ALLIER, V. A revolta dos suburbanos ou Patrão, o trem atrasou. *Contradições Urbanas e Movimentos Sociais.* Rio de Janeiro: Cedec/Paz e Terra, n. 1, p. 13-63, 1977.

MORAES, J. Trólebus – as fases de implantação do sistema no Brasil. *Revista dos Transportes Públicos,* n. 73, p. 63-82, 1996.

NATIONAL ASSOCIATION OF STATE DIRECTORS OF PUPIL TRANSPORTATION. *Statistics of school transportation,* EUA, 1983.

NÉSPOLI, L.C. Simplificando os cruzamentos para facilitar mudança de comportamento. *Revista dos Transportes Públicos,* n. *132,* p. 17-45, terceiro quadrimestre, 2012.

REFERÊNCIAS

NUNES, E. Inventário de quebra-quebras nos trens e ônibus em São Paulo e Rio de Janeiro, 1977-1981. In: MOISÉS, J.A. *Cidade, povo e poder.* Rio de Janeiro: Cedec/Paz e Terra, n. 5, p. 92-108, 1982.

[NTU] ASSOCIAÇÃO NACIONAL DAS EMPRESAS DE TRANSPORTE URBANO. *Conduzindo o progresso – A história do transporte e os 20 anos da NTU.* Brasília: Escritório de Histórias, 2007.

OFICINA CONSULTORES ASSOCIADOS. Pesquisa origem-destino de Vitória-ES. São Paulo: Oficina Consultores Associados, 2000.

_____. *Anuário 2001-2012.* Brasília, 2012.

_____. Pesquisa Origem-destino da Região Metropolitana de Vitória. São Paulo: Oficina Consultores Associados, 2000.

_____. Pesquisa origem-destino do Rio de Janeiro. São Paulo: Oficina Consultores Associados, 2003.

OLIVEIRA, A.G.; SOUZA, M.; KARNIKOWSKI, M. et al. Direitos dos idosos relacionados à sua mobilidade. *Revista dos Transportes Públicos,* ano 34, p. 85-100, 1º quadrimestre, 2012.

ORRICO, R.A. Hegemonia privada, da capital do bonde ao ônibus no Rio de Janeiro. In: BRASILEIRO A.; HENRY, E. *Viação Ilimitada – ônibus das cidades brasileiras.* São Paulo: Cultura, 1999. p. 410-430.

ORRICO, F.R.D.; SIMÕES, R.B.A. Uma análise do vale transporte. *Revista dos Transportes Públicos,* v.12, n.48, p. 133-144, 1990.

PASSMORE, D. *The missing leg – the experience of walking to public transit in São Paulo, Brazil. Final report.* University of Toronto, 2007.

PEREIRA, G. Modelo de atração de automóveis por shopping center. CET, *Boletim Técnico 46.* São Paulo, 2011.

PEREIRA R.H.; SCHWANEN,T. *Tempo de deslocamento casa-trabalho no Brasil (1992-2009): diferenças entre regiões metropolitanas, níveis de renda e sexo.* Texto para discussão 1813. Brasília: Ipea, 2013.

[PMSP] PREFEITURA DO MUNICÍPIO DE SÃO PAULO. *Diário Oficial do Município.* 6 set. 2011.

PORTELLI, H. *Gramsci e o Bloco Histórico.* Rio de Janeiro: Paz e Terra, 1977.

PORTUGAL, L.; SANTOS, M.P.Trânsito urbano: a violência e o seu conteúdo político. *Revista de Administração Pública,* v. 25, n.3, p.185-197, 1991.

RECEITA FEDERAL. *Arrecadação das receitas federais.* Brasília, 2013.

SALDIVA, P.H. *Poluição atmosférica e saúde, uma abordagem experimental.* São Paulo: Greenpeace, 1998.

SANTOS, E.M.; BRASILEIRO, A. Concentração em mercados de ônibus urbanos no Brasil: uma análise empírica. In: ORRICO, R.D.; BRASILEIRO, A.; SANTOS, E. M.; ARAGÃO, J.J.G. *Ônibus urbano, regulamentação e mercados.* Rio de Janeiro: LGE, 1996, p. 291-300.

SARMIENTO, O.; TORRES, A.; JACOBY, E. et al. The Ciclovía-Recreativa: A Mass--Recreational Program With Public Health Potential. *Journal of Physical Activity and Health*, n.7(Suppl 2), S163-S180, 2010.

SECRETARIA DE ESTADO DOS TRANSPORTES DO RIO DE JANEIRO. *Pesquisa origem-destino da Região Metropolitana do Rio de Janeiro.* Rio de Janeiro, 2003.

SECRETARIA DE TRANSPORTES METROPOLITANOS DE SÃO PAULO. *Montagem e avaliação de um cenário equilibrado para o desenvolvimento urbano de São Paulo através de uma estratégia combinada de transporte e uso do solo.* São Paulo: Fupam, 2009.

_____. Pesquisa Origem – Destino da Baixada Santista. São Paulo, 2008.

SECRETARIA MUNICIPAL DE SAÚDE (SÃO PAULO). Causas básicas de morte, Sistema PRO-AIM, 2012.

SERAPHIM, L.A. Motocicletas no trânsito. *Revista da Abramet,* ano XX, n. 30, p. 22-31, 2002.

SEVERO, C. Sugestões para a formulação da política de transporte de passageiros no Brasil – ônibus urbano. *Revista dos Transportes Públicos,* n. 51, p. 3-113, 1991.

SILVA, C.P.C.; BOWNS, C. Transporte e equidade: ampliando o conceito de sustentabilidade pelo estudo de caso de Brasília. *Cadernos Metrópole,* n. 19, p. 293-317, 2008.

SILVA, E.T.; RODRIGUES, J.M. *Mobilidade espacial nas metrópoles brasileiras: tendências dos movimentos intrametropolitanos.* Rio de Janeiro: Observatório das Metrópoles/UFRJ, 2009.

SILVA, P.H. *Epidemiologia dos acidentes de trânsito com foco na mortalidade de motociclistas no Estado de Pernambuco: uma exacerbação da violência social.* Rio de Janeiro, 2012. Tese (Doutorado). Fundação Oswaldo Cruz.

SILVA, R. *Os motoboys no globo da morte: circulação no espaço e trabalho precários na cidade de São Paulo.* São Paulo: Humanitas/Fapesp, 2011.

[SMT] SECRETARIA MUNICIPAL DE TRANSPORTES. *Programa Ecofrota: sustentabilidade na gestão do transporte.* São Paulo, 2012.

SOUZA, A.O. Novos paradigmas da integração temporal. In: Integração nos Transportes Públicos. *Caderno Técnico 5.* São Paulo: ANTP/BNDES, 2007, p.81-98.

SOUZA, B.T.; RIBEIRO, R.J.C. O antagonismo entre emprego e moradia no Distrito Federal. *Cadernos Metrópole,* v. 12, n. 23, p. 125-143, 2010.

[SPTRANS] SÃO PAULO TRANSPORTES. *Dados econômicos e operacionais: informativo novembro de 2011.* São Paulo, 2011.

STEFANI, C.R. *O sistema ferroviário paulista – um estudo sobre a evolução do transporte de passageiros por trilhos.* São Paulo, 2007. Dissertação (Mestrado). FFLCH/USP.

STIEL, W. *Ônibus – Uma história do transporte coletivo e do desenvolvimento urbano no Brasil.* São Paulo: Condesenho Estúdio e Editora, 2001.

STIVALI, M.; GOMIDE, A.A. Padrões de gastos das famílias com transporte urbano no Brasil metropolitano – 1987-2003. In: [IPEA] INSTITUTO DE PESQUISA ECONÔMICA APLICADA. *Gasto e consumo das famílias brasileiras contemporâneas,* v. 2, p. 167-200. Brasília, 2007.

[STM] SECRETARIA DE TRANSPORTES METROPOLITANOS. *Pesquisa origem--destino de Campinas*. São Paulo: Secretaria de Transportes Metropolitanos, 2003.

_____. *Pesquisa origem-destino da Baixada Santista*. São Paulo: Secretaria de Transportes Metropolitanos, 2008.

STRAMBI, O.; NOVAES, A.G. Elementos de uma política tarifária para o transporte público: nível e estrutura tarifária e objetivos da política tarifária para o transporte público urbano. In: VI Congresso Nacional da Anpet, 1992.

SZASZ, P.A. Comonor – comboio ordenado de ônibus. *Boletim Técnico CET* 7. São Paulo, 1977.

[SUFRAMA] SUPERINTENDÊNCIA DA ZONA FRANCA DE MANAUS. Indicadores de Desempenho do Pólo Industrial de Manaus, 1988-2008, 2005-2010 e 2007-2012.

TEXAS TRANSPORTATION INSTITUTE. *Quantifying congestion – final report*. EUA, 1996.

URBANIZAÇÃO DE CURITIBA S.A. Relatório de gestão 2012. Curitiba, 2012.

U.S. DEPARTMENT OF EDUCATION. National Center for Education Statistics. *Digest of Education Statistics, 2007*. Estados Unidos, 2008.

VASCONCELLOS, E.A. *Circular é preciso, viver não é preciso: a história do trânsito na cidade de São Paulo*. São Paulo, 1981. Dissertação (Mestrado). FFLCH/USP.

_____. Os conflitos na circulação urbana: uma abordagem política da engenharia de tráfego. *Revista Trânsito*, 7, p. 9-18, 1983.

_____. Transporte, escolarização e política educacional rural. *Cadernos de Pesquisa*, 55, p. 18-30, 1985.

_____. A cidade da classe média: Estado e política de transporte. *São Paulo em Perspectiva*, Seade, v. 5, n. 2, p. 38-46. abr-jun, 1991.

_____. *Transporte urbano, espaço e equidade – análise das políticas públicas*. São Paulo: Annablume, 1996.

_____. Escolarização da população rural paulista: análise da política pública. *Revista de Administração Pública*, p. 38-59, out-dez, 1998.

_____. *Circular é preciso, viver não é preciso: a história do trânsito na cidade de São Paulo*. São Paulo: Annablume, 1999.

_____. *Transporte urbano nos países em desenvolvimento – reflexões e propostas*. São Paulo: Annablume, 2002.

VASCONCELLOS, E.A.; PIOVANI, C.M. A sinalização de trânsito e a qualidade da vida urbana. *Revista Trânsito 8 e 9*. São Paulo, 1984 e 1985.

VILLAÇA, F. *Espaço Intraurbano no Brasil*. São Paulo: Studio Nobel/Fapesp, 1998.

XAVIER, G. O cicloativismo no Brasil e a produção da lei de política nacional de mobilidade urbana. *Revista Eletrônica dos Pós-Graduandos em Sociologia Política da UFSC*, v. 3, n. 2, p. 122-145, jan.-jul. 2007.

[WHO] WORLD HEALTH ORGANIZATION. *World Report on Road Traffic Injury Prevention*. Genebra: WHO, 2004.

ÍNDICE REMISSIVO

A

Abramet 225
Acessibilidade 227
Anfavea 43
ANTP 91, 179
Áreas rurais 256
Área urbana 18
Atropelamentos 223
Automóvel 9, 49, 220

B

Bicicleta 102
Bilhete único 261
Biodiesel 203
Bondes 22, 31

C

Calçada 99
Carro 1.0 39
Cetesb 190, 202
Ciclistas 214, 253
Cide 218
CMTC 31, 215
Código de Trânsito Brasileiro 180, 226
Congestionamento 33, 154
Consórcios 44

Consumos da mobilidade 3
Corredores 113, 156, 258
Custo de desembolso 9
Custos dos acidentes 173

D

Denatran 92, 185
Deslocamento a pé 97
DNER 28
DPVAT 170, 185

E

EBTU 51, 79
Emissão 161
Emissão de poluentes 189
Empresas públicas 68
Energia 161
Estacionamento 39, 133
Etanol 197
Externalidades 3

F

Fatalidades no trânsito 86
Faturamento 42, 67, 73
Financiamento 44
Formas de remuneração 70
Funset 185

G

Gás natural veicular 203
Gases do efeito estufa 206
Geipot 79
Gratuidades 151

I

Incentivo ao automóvel 221
Indústria automobilística 20, 237
Indústria de motocicletas 238
Indústria de ônibus 62
Indústria metroferroviária 119
Infraestrutura viária 55
Inspeção técnica veicular 195
Inspeção veicular 207
INST 225

L

Licenciamento 45

M

MDT 76, 218
Metabolismo da mobilidade 12
Metrô 5, 35, 55
Ministério da Saúde 8
Ministério das Cidades 92
Mobilidade 2
Motocicleta 9, 80, 134, 219
Motociclistas 169, 254
Motorização privada 233
Moto-táxi 5
Movimento social 212
Municipalização do trânsito, 180

N

NTU 75

O

Ocupação dos ônibus 111
Ônibus 5, 9, 106

Ônibus articulado 64
Ônibus biarticulado 64
Ônibus híbridos 204

P

Padron 63
Participação da sociedade 211
Pedestres 213, 253
Polos geradores de viagens 19
Poluentes locais 205
População 18
População urbana 13
Posse de veículos 94
Prioridade para os ônibus 112
Prioridade para o transporte coletivo 4
Proconve 191, 207
Programa Volvo de Segurança no
          Trânsito 225
Promot 194

Q

Qualidade ambiental 228
Qualidade de vida 146
Quebra-quebra 215

R

Rede Ferroviária Federal S/A 30
Rede rodoviária brasileira 28
Rodízio 160
Rodovia 27, 28

S

Secretaria de Mobilidade 93
Segurança 8
Segurança de trânsito 37, 165, 182
Segurança nos veículos 48
Sistema viário 38

T

Tarifa 57, 70
Taxas 45

Táxi 5, 255
Tempo de viagem 153
Transporte escolar 262
Transporte seletivo 116
Trilhos 5, 117
Trólebus 55, 200

U

Uso dos meios de transporte 107

V

Vale-transporte 59, 259
Vans 5
Veículos flex 199
Velocidade 48, 155, 156

Z

Zona rural 123